과천에서 큰아들 정우와 함께(위)
1989년 10월 어린이문학협의회 결성 식장에서(아래)

1989년 어린이도서연구회와 전국초등교사협의회 서울지부가 함께한 어린이날 행사에서(위)
1988년 한국글쓰기교육연구회 겨울 연수회에서(아래)

1987년 과천에서

이오덕 일기

1986~1991

3

불같은 노래를 부르고 싶다

이 일기는 아이들을 가르치는 일과 글쓰기로

평생의 삶을 다듬어 온 한 사람의 기록입니다.

시를 어떻게 써야 합니까

대학생 언니가 쇠몽둥이에 맞아 죽었답니다.

대학생 누나가 불타 죽었답니다.

선생님, 시를 어떻게 써야 합니까?

선생님은 세상에 있는 모든 것을

사랑하라고 하셨습니다.

그렇다면 사람을 때려죽인 쇠몽둥이도 사랑해야

하는지요?

선생님은 모든 것을 아름답게 보아야 시가
된다고 하셨습니다.
그렇다면 불꽃 속에 몸부림치는 누나의 그 모습도
아름다운 꽃으로 봐야 합니까?

지금 내 마음은 맞아죽은 언니와 불타 죽은
누나 생각으로 꽉 차 있습니다.
이 부글부글 끓어오르는 덩어리는 시가
안 되는 겁니까.
선생님, 시를 어떻게 씁니까?

차례

읽어 두기

1. 이 책에 실은 일기는 이오덕 선생님이 1962년부터 2003년에 돌아가실 때까지 마흔 두 해 동안 쓴 일기 가운데서 뽑았습니다.

2. 이오덕 선생님이 쓴 글을 그대로 살리기 위해 문법에 맞지 않는 표현만 바로잡았습니다. 선생님이 지금 맞춤법과 달리 띄어 써야 옳다고 여긴 '우리 말' '우리 나라' 같은 말은 살렸습니다. 선생님이 우리 말 바로 쓰기 운동을 확실하게 하기 전인 1980년대 중반까지는 선생님이 절대로 써서는 안 되는 말로 분류한 '~등' '~적' 같은 말을 가끔 썼습니다. 이것은 그대로 두었습니다. '국민학교'도 그대로 두었습니다.

3. 일기에서 이름, 지명, 책 제목 따위를 알아볼 수 없는 것이 있었습니다. ○○○로 표시하고 '알아볼 수 없음'이라고 했습니다.

4. 본문에 작은 글씨로 쓴 설명과 각주는 편집자가 붙였습니다.

5. 여는 시 '시를 어떻게 써야 합니까'는 이오덕 시집 《이 지구에 사람이 없다면 얼마나 얼마나 아름다운 지구가 될까?》(고인돌)에서 뽑았습니다.

6. 이 책에 실은 사진 가운데 일부는 〈뿌리깊은 나무〉 윤주심 기자가 찍은 사진입니다. 연락이 닿지 않아 허락을 받을 수 없었습니다. 이해해 주시면 좋겠습니다.

1부

1986년부터
1987년까지

1986년 3월 5일 수요일 •

9시 55분 차로 상경. 이번엔 어디라도 집을 정해야 한다.

관악역에 도중하차해서 역 가까이 있는 아파트 단지를 구경하고 소개소에 찾아가 물어보니 20평 1층 임대료가 9백만 원이라 했다. 참 헐하다(과천에 비하면). 그런데 기차로 지나면서 보았을 때는 못 느꼈는데, 온통 차들이 질주해서 너무 시끄럽고 공기도 좋지 못해 마음에 안 들었다. 다음은 전철을 타고 시흥역에 내렸다. 역시 역 가까운 복덕방에 가서 물어보니 18평 5층인데 16만 원이란다. 이건 과천과 비슷하다. 여기도 시끄러워 과천 생각이 자꾸 나서 그만 시내로 들어가 마포 온누리출판사에 가서 마포에 싼 아파트가 있다는데, 하고 물으니 거기 살고 있다는 어느 아가씨가 상수동에 15평짜리가 있는데 연탄을 때고, 공기가 그 부근이 좋지 못하다고 했다. 역시 시내

• 1986년 2월, 경북 성주군 대서국민학교 교장을 마지막으로 교직에서 정년 퇴임하고 경기도 과천으로 삶터를 옮긴다. 이때부터 1999년 8월에 충북 충주시 신니면 광월리 710번지 무너미로 이사가기까지 과천에서 산다.

는 공기가 나쁜 모양이다. 그래서 곧 과천으로 가서 2층 한 곳을 보고 계약했다. 16평에 1,400만 원, 거기다 월부금 3만 원이 있다. 난 그게 헐한 줄 알고 계약했는데, 뒤에 생각하니 좀 비쌌다. 착각했던 것이다. 전화까지 딸려 있다고 했지만, 월부금 3만 원이 있으니 1,300쯤으로 흥정했어야 하는 것인데, 달라는 대로 준 것이다.

지식산업사에 오니 김 사장이 〈한국문학〉(3월 호겠지) 첫머리에 나오는 아동문학 좌담회 기록을 보았습니까, 하면서 여기저기 붉은 줄을 그어 놓은 것을 펴 보였다. "유경환 씨가 여기서도 선생님을 바로 가리키지는 않았지만 악의에 찬 말을 해 놓았군요" 했다. 보니 유경환, 송명호, 김종상 세 사람의 좌담이다. 송명호가 한 말에도 붉은 밑줄을 많이 그어 놓았다. 한두 군데 훑어보니 어처구니없는 중상모략이요, 비뚤어지고 악의에 가득 찬 말들이다. 김 사장이 "여기에 대해 반박문을 써야 하지 않겠습니까?" 했다. 나는 "웬만큼 말이 되어 있으면 반박할 만한데, 그럴 가치조차 없어요. 언젠가 다른 문제를 다룰 때 이런 엉터리 문인들, 관제 문학 동조자들이 날뛰는 문단 현상을 잠시 언급해야겠지만, 이런 것만 가지고 정면으로 비판하는 글은 너무 차원이 낮은 것 같아 마음이 내키지 않습니다. 이것이 요즘 문공부에서 우리들을 악선전하기 위해 매스컴을 동원해서 하는 짓이란 것을 정신 제대로 가진 사람은 다 아는 터라 반박할 필요도 없고 반박하지 않는 것이 좋겠어요"

했다.

정말 권력기관이 이런 인간쓰레기 같은 문인들까지도 직접 간접으로 부추겨 악선전하는 것이 불을 보는 것보다 더 확실하다.

저녁에 이주영, 김종만, 이성인 제씨들이 용일여관에 찾아와 그간의 얘기를 나누었다. 모두 내가 계약한 아파트가 비싸다고 했다. 글쓰기회* 회보 11호는 온누리에서 보았는데, 읽지는 않았지만 편집한 것이 아주 잘못되었다. 거창서 낼 때보다 아주 격이 떨어졌다. 거기다 천 부에 15만 원이라니! 온누리 사장 말로는 4만 원쯤이라 했는데!

이번 학년 말 이동에 이상석 선생이 같은 재단에 있는 여고로 옮겼다고 했다. 우리 회원은 아니지만 도종환 씨는 청주에서 아주 멀리 떨어진 남쪽 어느 시골 중학으로 쫓겨 갔다고 한다. 내신도 안 하고 도교위도교육위원회에서도 이동이 없다고 했는데, 신문에 나와 도 선생은 물론이고 교장도 놀랐다고 한다. 내가 당한 경우와 비교해 보니 문교부에서 한 일의 경위를 알 것 같다. 같은 〈분단시대〉 동인인 대구의 배창환 씨도 고등학교에

• 한국글쓰기교육연구회. 글쓰기회는 삶을 가꾸는 글쓰기 교육을 연구·실천하기 위해 이오덕이 중심이 되어 1983년에 교사들이 만든 단체다. 회보 〈참삶을 가꾸는 글쓰기〉를 펴냈다. 1995년에 우리 말 살리는 모임과 합하여 한국글쓰기연구회로 이름을 바꾸어 활동하다 2004년에 다시 한국글쓰기교육연구회로 바꿨다. 1995년부터 회보 〈우리 말과 삶을 가꾸는 글쓰기〉를 펴내고 있다.

서 중학교로 '좌천'됐다는 소식이다. 그 밖에도 또 있겠지. 요즘은 문교 행정이고 인사이동이고 문교부는 허수아비 노릇만 하는 것 같다. 그런데 오늘 신문에 보니 웬일로 대한교련대한교육연합회. 지금의 한국교원단체총연합회에서 교육자치제를 건의했다. 한편으로는 몹쓸 짓을 하면서 그것을 훈도하기 위해 이런 제스처를 하는 것이 아닌가 생각된다.

이런 때 내가 서울에 온다는 것이 호랑이 굴로 기어들어 오는 것 같다. 나는 오늘 저녁 몇 사람에게 내가 4월부터 있게 될 과천 아파트의 전화번호를 알린 것이 후회되었다. 이제 앞으로는 특별한 사람이 아니고는 알리지 말아야지.

Y교사회서울YMCA교육자회에서 19일 날 강연을 해 달라고 해서 뿌리칠 수 없었다. 아직 오지도 않았는데 이 모양이다!

새

장 안에 갇혀 있는 새는
하늘을 나는 자유를 모른다.

날다가 날개가 부러지지 않을까?
무서운 적이 와서 덮치지는 않을까?
먹을 것이 없어 굶주리지는 않을까?
어디 편히 잠잘 곳은 있을까?

갇혀 있는 겁 많은 새는
하늘을 나는 자유를 모른다.(3. 5.)

1986년 3월 16일 일요일

소설문학사에서 오는 5월 호에 '아동문학 베스트 10'을 선정
한다면서 설문지를 보내왔다. 우표를 동봉하였기에 할 수 없이
보낸 자료 가운데서 국내, 외국 각 세 권씩 선정해서 보냈지만,
그 자료란 것을 보니 아주 잘못되었다. 외국 것은 171권인데,
그중에 같은 책을 여기저기 세 곳에나 적은 것도 있다. 국내 것
은 315권인데, 아주 시시한 작가의 것이 여러 권씩 나열되어
있는가 하면 권정생의 《강아지똥》, 《몽실언니》 등 여러 명저가
다 빠져 있고 겨우 《하느님의 눈물》 한 권이 들어 있다. 이건 어
떤 편견을 가진 사람이 고의로 한 짓이란 느낌도 들었다.

이 설문 조사의 결과로 무엇을 알 수 있을까? 한국 아동 문인
들이 아동문학을 보는 시각, 깊이 같은 것을 알 수 있을 것 같
기도 하다.

오후에 현대다방에서 김상문, 김녹촌, 최춘해 세 사람과 얘기
로 꽃을 피우다가 술집으로 옮겨 또 한참 얘기하고, 다시 덕산
빌딩 커피숍에 가서 잡담하다 보니 7시가 지나 헤어졌다. 오늘
얘기는 주로 교원 인사이동에 관한 것, 어제 새마을본부새마을
운동중앙본부장 전경환 씨가 화원학교 온다고 소동을 벌인 얘기

이런 것인데, 역시 김상문 씨가 얘기를 거의 독차지했다. 어제 오후 텔레비전에 나오는 올림픽 좌담회를 듣고 교직원, 학부모 들이 학교마다 모여 좌담을 하라는 공문 지시가 있었던 모양이다. 그 상황을 이번에는 보고하는 것이 아니고 실지 현장을 돌아다본다고 한 것 같은데, 화원학교에는 전경환 새마을 본부장이 온다고 온통 우스운 연극을 벌인 것이다. 그 얘기를 들으니 행정 관료들이 윗사람에게 잘 보이려고 얼마나 우스운 연극을 꾸미고 벌이면서 아이들을 희생시키고 있는가 하는 것을 잘 알 수 있었다. 우리는 그 얘기를 들으면서 배가 아프도록 웃었다. 백성들의 지지 기반을 실오라기만큼도 얻지 못하고 있는 허공에 뜬 권력자들의 마지막 증상을 보여 주는 작태라 할밖에 없었다.

1986년 3월 29일 토요일

아침 9시에 고속버스 터미널에 가서 오후 2시 청주행 버스표를 사 놓고 과천으로 가서 주민등록 신고를 하고, 시청에 가서 아파트 등기부를 열람하려고 하니 사무원이 여기서는 봐도 확실하지 않으니 안양등기소에 가서 보라고 해서 다시 급히 안양 가서 등기부 등본을 청구했더니 등본이 월요일 나온다고 해서 다시 요금을 주어 열람 신청을 했더니 곧 열람할 수 있다 했다. 사무원이 등기부를 펴 보더니 딴 흠이 없고 깨끗하다고 해서 겨우 마음 놓고 과천으로 와서 코트를 세탁소에 맡기고 터미널로 갔다. 오늘 오후 5시에 청주YMCA에서 충청글쓰기회 창립총회가 있는 것이다.

청주에 도착하니 오후 4시, 다방에 한참 앉았다가 YMCA에 갔더니 고홍수 선생과 몇 분이 모임 장소를 준비하고 있었다. 그 선생 얘기를 들으니 오늘 이상석 선생과 그 밖에 충북글쓰기회 사람들이 오고 싶다고 했는데, 얼마 전에 충북도교위에서 내 동시를 들어 비난하는 글과 함께 이런 사람의 책을 아이들에게 읽히지 말도록 하라는 지시가 각 학교에 내려와서, 아마 그 때문에 오늘 모임에도 오지 않을 것 같다고 했다.

모임은 예정 시간보다 40분 정도 늦게 시작되었는데, 충남북의 회원과 기타 선생님들, 경기글쓰기회에서 온 몇 분들, 모두 합해 30명 정도 되었다.

창립총회가 개회되자 사회자가 대뜸 나한테 격려사를 해 달라고 말해서 두서없는 말을 했다. 나는 본래 고홍수 선생이 오늘 글쓰기에 관한 강연을 해 달라고 해서 그럴 생각으로 원고지에 대강 적어 준비도 했던 것인데, 어쩐 일로 격려사라니, 생전에 인사말 같은 걸 할 줄 모르는 내가 여기까지 인사말 하러 왔는가 싶으니 섭섭하기 말할 수 없었다. 그러나 내가 뭐 또 강연을 잘한다고 나서서 하겠다, 할 수 없어 가만히 앉아 있었다. 내 다음에 고홍수 씨가 학급 문화에 대한 얘기를 했는데, 학급의 문화라니, 어떤 것인가, 어떻게 그것을 만들 수 있는가, 하는 것을 책을 보고 적어 왔다면서 얘기했다. 그것은 시대와 민족을 초월한 학급, 일반적인 학교의 학급 문화란 것이 어떤 조건으로 어떻게 만들어지는가를 사전식으로 말한 것이었다. 나는 그 선생의 얘기를 듣고 참 섭섭했다. 학급의 문화란 것을, 우리가 아이들을 바르고 순수하게 키워 가는 길에서 주체적으로 만들어 가는 것이지, 어디 책 속에서 그런 걸 발견하려고 하는가!

고 선생 다음에 경기글쓰기회 활동 상황 보고를 김종만 씨가 하였는데 아주 조리가 있었고, 글쓰기회 지역회의 바람직스런 활동 방안까지 말해 주어서 다행이었다.

1부를 마치고, 다른 방에 들어가 떡과 고기, 술 등을 차려 놓고 고사를 지내고는 상에 둘러앉아서 술과 음식을 먹으면서 여러 가지 얘기를 하는 중, 내가 학급 문화에 대한 얘기를 하면서 지금의 교육이 아이들을 병들게 하고 있는데, 이런 교육으로서는 아이들의 문화를 만들 수 없으며, 다만 어른들이 하는 교육을 비판하고 이에 맞서서 어린이를 지키는 참교육을 하는 데서만이 학급 문화를 창조할 수 있다고 했더니 여러 사람이 잇달아 여기에 대한 진지한 발언을 했다. 그중 김종만 씨는 놀이 지도 얘기를 했는데, 놀이를 중심으로 한 어린이 문화의 창조라 할 만한 얘기였다.

저녁밥을 안 먹었지만 황금성 선생이 만들어 왔다는 시루떡이 하도 맛이 있어 자꾸 먹었더니 배가 너무 불렀다. 11시가 지나서야 나 혼자 빠져나와 여관에 들었다. 며칠이나 잠을 설치면서 과로를 해서 몸살이 날 것 같았다. 젊은이들은 아무래도 오늘 밤을 새울 모양이었다.

오늘 밤에 인상적인 것은, 고사 지낼 때 YMCA 총무인가를 맡은 사람이(그 사람이 목사 안수까지 받았다는데) 탁주를 떠다 놓고 절을 했다는 것이다. 기독교도 이젠 참 많이 달라졌다는 생각, 참 그 세계가 포용적이 되었다는 생각이 들었다.

오늘 술자리에서 윤구병 선생이 "지난번 이영희 씨가 아동문학과 선생님 얘기를 쓴 원고를 아주 길게(60매라 했던가, 70매라 했던가) 써서 〈주부생활〉에 가져와 실어 달라고 했대요. 그걸 아주 안 실을 수도 없고 해서 여기저기 줄여서 아주 짧게 실었더군요" 해서 그 여자가 그토록 못된 짓을 하고 있는 것을 다시 한번 생각하게 되었다.

1986년 4월 7일 월요일

낮에 송현 씨 사무실에 갔다가 지식산업사 김 사장과 셋이서 점심을 같이 먹었다. 송현 씨는 〈광장〉에 낼 아동문학 평론 초고를 보여 주었는데 그것이 주로 최근에 내가 당했던 문제들•

• 1985년 12월에 그동안 펴낸 모든 책들이 판매 금지당했다. 또 1986년 1월에는 도서잡지주간신문윤리위원회에서 "아동 도서에도 민중론이 침투"되어 "계층 간 갈등과 대결 의식"을 불러일으킨다며 《개구리 울던 마을》, 《꽃 속에 묻힌 집》들을 불건전 아동도서로 분류했다.

을 나와 아동문학을 옹호하는 처지에서 쓴 아주 시원스런 글이라 반갑고 고맙기 말할 수 없었다. 송현 씨는 이 글 한 편만으로도 아동문학을 위해 큰일을 하게 되는 셈이다. 또 송현 씨는 자기가 교직에 있었을 때의 재미있는 추억담을 몇 가지 아주 감동적으로 들려주었는데, 나는 그런 얘기를 글로 어디 연재했으면 좋겠다 싶어 김 사장과 의논했더니 김 사장도 반가워하면서 신동아에 말해 보겠다고 했다.

오후에는 〈샘이 깊은 물〉에 가서 설호정 편집장을 만났더니 5월 호에 실을 글 한 편을 꼭 써 달라고 해서 할 수 없이 쓰겠다고 약속했다. 그리고 〈월간 조선〉 허술 부장을 찾아갔더니 내 교직 40년을 회고하는 사진을 낼 계획이라면서 내일부터 며칠 동안 지난날 근무했던 몇몇 학교를 찾아가도록 해 달라고 했다. 나는 또 그런 책에 사진이 나오는 것이 부끄럽고 욕 얻어먹을 짓이란 생각이 들어 사양했지만 허술 부장은 아주 기정사실로 내일부터 나갈 수 있도록 사진부장인가 하는 사람에게 부탁하는 것이었다. 그래 가만히 생각해 보니 내가 사진을 내어 얼굴을 파는 것은 내 개인을 파는 것이 아니라 우리 교육을 위해 그러는 것이란 생각이 들어 허술 부장의 부탁을 들어주기로 했다. 짓밟히고 당하기만 하는 아이들과 우리 교육자들을 위하는 일이라면 내 개인이 부끄럼당하는 일이 무슨 대수로운 일인가. 나는 결코 내 개인을 위한 행동을 하는 것이 아닌 것이다.

내일은 하루 집에 있으면서 아파트에서 사진을 찍고, 모레부터 성주 대서˙, 대구 집, 안동 대성˙, 청송 부동˙ 이런 코스로 여행하기로 대강 얘기를 하고 나왔다. 그런데 참 바쁘게 됐다. 편지 회답, 원고 쓸 틈도 없이 됐으니!

1986년 4월 11일 금요일

아침 일찍 약수탕에서 버스를 타고 나왔다. 약수탕 버스 정류소 대합실에 서 있을 때 제비 한 마리가 출입문으로 날아 들어와 두어 바퀴 돌고 나가려고 하다가 유리창에 부딪혀 땅에 떨어졌다. 주워 보니 살아날 가망이 없었다. 정류소 옆 밭둑에 얹어 놓고 차를 타고 오면서도 마음이 언짢았다. 제비는 참새와는 달리 유리에 부딪히지 않는 줄 알았는데, 처음 와서 그럴까? 참새는 한 번쯤 부딪치고 일어나는데……. 먼 길을 와서 아무것도 먹지 못하고 힘이 없어 그럴까? 남은 한 마리를 생각하니 너무 가엾었다. 한압(대전大前, 이제 여기 사람들은 부남이라고 했다)에 와서 아침밥을 사 먹고 부동면 신점동 가는 버

- 1982년 3월 1일부터 1986년 2월 28일까지 경북 성주군 대서국민학교에서 근무했다.
- 1979년 3월 1일부터 1982년 2월 28일까지 경북 안동군 대성국민학교에서 근무했다.
- 1944년 4월 7일부터 1945년 12월 30일까지 경북 청송군 부동공립국민학교에서 근무했다. 첫 근무지다.

스 편을 물어보니 오후 3시 반에 가야 있다고 해서 할 수 없이 택시를 타고 갔다. 올 때는 한 30분 동안 그 택시를 기다리게 해서 타고 나오도록 한 것이다.

부동학교로 가는 버스 길은 그 옛날 내가 걸어 다니던 그 냇가 길을 따라 있었다. 내가 1944년 4월 7일 처음 이 길을 걸어 부임했는데, 오늘 택시를 타고 41년 만에 다시 가게 된다. 부동학교는 내가 겨우 1년 동안 있었던 곳인데, 왜 이렇게 보고 싶고 궁금할까? 젊었을 때 고향을 찾아가던 그 가슴 설레던 마음은 아니지만 그래도 내가 이 땅에서 가장 보고 싶은 곳이다. 그것은 최초에 근무한 곳이기도 하겠지만 40년 동안 보지 못한 곳이라, 그리운 옛날로 돌아가는 심정이기도 하고, 한편 40년 동안 그 산골이 어떻게 변했는가? 어떻게 발전하고 어떻게 파괴되고 병들었는가? 하는 것을 보고 싶어서 그런 것이다.

그런데 내가 학교에 가서 옛날 그대로의 것을 알아볼 만한 것이 무엇일까? 학교 교사는 틀림없이 다 뜯어고쳤을 것이다. 운동장의 나무 한 그루도 그 옛날 것이 서 있을 것 같지 않다. 선생님들이야 말할 것 없고, 아이들은 더욱 그럴 것이다. 마을에 가도 나를 알아보는 노인들이 있을까? 다만 고개 위의 느티나무만이 그대로 있지 않을까? 그 느티나무라도 그대로 있어 주었으면 좋겠다.

이렇게 생각하고 차를 타고 가는데, 산모퉁이를 돌아가니 느티나무가 고목이 되어 그대로 서 있는 것 아닌가! 너무나 반가웠다. 이제는 옛 친구를 만나러 와서 허탕치고 돌아가는 허전한 마음은 안 가지게 된 것이다.

느티나무 언덕 앞으로 가는데 골짜기를 보니 그 옛날 아이들 데리고 돌을 주워 대고 잔디를 파내고 하여 호박을 심고 목화를 심어 가꾸던 개간 밭이 이제는 아주 돌자갈밭 황무지로 다시 되돌아가 있었다. 그 안으로 아이들 데리고 솔갱이를 따고 고사리를 꺾으러 다니던 골짜기와 산들이 감개무량하게 바라보였다.

학교 교문에 들어서자 나는 소리를 질렀다. 야! 그 옛날 그 목조 교사가 그대로 있구나! 여섯 교실 중 세 교실만 벽돌 교실로 고쳤고, 나머지 세 교실은 그대로 있는 것이다. 교무실로 들어가니 그곳이 그 옛날의 사무실 그대로였다. 나무판자를 깐 마룻바닥도 그대로고, 그 옛날 그 교실을 반으로 칸막이해서 한쪽은 직원실로 쓰고, 한쪽은 3학년 교실로 썼는데, 3학년 교실로 쓰던 그 반쪽이 이제는 교장실로 되어 있었다. 나머지 목조 교실 두 칸을 둘러보고 현관도 보았다. 옛날 내가 가르치던 또 다른 교실에 들어가서 거기 앉아 있는 1학년 아이들에게 얘기를 해 주면서 사진을 찍었다. 교사 뒤로 가 보니 내가 자취를 하던 숙직실도 그대로, 창고와 변소도 나무로 만든 그대로 아닌가! 너무너무 기뻤다.

운동장에 나오니 조정갑 교장이 저기 플라타너스며 은행나무, 전나무가 모두 일제 때 심은 것이라는 기록을 보았다고 한다. 그러고 보니 그 나무들이 그대로인 것이 겨우 생각났다. 내가 운동장에 들어섰을 때 나무를 알아보지 못한 것은 그 나무들이 모두 무참하게 가지가 잘려서 아주 말뚝같이 서 있었기 때문이란 것을 그제야 깨닫게 되었다.

부동학교는 지금 학생 수가 모두 66명이라 적혀 있었다. 다섯 학급으로 편성돼 있단다. 그러면서 선생님들이 아주 우수한 분들이라고 조 교장은 자랑했다. 벽지에 와서 점수를 따려고 한 분들이겠지. 교내 방송을 한다면서 아이들 대여섯 명이 나와 공책에 적힌 것을 보고 읽고 있는데, 그 내용이 국기에 대한 경례라든가 학교의 자랑거리, 마을의 자랑거리 같은 것이었다. 기왕이면 아이들의 순진한 생활 기록문 같은 것을 읽어 준다면 얼마나 좋겠나 싶었다. 교육 기재는 놀랄 만큼 발달했지만 교육 내용이나 방법은 일제시대와 조금도 다름없고, 오히려 후퇴한 것이다.

운동장에서 사진을 찍고, 느티나무 밑에서도 찍고 해서, 택시로 떠나왔다.

한압에서 화목까지 버스로 한 시간 걸려 왔다. 화목학교*에 가니 정해봉 형(교장)과 다른 직원들이 반갑게 맞아 주었다. 6학년 아이들에게 인사하면서 사진을 찍고, 교문 앞 은행나무 옆에서 찍고, 철봉에 올라가 아이들의 박수를 받으면서 찍고

• 1945년 12월 31일부터 1947년 7월 30일까지 경북 청송군 화목공립국립학교에서 근무했다.

학교를 나왔다.

댁골 누님 댁에 가니 누님이 혼자 계셨다. 거기서도 사진을 찍고, 섭섭해하는 누님을 작별하고 나와 정 형, 교감 이오봉 씨, 나 네 사람 같이 점심을 먹으면서 교감 선생이 얘기하는, 전임지 신성학교에서 정년 퇴임을 한 어느 여교장의 얘기를 들었다. 참 훌륭한 분으로 신문에 보도하도록 하자고 의논했다.

나는 점심을 먼저 먹고 나와 면에 가서 호적등본을 떼려고 하는데, 외사촌 정태용 동장을 만났다. 그래서 볼일을 마치고 나오는데, 박효일 군, 김종상 군을 또 만나 같이 다방에서 차를 마시고 즐거운 얘기를 나눴다. 나는 네 사람에게 《이 땅에 살아갈 아이들 위해》를 주었다. 기념사진을 찍고 나서 작별을 하고 버스를 타고 대구로 왔다. 정 교장은 나한테 화목학교 교가가 아주 좋지 않으니 새로 하나 지어 달라고 해서 그렇게 하겠다고 약속했다.

대구 오니 4시 반. 동대구역에 가서 5시 차로 오봉 씨를 보내고 봉덕동으로 왔다.

이번 여행에 차비 숙식비는 모두 이 씨가 냈는데, 내가 내려고 해도 이 씨가 출장비 두 사람 것을 탔다고 하면서 굳이 자기가 냈다. 그리고는 헤어질 때 서울 오는 차비 하라고 또 2만 원을 주어서 너무 미안했다. 이번 여행은 순전히 나 때문에 한 것인데, 이미 어쩔 수 있나 싶었다.

1986년 4월 15일 화요일

오전에 온누리에 갔더니 김용항 사장이 20일 청주에서 지난 번 못 했던 강연회를 하기로 했다면서 가 줘야겠다고 했다. 할 수 없이 간다고 말하고 웅진에 가서 이영호 씨와 김영현 씨 셋이서 점심을 먹고 하종오 씨와 함께 사장실에 들어가 '이원수 문학의 밤' 행사 얘기를 하고, 아동문학상 의논도 했다.

오후에는 교육출판기획실에 갔더니 유상덕 씨가 '민주교육 실천협의회'를 만든다면서 성내운 선생님도 도와주려고 하는데 선생님도 꼭 좀 "앞에 나서서" 도와 달라고 했다. 나는 글쓰기 회와 아동문학 쪽의 일만 해도 너무 많은데, 실제로 일은 할 수 없다고 했더니 이름만 빌려 주시면 일은 우리가 다 한다고 했다. 어떤 일을 하려는가 물었더니 우선 기관지를 내서 일선 교사들을 도와주려고 한다, 했다. 나는 잘만 하면 대단히 좋은 일이 되겠다고 찬성하고, 너무 정치적 효과를 노리는 쪽으로 기울지 말고 교육은 아무래도 교육으로 하는 도리밖에 없으니 일선 교사들이 마음 놓고 가까이 할 수 있는 내용으로 기관지를 만들어 보라고 했다. 처음에는 《민중교육》* 사건으로 나간 분들이 뭐 이런 미지근한 걸 내고 있나' 하고 느낄 정도로 그런

• 1985년 5월에 학교교육의 문제를 분석한 《민중교육》에 글을 실은 김진경, 윤재철 두 교사와 실천문학사 송기원 주간이 국가보안법으로 구속되고, 20명 남짓한 관련 교사들이 파면, 강제 사직, 감봉, 경고 처분을 받았다.

걸 내야 교사들과 손잡을 수 있고 널리 펴 나가는 운동이 될 수 있다고 말했다.

유 선생은 최근 교사들 가운데 옳은 교육을 하려다가 쫓겨나거나 좌천된 사람들이 전국적으로 20명도 넘는다면서, 며칠 전 제천인가 어디서는 임신 6개월의 여교사가 미군 다섯 명한테 윤간을 당해서 자살을 했다는데, 신문에도 보도가 안 되고, 엄중한 보도 통제가 되어 진상 조사를 몇 군데서 가도 자세한 것을 파악하지 못하고 왔다면서 각 대학 내에서는 벽보가 붙어 모두 알려져 있다고 했다. 나는, 그런 걸 신민당에서 문제 삼아야 하는데, 했더니 유 선생은 미국한테 잘못 보이다간 야당 노릇도 제대로 못 할걸요, 했다. 정말 그렇겠구나 싶었다. 참 이놈의 나라가 어찌 될라는지 기가 막힌다.

밤에 자유실천문인협의회지금의 한국작가회의 기관지에 실을 '박해받는 어린이와 아동문학' 원고를 썼다.

1986년 5월 3일 토요일

아침에 시내에 가자 곧 뿌리깊은나무에 가서 〈샘이 깊은 물〉 편집장 설호정 씨를 만나 고료와 책 5월 호를 받았다. 그리고는 벼르고 있던 말을 했다.

"지금 글 첫머리를 읽어 보니 말을 좀 고친 것 같은데, 나도 글쓰기를 아이들한테 가르치고 있지만 내가 쓰는 버릇대로만 써서 잘못된 수가 많지요. 남들이 써 놓은 걸 보면 잘못된 것이 많아 그걸 비판하면서도 나 자신이 그렇게 틀립니다. 이제 보니 내가 쓰지 않는 말도 있어 이런 걸 써도 될걸 하고 깨달아집니다. 아직 다 읽지는 못했지만 원문을 대조해 보면 공부도 될 것이니 원고 한번 보여 주십시오."

사실 나는 책을 그저껜가 사서 다 읽었고, 어처구니없이 고쳐 놓은 데 분노를 느꼈지만, 처음부터 그렇게 말하면 원고를 주지 않을 것 같아 이렇게 첫머리만 지금 읽어 보았다면서 말한 것이다. 그랬더니 설 씨는 원고를 찾아 복사해서 우편으로 부쳐 드리겠다고 했다. 할 수 없이 그대로 나왔다. 만약 며칠 기다려 보고 안 보낼 경우 가서 찾아내라고 할 것이고, 그래도 안 되면 내 기억을 되살려 다시 써서 고친 글과 대조해서 공표를 꼭 해야겠다고 단단히 결심했다. 세상에 이런 횡포가 어디 있는가? 못된 여자다. 고료를 억만금 줘도 이런 덴 글을 안 쓸 것이다.

거기서 나와 지식산업사에 들렀다가 교육출판기획실에 갔다. 민주교육실천협의회의 기구표를 보니 운동 면만 하는 것으로 되어 있고, 교육 연구 실천 면은 거의 관심이 없는 것 같아 내가 기구표를 하나 만들어 보이니 거기 앉아 있던 선생은 참 그래야 되겠는데요, 했다. 그런데 조금 있다 들어온 유상덕 선생은 나와 의견을 달리했다. 나는 교육자들이 장사꾼이 되어 있는 상태에서 자기를 이겨 내는 싸움도 하도록 하는 일을 소홀히 해서는 밖의 싸움도 효과적으로 해낼 수 없고 교육 운동이란 것이 설득력 있게 먹혀들어 가지 않는다고 했지만 유 선생은 그런 일까지 우리가 할 수는 없다고 했다. 나는 다시 사람이 모자라 못 한다면 교사들이 그런 연구를 할 수 있게 도와 주고 연결시켜 주는 일이라도 해야 할 것이고, 또 무엇 한두 가지라도 그런 내실적인 일을 할 수 있을 것이라고 말하고, 우선 기구표에 그런 것을 만들어 두면 먼 장래에라도 그런 일을 해야 한다는 생각만은 가질 것 아니냐고 해서, 겨우 타협을 보았다. 그리고 나는 또 유 선생이 만들어 놓은 기구표에서 무슨 조직부니 하는 것은 정당도 아니고 없애는 것이 좋겠다고도 말했다. 그건 사무국에서 하면 될 것이라 말했다. 아무래도 유 선생하고는 생각이 잘 안 맞을 듯하다.

유 선생이, 이번에 기획실에서 편집해서 나온 책이라면서 내놓은 것이 있는데, 《교육노동운동》이란 것이었다. 그 내용의 태반은 일본교원노조일본교직원조합 운동의 역사를 번역한 것이었다. 이 책을 대강 훑어보는데, 거기에 글쓰기 교육 운동에 대한 말이 나와서 읽어 보았더니 글쓰기 교육 운동을 아동문학 운동의 하나로 보고 있고, 그리고 생활글을 통해 사회의 구조적 인식에 도달해야 하는데 그러지 못하고 있다는 등 잘못 비판해 놓았다. 그래도 나는 별로 큰 관심을 안 두고, 말도 안 했다. 4백 페이지가 넘는 책 속에서 겨우 몇 줄 간략하게 언급했을 뿐이기 때문이다.

거기서 조금 앉아 있는데, 교원대학에서 왔다는 학생이 서넛 들어와서 교육출판기획실에서 하고 있는 일들이며 교육에 대한 견해를 알고 싶어 했다. 들어 보니 학교에서 듣는 강의만으로 만족하지 않고 널리 각계의 의견을 들어 참교육이 무엇인가를 생각하려고 한다 해서 참 반가웠다. 이른바 교원 사관학교라고 손가락질받는 학교의 학생들조차 이만한 태도로 나오니 얼마나 다행한 일인가? 유 선생이 그 학생들에게 한참 얘기해 주는 것을 듣다가 나도 좀 얘기해 주었다. 교육 현장이 어떻다는 것, 교육자는 어떤 정신과 태도를 가져야 하는가를 말해 주었더니 좀 놀라는 표정으로 듣고 있었다. 나는 거기 앉아 있는 사람들을 모두 데리고 나와 점심을 같이 먹고 점심값을 냈다.

오후에는 그 옆에 있는 세종문화사에 들어가 이종기 씨를 만나 한참 얘기를 해 주고, 온누리에 가서 김종만 씨를 만나 회보 편집 의논을 했다. 우리 글쓰기회 사무실은 이제 여기 온누리 사무실을 같이 쓰기로 작정했다. 김 사장은 오늘 인천에 있을 개헌 서명 운동 현판식 모임 구경을 간 모양이다.

다시 지식산업사에 와서 김 사장과 저녁을 같이 먹고, 일본 책방에 들어가 이시카와 다쿠보쿠 책 한 권을 사서 과천에 돌아오니 11시가 되었다.

어쩌면 유상덕 씨가 하고 있는 민주교육실천협의회와는 결별해야 할 것 같다.

1986년 5월 10일 토요일

아침에 일어나, 오늘 강연할 내용을 대강 메모해 보았다. 아무래도 최근에 내가 생각하고 있는 얘기들을 해야겠다고 마음 먹고 다른 준비는 안 하기로 했다. 오전 11시, 어제 사 놓은 차표로 광주행 기차를 탔다. 차를 타고 가는데 전북에서 전남으로 넘어가는 산과 들이 참으로 아름다웠다. 더구나 거기는 보리밭이 많이 보이고, 뽕나무밭이며 장다리꽃밭이 노랗게 눈에 띄어, 그 옛날의 고향으로 돌아가는 듯 눈물이 나오려고 했다. 이다음 그럴 사정이 되면 내가 이곳에 와서 살아야지 하는 생각이 들었다. 그래서 수첩에다 시도 써 보았다.

광주에 내려서 YMCA 사무실을 물어서 찾아갔는데, YMCA 중등교육자회 전국 회장 윤영규 씨가 반갑게 맞아 주었다. 그런데 예정 시간인 5시가 되어도 사람들이 잘 안 모인다면서 하는 말이, 오늘 이 집회에 선생들이 참석하지 못하도록 도교위에서 방해를 하고 있는데 오늘 토요일인데도 오후 늦게까지 학교마다 연수회를 하도록 지시해 놓은 시·군이 많고, 지금 사무실 앞 현관과 계단 그리고 건물 주변에는 도교위 장학사들, 교장들이 꽉 짜고 서서 선생들이 못 들어오게 보고 있으니 여간한 용기 가지고는 여기 참석을 못 하게 되어 있습니다고 했다. 오늘 적어도 백 명은 넘게 모일 것이라 생각했는데 이래 되고 보니 영 못 오는 것 같다면서 걱정했다. 광주Y교육자회장, 간사 등 몇 사람도 얘기하는데 경찰 정보과에서 몇 사람이 와 있느니, 녹음기 가지고 기다리고 있느니 했다. 윤영규 씨는 "그래도 여기서는 말만은 자유롭게 할 수 있으니 과히 염려 마시지요" 했다. 내가 걱정하고 위축될까 봐 그러는 것 같았다. 그리고는 윤영규 씨는 또 "오늘 모임의 주최를 제가 한 때문에 그런답니다. 저는 전부터 찍혀 있거든요" 했다. 또 "선생들이 모여 행사 마치고 데모라도 할까 싶어 그러지요. 선생들까지 데모했다고 하면 기삿거리거든요" 하기도 했다. 나는 이거 참 거북한 자리에 왔구나, 무슨 말을 어떻게 하나 걱정이 되었다.

행사는 좀 늦어져 5시 20분에야 시작이 되었는데, 뜻밖에 사람이 많이 모였다. Y교육자회 임원들도 약간 놀라는 듯했다. 강당에 놓인 의자에 꽉 차고, 뒤에는 많은 사람들이 섰으니 말이다. 역시 광주는 광주구나 싶었다.

나는 약 한 시간 반쯤 얘기를 했는데, 그런대로 말이 자연스럽게 나와 잘 마쳤다. 끝난 다음 "잘못된 말이 있으면 지적해 달라, 부족한 점을 보충하든지, 질문하든지, 무슨 말이든 해 달라"고 했지만 아무도 말하는 이가 없었다.

내 강연이 끝나고 Y교사회의 교육민주화선언문 낭독과 민주교육 만세 삼창을 하고 마쳤다. 이 광주Y교육자회에서 오늘 스승의 날을 '교사의 날'로 고쳐 부르게 했다는 것도 인상 깊었다.

천정치, 오승호 선생 내외분, 그 밖에 여럿을 만나 인사 나누었다. 처음 보는 사람도 인사를 나누었다.

천정치, 박남 그리고 곡성서 온 교사 한 분과 같이 저녁을 먹고, 반도호텔에 가서 다시 천 선생과 얘기를 하다가 10시 반쯤되어서 헤어졌다.

1986년 5월 15일 목요일

아침에 류홍렬 군과 같이 종로로 나와 종각에서 헤어져서 지식산업사에 갔다. 거기서 MBC 서경주 씨가 녹음기를 가지고와서 김 사장하고 내가 얘기하는 것을 녹음했다.

다음은 창비에 가서 이혜경 씨를 만나니, 동시 선집을 두 권쯤 내려고 하는데 작품 선정을 할 만한 사람을 추천해 달라고했다. 내 이름으로서는 책 내기가 곤란하다고도 했다. 그런데사실은 며칠 전부터 내가 바로 이 일을 그 누구에게 맡겨 동시집을 어느 출판사에서 내도록 권해 보고 싶었고, 그 일을 권오삼 선생한테 부탁했으면 싶었는데, 어떻게 내가 생각한 일을창비에서 똑같이 생각하고 있었는지 신기하다는 느낌이 들었다. 나는 곧 권오삼 씨를 소개했고, 연락을 해서 창비를 찾아가도록 하겠다고 했다.

창비에서 점심을 먹고 거기 있는 중국 만주 지방 우리 동포들이 낸 잡지 구경을 했다. 잡지가 참 소박했다. 그 안에 담긴 글도 그랬다. 중학생들이 쓴 글을 두 편 읽었는데 재미있게 썼고,그곳의 사회 환경, 생활 실태, 교육 상황 같은 것도 짐작할 것 같았다.

그길로 교련 지하 다실에 가서 3시를 기다려 들어오는 최언호 경북도교위 초등과장을 만났더니, 어제 염려하던 것과는 전혀 다른 얘기를 해서 도리어 내가 어리둥절했다. 그때 훈장 받도록 내신한 것 때문에 인사 실무자를 문책한다고 했는데, 그러더니 훈장 내신한 것 취소하는 공문을 내라고 하는 것을 그럴 수 없다고 버티었다는 것이다. 그러면서 자기는 따로 청와대에 아는 사람을 통해 문교부에 압력을 주도록 하고, 이래서 결국 이번에 훈장을 받도록 결정이 되었다는 것이다.˙ 그걸 알리고, 오늘 그 훈장을 받으면 전하려고 했는데, 훗날 한번 연락하면 만나서 전하도록 하겠다고 했다. 나는 고맙다고 인사를 몇 번이나 했다. 참으로 고마운 일이다. 훈장이야 반가울 것 하나도 없지만, 나를 그만큼 생각해 준 일이 고맙고, 또 내가 앞으로 교육 운동을 하는 데도 유리할 테니까.

6시에 흥사단 건물을 찾아갔더니 성내운 선생과 그 밖에 여러 사람들이 벌써 와 있었다. 문동환 목사도 와 있어서 인사를 했다. 조금 있으니 함석헌 선생도 오셨다. 오늘이 바로 민주교육실천협의회를 결성하는 날이다.

회의가 시작되자 공동 의장 2~4명을 추대하는데, 아무도 추천하는 사람이 없어 내가 성내운 선생과 김남식 선생을 추대

• 1986년 2월 28일, 42년 동안 몸담았던 학교에서 떠났다. 어렵게 명예퇴직했으나 교장 퇴임 때 관례로 받는 훈장을 받지 못했는데, 그 훈장을 받게 된 것이다.

하도록 추천했다. 그러니까 다음에 누가 나를 추천했다. 나는 신상 발언을 한다고 일어서서, 할 만한 사람이 못 되고, 또 아동문학, 문학 교육 쪽의 일이 많아 할 수 없다고 사양했는데, 김남식 선생도 사양하고, 그래서 유상덕 선생이 나와 성 선생을 추대하도록 박수를 요청해서 결정지었다. 뒤에 지내고 보니 참 잘못했다는 생각이 들었다. 공동 의장이란 어색한 이름 붙여 둘이나 할 것 뭐 있나, 그만 성 선생 혼자 하도록 하면 될 것을, 그때는 그게 생각이 안 났던 것이다.

성 선생이 인사말 대신에 시를 암송하는데, 아주 잘했다. 세 편이나 암송하는데, 어찌나 음성도 좋고 잘하는지, 정말 감동적이었다. 다음은 내가 선언문을 낭독했다. 그리고 계훈제 선생이 축사를 하고, 마치고 나서는 함석헌 선생의 강연이 있었다. 함 선생 말씀은 교육의 근본을 참으로 깊이 꿰뚫어 보고 하시는 말씀이라 생각되었다. 민주주의 운동은 소리만 높게 해서는 안 되고, 나지막한 소리로 그러나 각자 깊은 마음 그 속에서부터 해야 하고, 대학보다도 유아교육에서, 태교까지는 안 된다고 하더라도 유아교육부터 해야 한다고 하는 말을 깊이 귀담아들을 말씀이란 생각이 들었다.

마치고는 준비해 둔 떡, 술을 나눠 먹고 나왔다.

아파트에 돌아오니 10시가 넘었다. 오면서도 그 의장을 성 선생만 하도록 할 것을 참 잘못했다는 생각이 들었다. 이제는 글쓰기 교육 운동도 더 방해받게 될 것 같아 자꾸 걱정이 되었다.

오늘 창비에 갔을 때 이혜경 씨가 자기 마을에서 나오는 거리에 현수막이 걸려 있는데, 거기 씌어 있는 구호가 "적색 어린이 도서를 추방하자"고 되어 있더라 했다. 어디서 그런 걸 만들었다는 표시도 없이 다만 그런 구호만 걸려 있더라니 기가 막힌다. 문공부가 시켜서 내가 하고 있는 일을 겨냥해서 악의에 찬 모략선전을 이렇게 더럽게 하고 있는 것이다. 오늘 우편물 가운데 윤동재 씨가 보낸 〈가정조선〉 5월 호에 난 유경환 씨의 '한국의 아동 도서, 이대로 좋은가'란 글을 복사한 것이 있었다. 윤 씨는 그 복사문을 보내면서, 거기 씌어 있는 내용이 "선생님을 빗대어 말한 것이 뻔하다"면서 분개하는 말을 적어 놓았다. 읽어 볼 가치도 없는 글이지만 참고로 보관해 두어야겠다. 그 〈가정조선〉의 편집장이 이상현이란 사실도 기억해 둘 만하다.

1986년 5월 21일 수요일

아침에 송현 씨가 "어제 누가 책방에서 자실자유실천문인협의회 기관지 〈실천문학〉이 나온 것을 보았다 하던데요" 하고 전화를 걸어 왔다. 그럼 제가 자실에 가서 책을 구해서 오후에 종로로 가지요, 하고 대답했다.

9시 반쯤 새가정사 편집장 조선혜 씨가 왔기에 한참 애기를 하다가 원고를 주어 보냈다. 점심을 일찍 먹고 여의도 비티 사무실에 가서 아이들 문집 몇 권과 글쓰기회보를 주고, 마포 자실에 가니 〈실천문학〉 5월 호가 나와 있었다. 이번에는 3백 면이 넘는 책으로 내용도 볼 만한 것이 많았다. 사무실에 있는 젊은이가 황석영 선생이 남산에 계시는데 곧 내보낸다면서 아직 안 내보낸다고 했다. 그리고 〈실천문학〉 이번 호에 일본 사람 글이 실려 있는데 거기 내 얘기가 많이 나온다고 했다. 문공부에서 비방한 그 시가 내 글에도 나오고 그 글에도 나와 있다고 해서, 아동문학 탄압을 쓴 글이겠구나 싶었다. 그 책을 열 권 사서 종로 지식산업사에 가서 송현 씨를 불러 한 권 주었다. 김경희 사장은 "선생님, 이제 일본을 한번 가셔야겠구먼요" 해서 웃었다.

6시 반에 YMCA 안쪽 골목에 있는 다방에서(7시부터 있는 YMCA초등교사회 모임에서 내가 교과서의 문학작품 얘기를 하게 되어 있는 것이다) 나오니 노미화 씨가 그쪽 음식점 앞에 서 있다가 말도 없이 손짓을 하면서 중국집으로 들어가기에 따라 들어가니, 지금 YMCA 앞에 교장, 장학사 들이 꽉 들어서서 오늘 모임 못 하게 하고 있는데, 문간에는 오늘 모임을 연기한다고 써 붙여 놓았어요, 한다. 웬일인가 물으니 자기도 잘 모르겠다면서 학교에서도 조사를 받았다 한다. 이주영 회장은 회의 장소에서 붙들려 마음대로 행동도 못 하는 모양이다. 이상하다. 무슨 일인가? 노 선생은, 오늘 다른 어떤 단체에서 초등교사회 모임에 와서 무슨 선언문을 낭독하려 한다는 말도 있다고 한다. 한참 있으니 그 음식점으로 사람들이 자꾸 모여

드는데, 여남은 사람이 되어서 2층에 가서 저녁을 먹기도 하고 앉아 있으니 형사들이 두 사람 와서 신분을 조사하고 주민등록증 같은 것도 보자고 했다. 김종만 선생이 온누리에서 나온 책《마늘 심는 마을》을 부탁받아 팔려고 상자에 묶어 왔는데, 그것이 선언문을 인쇄한 종이라는 소문을 듣고 또 어떤 경관이 와서 그것을 풀어 조사했다. 책이 나오니 그걸 한참 들여다보고는 "이건 좋은 책이네요" 했다.

오늘 대구서 교사들이 큰 집회를 하게 되어 있어 서울에도 모일 것 같으니 사전에 방지하라는 연락이 와서 경찰에 비상이 걸리고 교위도 초긴장을 해서 각 학교마다 선생들이 YMCA 집회에 못 가도록 강력한 지시가 있었다고도 한다. 많은 선생들이 학교에서 제지를 당하고도 억지로 탈주하다시피 해서 온 것을 보니 그것이 사실인 모양이다.

저녁을 먹고, 그만 헤어질까 하다가 거기 남아 있는 선생들한테라도 얘기해야겠다 싶어 교과서의 교재 얘기를 약 30분 했다. 얘기를 하는데 음식점 주인이 그만 나가 달라고 해서 중지했다. 밖에 나가니 거기 아직도 장학사들이 많이 서서 기다리고 있었다. 요새는 장학사들이 형사 노릇 한다. 오늘은 그렇게 학교에서 못 가게 해도 사람들이 많이 모였던 것 같은데, 그만 모두 돌아간 모양이다.

과천 아파트에 오니 10시가 되었다. 참 어처구니없는 세월이다.

1986년 6월 28일 토요일

아침부터 편지 정리하다가 오후 4시경에 종로로 갔다. 지식
산업사에서 오늘 경기글쓰기회 모임이 있어 와 달라는 부탁을
받았던 것이다. 가니 벌써 시작되었는데, 한 회원이 교과서에
실려 있는 논설문을 분석하여 비판하는데 아주 잘 보고 옳게
비판하고 있었다. 거기에 대한 협의도 잘했다. 그다음엔 교실
민주화 얘기가 나왔는데, 이 문제에 대해서도 아주 진지한 얘
기를 모두 오랫동안 했다.

다 마치고 나서 지식산업사에서 낸 내 책 두 권(《이 땅에 살
아갈 아이들 위해》, 《글쓰기, 이 좋은 공부》)씩을 나눠 주었다.
한 권은 내가 기증하는 것이고, 한 권은 글쓰기회 기금으로 사
주는 것이다.

거기서 나와 어느 음식점에 가서 저녁을 먹는 자리에서 들은
얘기가 아주 놀라웠다. 한 여선생은, 지난 2일 수원시 교육청
과 수원시 공동 주최로 무슨 음악회를 열어 교직원들을 위로
한다고 했다는데, 그 내용이 저속하고, 그 의도가 빤히 들여다
보이는 것이어서 참을 수 없어 도중에 단상에 올라가 그것을
폭로하기 시작하는데, 순경과 장학사 들이 달려 나와 끌어 내
리고 하더란다. 그래서 순경은 경찰서에 끌고 가려는 것을, 그
렇게 되면 문제가 커져 교육청이 난처해지겠기에 장학사들이
만류해서 그럭저럭 그것으로 끝이 났는데, 나중에 교육장 이

름으로 경고장이 나왔다는 것이다. 나한테 "경고장이 나왔는데 어떻게 하면 좋아요?" 했다. 김종만 씨는 그걸 그냥 두지 말고 소청위원회(소청심사위원회)에 제소하는 게 좋겠다고 했으나 나는, 그런 것 별것 아니니 묵살해 버리라고 했다. 그러나 저러나 참으로 용감한 여선생이구나 싶어 놀랐다.

또 한 여교사는 나한테 "선생님, 아이들을 교육하는 데 가장 중요하고 큰 교육의 목표, 핵심 같은 것이 있어야 한다고 생각하는데 그것이 무엇이라고 보십니까?" 했다. 내가 "민주적 삶을 몸에 붙여 주는 일"이라고 했더니, 그 여교사는 또 한참 있다가 "전 개인적인 고민이 있는데요" 하고는, 자기 반에 최근 일어났던 놀라운 일들을 얘기했다.

그 여선생은 포천군의 어느 농촌 조그만 6학급짜리 학교에 나가는데 자기가 맡은 5학년생은 모두 40명이란다. 그런데 6월에 들어와—정확히 말하면 불과 두 주일 사이에 아이 아버지가 셋 죽고, 아이가 하나 죽었다고 했다. 한 아버지는 병으로 죽고, 또 한 아버지는 교통사고로 죽고, 또 한 사람은 농약을 먹고 자살하고, 아이 하나는 정신병이 든 외삼촌이 칼로 난자해서 죽었단다. 너무나 어처구니없는 일들이 연달아 일어나서, 그걸 아이들에게 어떻게 말해야 할지 모르겠다고 했다. "선생님, 아이들에게 무슨 말로 이 일들을 얘기해야 합니까" 하는 것이다.

물어보니 그 농촌 지대는 공장이 많이 들어서 있다고 했다.

그러니까 그곳은 오늘날 서울의 화려한 빌딩들과 거리와 오락시설, 공공건물들이 보여 주는 소위 근대화를 만들어 놓고, 만들고 있는 음산한 산업 지옥의 현장이 되어 있는 것이다. 아이들에게 그러한 참담한 죽음의 비극만을 겪고 되풀이하는 것이 참된 인간의 삶일 수 없고, 그것은 잘못된 사회적 모순으로 일어난 비극임을 분명히 얘기해 줄 필요가 있고, 그래야 아이들이 희망을 가질 수 있다. 그렇게 나는 말해 주었다.

나는 그 선생에게, 자기 학급에 일어났던 그 일을 좀 적어서 보내 달라고 했다.

주순중 선생이 현복이가 쓴 일기(그때 만났던 이후의 것)를 가져왔기에 받아 왔다.

경기글쓰기회가 참 잘하고 있다는 생각이 들었다.

1986년 7월 14일 월요일

어제 안양병원에서, 지난번 찍은 엑스레이 사진이 잘못 나왔으니 다시 찍도록 하라면서 될 수 있는 대로 빨리 와 달라고 했다. 나는 아마도 찍는 사람들의 주의 부족으로 기계가 잘못되어 그런가 보다 하고 오늘 아침에 갔더니, 잘못 찍은 게 아니고 좀 이상이 있는 것 같아서 '직찰'을 해야 한다며 여의사가 종이에다 뭘 쓰고 조그만 플라스틱 통을 함께 주면서 먼저 사진을 찍고, 다음에 여기는 가래를 뱉어서 검사실에 갖다 주라고 했다. 그래서 촬영실에 가서 찍고, 가래는 나오지도 않는 것을 억지로 뱉아 침 같은 것을 담아 주고, 돌아오면서 좀 걱정이 됐다. 지금까지 당뇨병을 걱정하고, 암 같은 병을 경계하면서 음식도 그렇게 먹고 조심했는데, 이제 전혀 뜻밖에 결핵이라니, 지난번 건강진단 때 혈압이 110/70이었는데도 내가 늘 그런 저혈압 상태라 조금도 염려하지 않았는데, 이젠 음식 섭취를 고단백으로 해야 할 것 같고, 일도 쉬어 가면서 해야겠다. 강연 같은 것은 일체 사절하고, 잠을 충분히 자야겠다는 생각을 했다.

아파트에 오니 정우(큰아들)가 케일을 아주 많이 갖다 놓았다. 이렇게 많은 것, 이틀 뒤면 누렇게 떠서 버리게 되니 다른 사람 갖다 주라고 보자기에 싸서 얼마쯤 보냈다.

오후에 시내에 가기로 하고 있는데, 윤기현 씨 부인이 전화를 걸어 와서 남편이 경찰에 연행되었다고 했다. 〈생활성서〉 7월 호에 낸 동화 때문이라 한다. 몹시 걱정하는 것 같았다. 나는 어떻게 대답해야 할지 몰라, 그 동화를 읽어 보고 다른 데도 알아보겠다고 말하고 수화기를 놓았더니, 이번에는 자실 사무실에서 김정환 씨가 연행되었다고 알려 왔다. 이거 어떻게 해야 하나?

점심을 먹고 풀빛에 가서 〈겨레와 어린이〉 편집 계획 세운 것을 의논했다. 원고 청탁서 안까지 써 주었던 것이다. 나 사장과 김 편집장은 집필자들에게 교과서를 비판하는 어떤 시각, 곧 교과서 개편의 방향 같은 것을 제시해 주어야 되지 않겠나 했다. 그래서 다시 편집위원들이 모여 의논하기로 했다.

풀빛에서 나와 한길사로 가서, 거기서도 〈오늘의 책〉 가을 호에 교과서 특집을 계획하도록 의논했다. 풀빛에서는 초등학교 교과서만을 주로 현직에 있는 사람들이 구체적으로 잘못된 것을 지적하는 것으로 하고, 한길사에서는 초·중·고 전체 교과서의 개편 방향을 제시하도록 했다. 한길사의 필진은 주로 대학교수들이 된다.

한길사에서 곧 집으로 오니 정우가 와 있었지만 7~8시 사이에 온다던 〈생활성서〉 기자는 기다려도 안 왔다. 여기 찾아와 원고를 받아가도록 약속했던 것이다. 정우는 미숫가루를 타 먹고 가면서 내가 안양병원에 갔던 결과를 걱정했다.

시내에서 차를 타고 돌아오면서 나는 지금 내 몸 안에 어쩌면 크게 번성하고 있을지도 모를 병균을 생각해 보았다. 그리고, 이제는 정말 내 몸을 사랑하는 사람은 나밖에 없다는 생각을 했다. 앞으로는 절대로 일을 힘에 넘치게 하지는 말아야지. 그리고 내년쯤은 서울을 떠나야지, 하고 생각했다.

케일 잎을 녹즙으로 내어 먹고, 윤기현 씨 집에 전화를 걸었더니, 오늘 하루 종일 동화로 취조를 받았는데, 아마 구속이나 입건은 안 될 것 같고, 며칠 구류되었다가 나올 것 같다고 했다. 나도 그 정도로 될 것이라 생각했다고 말하고, 과히 걱정하지 말라고 하고는 전화를 끊었다.

1986년 7월 25일 금요일

새벽에 깨어났는데 웬일로 머리가 아팠다. 이런 일은 좀처럼 없는데, 생각해 보니 근간에 음식을 좀 많이 먹은 탓이라 깨달아진다. 미숫가루를 먹지만 그것도 소화가 잘된다고 많이 먹으면 체하여 몸이 고장 난다. 그래 일어나 세수하고 체조를 하고 다시 한 시간쯤 누웠다가 일어나니 좀 덜했다. 오늘부터 아침은 일체 안 먹기로 결심했다.

류인성 선생이 갖다 준 〈씨올의 소리〉를 아직 안 읽었지만 거기 나오는 유영모 선생의 연보를 보니 51세에 1일 1식을 하게 되고, 해혼(解婚)을 선언했다고 한다. 그리고 28세 때부터 우리나라에서 처음으로 산 날수를 셈하기 시작했다고 해 놓았다. 나는 오늘부터 1일 1식은 몰라도 1일 2식을 하기로 하고, 산 날수도 셈하겠다고 결심한다. 예순한 살이 넘어서야 이런 것을 하니 부끄럽지만, 이제부터라도 옳게 살아야지. 이건 남의 흉내를 내는 건가? 앞서 간 남의 훌륭한 삶을 배우는 것은 좋은 일이다. 남을 배척할 것 아니라 내가 찾지 못한 것을 보여 준 남의 가르침을 따르는 것은 사람답게 사는 길이라 생각한다.

내가 난 해가 1925년 11월 14일이라, 계산해 보니 오늘이 2만 2,153일째다.

1985년 11월 14일까지 2만 1,900일

44

1985년 11월 15일부터   253일

2만 2,153일

2만 2,153일!

하루하루를 나는 충실하게 살아야 한다. 다시 돌아오지 않는 내 생명을!

아침을 안 먹고 12시가 지나 미숫가루와 감자, 과일 등을 먹었다. 아침을 안 먹으니 머리 아픈 것이 아주 없어졌다.

종일 편지글 모음 교정을 보았다.

1986년 7월 27일 일요일

어제 읽던 《5학년 3반 청개구리들》을 중간까지 읽고 그만두었다. 이 책이 근년에 나온 아동물로서 가장 많이 나갔다고 해서 아이들이 그처럼 재미있게 읽는다면 한번 살펴볼 필요가 있다 싶어 어제 바로 앞 아파트 상가 서점에 가서 사 온 것이다.

아이들이 좋아서 읽는다면 거기에는 틀림없이 좋은 점이 있을 것이란 생각이다. 들으니 그 책은 어른이 읽어도 재미가 있다고 모두들 말한다. "내용은 별것 없는데 재미는 있다"는 것이다. 나는 그렇게 단지 재미만 있어도 그런 책은 오늘날 있을 가치가 있다고 본다. 그 이유는, 요즘 아이들이 시험공부에 너무 시달려 밤낮 들볶이기만 한다. 그래서 그런 아이들을 재미

있는 얘깃거리로 사로잡아 실컷 웃기고, 해방감을 맛보게 하는 단지 그것만이라도 없는 것보다도 얼마나 다행인가 싶다. 시험지옥에서 해방시키는 문학이 되는 것이다.

그런데 읽어 보니 역시 읽히도록 썼다. 문장이 시원스럽게 쓰였고, 심리묘사, 대화가 재미있다. 무엇보다도 학교생활 현장 얘기를 쓴 것이 아이들의 관심을 모을 것 같다. 그런데 너무 통속적인 얘기다. 아이들 세계, 현실의 문제점을 깊이 있게 잡아 다루지 못하고 표면만 스쳐 가고 있고, 리얼리티가―진실성, 사실성이 없고, 다만 웃기기 위한 얘기로 써 놓은 것이 지루하고 불쾌했다. 학교교육을 보는 눈도 문교부의 장학 시책을 구현하는 테두리 안에 갇혀 있다. 그래서 끝까지 읽는 것이 시간 낭비 같아 그만둔 것이다.

낮부터는 《몽실언니》를 읽었다. 저녁때까지 다 읽었다. 읽으면서 몇 번이나 눈물이 났다. 아동문학에서 이만큼 감동을 주는 작품이 지금까지 있었던 것 같지 않다. 이것은 확실히 우리 아동문학에서 기념비적인 작품이다.

이 《몽실언니》에 대한 서평을 〈창작과비평〉 57호에서 읽어 보았다. 위기철 씨가 잘 보고 잘 썼다. 그런데 거기서 작품의 흠으로 잡은 것이, 너무 주인공이 세상일을 운명적으로만 보고 있는데, 그래서 어찌 아이들에게 현실을 극복하는 마음을 갖게 할 수 있을까, 해 놓았다. 그런 점을 말할 수 있을지 모르지만, 내가 보기로 이 작품은 6·25 전쟁의 역사적 의미를 아이들에게 이야기로서 들려주는데, 전쟁의 참담함과 우리 민족의 고난의 삶을 한 소녀의 삶을 통해 알게 함으로써 분단에 대한 잘못된 의식을 바로잡으려 함에 있다고 본다. 한 소설 작품 속에 어떻게 모든 생각을 완전하게 다 담아 보일 수 있겠는가? 더구나 잘못된 환경과 교육으로 그 생각과 느낌이 모조리 비뚤어져 있고, 황폐한 아동문학으로도 병들어 있는 우리 아이들에게 말이다. 그저 아이들에게 전쟁의 참화와 학대받는 사람들의 세계를 그들의 삶 깊이 들어가 그것을 우리 자신의 것으로 보여 주는 것만 해도 너무나 기막히게 귀중한 작업인 것이다.

〈겨레와 어린이〉에 나온 주중식 선생의 글 《몽실언니》는 '우리 겨레의 통일 교과서'란 글은 쉽게 썼지만 아주 잘 소개해 준 글이었다.

1986년 7월 29일 화요일

아침에 방에서 얘기하는 중에 권정생 선생이 재미있는 얘기를 했다.

"국민학교(일직국교)에 다닐 때 ㄴ 선생한테 연극을 배웠는데, 나하고 몇이서 그 연극에 나간다고 연습을 하다가 하루는 내가 다른 아이들한테, 우리 연극하는 것 모두 거짓말이제, 그만 하지 말자고 했지요. 그런데, 내가 한 말을 어떤 아이가 일

러바쳤어요. 그래서 선생님이 나를 불러, 정생이, 너 정말 그런 말을 했나, 하고 묻잖아요. 나는 예, 그렇게 말했습니다, 하지 않을 수 없었지요. 그랬더니 그 선생님은 뭐라고 꾸중하지도 않고 아무 말도 없데요. 아이고, 글쎄, 그런 말을 일러바친 아이가 있었으니……. 그때 무슨 연극을 했는가 하면, 고무신을 가지고—모두 자기가 신고 있는 고무신을 가지고 가서 어떤 어른 앞에 내보이면 그 어른이 그 고무신 밑바닥이 얇은 모양을 보고 너는 마음이 어떤 사람이다, 하는 얘기를 해 주는 겁니다. 여러 아이 중에서 내가 제일 칭찬을 많이 받았어요. 그 어른은 내 고무신을 보더니 너는 고무신이 이쪽이나 저쪽이나 다 고루 닳았으니 마음이 착하고 정직하고 공부도 잘하겠다, 이렇게 말해 주었지요. 아이고, 참, 그래 그게 어쩐지 안돼서 연극은 거짓말이라고 다른 아이들에게 말했지요."

내가 권 선생 얘기를 듣고 "그때 연극을 가르쳐 아이들에게 즐거운 시간을 갖게 하고, 또 학생이 그런 것을 얘기한 것을 듣고 꾸중도 않고 가만히 있었다고 하니 참 훌륭한 사람인 것 같네요. 그 선생이 지금은 어디 있는가요? 아직 교직에 있어요?" 했더니, 6·25때 부역했다고 학교 그만두었어요. 그리고 요즘은 도로공사에서 노동하고 있어요, 참 훌륭한 선생님이었는데, 했다.

나는 그 얘기가 권 선생의 성격을 아주 잘 나타낸다고 재미있게 들었다.

아침도 어제저녁같이 지어서 먹고, 12시까지 앉아 얘기하다 가 이현주 씨와 전우익 형(어제저녁에 왔다)은 남고 다른 사람 은 모두 안동 나와서, 어제 먹은 그 국숫집에 가서 점심을 또 실 컷 먹고, 권오삼, 조선혜 두 분은 기차역으로 가고 나는 정우 차 를 타고 금왕으로 왔다. 상준손자. 지성이라고도 한다이도 같이 타고 왔다. 이번에 안동서 성주농협 볼일까지 보고 오려 했는데, 다 음 가기로 하고, 내일은 일단 과천으로 돌아가기로 한 것이다.

1986년 8월 5일 화요일

오후 3시에 민주교육실천협의회 사무실에 갔더니 곧 김종만 씨도 왔다. 유상덕 씨는 구속이 되었다고 하는데, 이번 유 씨 사건은 민교협이 주최한 지난번 집회 때문이 아니고 다른 사 건에 연루되었다고 한다. 어느 대학교수도 구속된 모양인데, 무슨 사건인지, 그게 사실인지 알 수 없다. 그리고 지난번에 들 었던(자실에서 박 모 시인이 말한) 학생 연행 사건은 민교협에 서도 잘 모르고 있었다. 아마 잘못 난 소문이었던 모양이다.

유상덕 씨 뒤로 사무국장 일을 맡은 심 모 씨와 다방에 가서 (김종만 씨도 함께) 3시 10분부터 5시 40분까지 얘기를 했다. 나는 내가 지금까지 보고 생각한 민교협에 대한 의견을 말하 고, 내 생각과 민교협을 움직이고 있는 유상덕 씨를 비롯한 사 무국 사람들의 생각이 근본적으로 달랐다는 것, 내가 내 생각

과 다른 민교협에서 아무것도 할 수 없는 상태에서 이름만을
공동대표로 올려놓는다는 것은 있을 수 없고, 우리 글쓰기 교
육 운동을 파괴하는 결과밖에 얻을 것이 없다는 것, 민교협이
범국민들이 참여하는 명실상부한 교육 운동 단체가 되지 못하
고 있는 것이 안타깝다는 것, 유상덕 씨가 하는 일 중 이해할
수 없는 것이 있다는 것, 나는 성내운 선생같이 이름만 걸어 놓
고 있으면 되는 사람이 아니란 것을 얘기했다.

그랬더니 심 씨는 〈교육신보〉에 난 기사(그 기사가 한 달 전
쯤에 한 번 나고, 이번에 두 번째로 났다고 한다)를 보고 놀랐
다고 하면서 자기들이 하고 있는 것을 과시해 보이는 듯한 얘
기를 했다. 그는 내가 한 말 중 가장 중요한 얘기는 듣지 않았
는지 고의로 회피하는지 언급하지 않았다. 가령 민교협이 현
직 교사들과 학부모들과 손을 잡고 범국민 운동으로 나가야
한다는 말에 대해서 그것은 어렵다든지, 힘든다든지, 옳은 말
이라든지 말이다. 이 점은 그때 유상덕 씨도 아무 반응이 없었
다. 또 글쓰기 교육 운동에 대해서도 한편 그 일의 가치를 말로
는 시인하면서 다른 얘기를 할 때는 대수롭잖은 것으로 처리
했다. 아무튼 내가 한 얘기와는 좀 달리 자기들 얘기를 해 놓고
는, 앞으로 1년만 더 대표로 있어 달라고 했다. 나는 아이들 장
난 같은 짓을 내가 한 것이 아니고 확신을 가지고 한 일이니 그
럴 수 없다고 말했다. 그리고 내 입장을 밝히는 글을 발표하고
싶은데, 만약 그렇게 하면 내 주장을 말하는 데서 필연코 민교

협이 현재 하고 있는 일을 비판하지 않을 수 없으니 어떻게 할까, 하고 말했더니 발표하지 말아 달라고 했다. 나는 그렇게 하겠다고 했다. 〈교육과 실천〉 창간호를 주기에 표지에 보니 7월 20일 발행인데 발행인으로는 여전히 성내운, 이오덕, 문병란 세 사람으로 되어 있다. 심 씨는 "창간호는 이렇게 되었지만 2호부터는 선생님 이름은 빼겠습니다"고 말하고, 다른 성명서가 나갈 때도 일체 넣지 않겠습니다고 했다.

나는, 우리가 목표는 같지만 방법이 얼마쯤 다르니 서로 이해해서, 외부로 볼 때 대립해서 싸운다는 느낌을 주지 않는 것이 좋겠다고 말하고 일어나 다방을 나왔다.

1986년 8월 25일 월요일

오전 창비에 가니 문간에 창작사˙란 나무 간판이 걸려 있었다. 그리고 옆에 작은 글씨로 창작과비평사라고 괄호 안에 써 놓기도 했다. 백낙청 선생도 있었고, 모두 지나간 어려웠던 고비를 이제는 잊고 새 출발을 다짐한 터인지 밝은 표정인 듯했다. 김윤수 씨는, 실질적으로 달라진 것은 없다면서, 다만 그들의 체면을 그런 꼴로 세워 주어야 했다는 뜻의 말을 했다. 점심을 먹고 임재경 선생하고 전과 같이 강변 쪽으로 산책을 나갔

• 창작과비평사는 1985년에 〈창작과비평〉 57호가 불법 정기간행물이라는 이유로 출판사 등록이 취소되자 1986년에 창작사라는 이름으로 다시 등록했다.

는데, 강변도로 밑에 가니 나무 밑에 앉을 자리가 있고 거기 한 노인이 앉아 있었다.

우리가 그 옆에 앉아 있는데, 임 선생이 그 노인을 보고 이 마을에 계시는가, 연세가 얼마나 되는가를 물었다. 그 노인은 바로 저쪽에 산다고 하고 나이는 예순여섯, 자식이 일곱이나 되는데, 다 다른 곳에 가고 노인 부부만 산다는 것, 장사를 한 것은 아니고 대수롭잖은 월급쟁이 노릇을 했다고 묻는 대로 대답했다. 임 선생이 노인의 말을 듣더니 "영감님, 아주 이곳 마포 토박이군요" 하면서 마포 토박이 사투리 말씨를 흉내 내어 보였다. 서울에도 옛날에는 마포 사투리, 왕십리 사투리, 또 어디 사투리 이렇게 몇 갈래 사투리가 있었다고 했다. 그러니까 그 노인이 아주 잘 아신다고 좋아했다. 그리고 어제는 소주 한 병 가지고 이 길 넘어 강가에 갔다가 왔다면서, 자기가 어렸을 때는 저 한강 물을 길어다 먹었는데, 이젠 고기도 먹지 못하게 됐다면서 한탄했다. 임 선생은 마포 새우 장사 얘기를 했다. 옛날에는 인천에서 배가 여기까지 들어왔는데, 바닷물이 밀물일 때는 새우 배가 수십 척 마포에 왔고, 그러면 마포 아줌마들이 그걸 받아서 팔러 다녔다는 것이다. 그래서 마포 하면 새우 장사란 말이 별명처럼 따르는데, 마포 사람들은 새우 장사라면 놀리는 말로 알고 아주 화를 낸다고 했다. 그러니까 그 노인이, 자유당 때 저기 어디서 무슨 운동회인가 했는데, 그때 마포 사람들 보고 새우 장사라 했다가 마포 아줌마들이 모두 덤벼들어 아주 큰 싸움이 벌어졌다고 했다.

　임재경 선생은 또 왕십리 사람들은 그 들판에 채소를 심어서 팔았는데, 서울 시내에서 가져간 인분을 밭에 뿌려 채소를 가꾸었기 때문에 파리가 그 논밭에 들끓어 그만 왕십리 하면 똥파리란 이름이 따라붙어 다녔다고 했다. 임 선생의 박식에 놀랐다. 그리고, 그 노인은 마포에서 나서 평생을 그곳에서 보냈다고 했는데, 그러니까 그 사람은 고향에 있으면서 고향을 잃어버린 사람이 된 것이라고 생각되었다. 서울서 이런 노인을 찾기란 아주 힘들겠다는 생각을 하면서 발길을 돌렸다.

　창비에서 나와 햇빛에 가서 윤일숙 씨한테서 아동 시집 원고를 도로 받고(다시 보충하기 위해) 잠시 글쓰기회 사무실에 들렀다가 종로 2가에서 한민호 씨를 만나 한길사에 같이 갔다. 〈오늘의 책〉 특집으로 넣을 공해 문제를 다룬 글을 한민호 씨한테 부탁했던 것이다. 나도 노동교육 문제를 쓴 원고를 갖다 주기 위해서 같이 갔던 것이다. 한길사 김 사장이 한민호 씨 원고를 보더니, 공해 문제에 대한 일반적인 얘기는 빼고 교육에 관계되는 부분만 쓰는 것이 좋겠다고 해서 앞부분을 좀 줄이고 뒷부분을 더 보충하도록 개고(改稿)해 오기로 했다. 한 씨를 먼저 보내고 김 사장과 둘이서 아동 문고 얘기를 한참 했다. 아무래도 김 사장은 아동문학, 아동문화에 대한 신념이라든가 사명감 같은 것은 부족하고, 잘 팔리는 상품을 만들려고 하는 것 같다. 그리고 저자에 대한 대우 문제도 나와는 의견이 달랐다. 삽화료를 저자의 인세에서 지출하도록 해야 한다고 했다. 한길사에서 나오면서, 여기 작가들 소개해서 책 내는 일 도와 주다가는 내가 또 욕을 얻어먹을 뿐 아니라 출판사들의 장사만 이롭게 해 주게 되겠구나 싶어 앞으로 한길사에 대한 협조도 그만둘까 하는 생각까지 들었다.

1986년 9월 12일 금요일

오전에 종로서적에 가서 좌담 기록 다시 정리하고 쓴 것을 이철지 씨에게 주어 복사하도록 하고(권정생 선생 선집에 넣도록) 창비에 가니 《개구리 울던 마을》을 또 천 부 찍었다면서 인세 15만 원을 주었다. 점심때가 되어 늘 점심을 얻어먹기만 해서 미안해서 내가 억지로 임재경 씨와 정해렴 씨, 그 밖에 편집부 직원을 데리고 바깥에 가서 점심 대접을 했다.

오후에는 지식산업사에 가서 김경희 사장에게 좌담 기록 정리한 것을 주었다. 무크지에 신도록 하기 위해서다. 그리고 나서 송현 씨를 찾아가서 다방에서 얘기하고 있는데, 어떤 아가씨가 둘이 옆자리에서 얘기하더니 나를 보고 "이오덕 선생님 아닙니까" 하면서 명함을 내놓고 인사를 했다. 둘 다 은행계 회사 기자라면서, 학생 때 내 책을 봤다는 것이다. 그래 또 한참 얘기를 하는데, 그중 한 아가씨가 "모처럼 선생님 만난 자리니까 묻고 싶은 것이 있습니다"고 하면서 하는 말이, 자기는 지금까지 착한 사람이 되려고 애쓰고 하지만, 아무리 해도 더 나아지지 않고 언제나 그 모양인데, 남들을 봐도 그렇고, 그러니 사람이란 누구나 날 때부터 타고난 성격이 있고, 그 뒤 환경과 교육으로 굳어진 성격은 도저히 노력으로 바뀌지 않는데, 더 나아지려는 노력이 아무 소용없지 않는가, 그래 요즘은 종교에 관심을 가지고 신앙을 가져 보고 싶다고 말하는 것이다.

그래 나는 이렇게 대답했다. 사람이 끊임없이 노력해서 자기를 혁신하고 탈피하는 노력도 있어야지만 한편 자기 것을 버리지 않고 끝까지 지니는 것도 중요하다. 사람들을 나는 두 가지로 나누는데, 그 하나는 자기중심으로 세상을 보고 생각하고 행동하는 사람이고, 다른 하나는 남 위해 살고 싶어 하는 사람이다. 나는 대체로 자기중심으로 살아가려는 사람에게는 자기를 혁신하고 탈피하는 자기와의 싸움을 하라고 말하고 싶고, 남 위해 사는 사람에게는 자기 마음을 끝까지 지키라고 말한다. 이렇게 말하고, 일전에 정우가 와서 얘기한, 그 병신 아이 낳았다고 시집에서 쫓겨나 아이들 데리고 비참한 생활을 하는 여자 얘기를 하면서, 이런 사람이 어쩌다가 있는 것이 아니고 알고 보면 이런 불행한 사람이 우리 이웃에 얼마나 있는지 모르는데, 세상에 종교 믿고 자기 혼자 천당 가고 싶어 하는 사람이란 얼마나 그 생각이 사치스러운가. 인간의 문제를 개인적으로 해결할 수는 없다고 말해 주고 일어섰다.

지식산업사에 다시 들어가니 김 사장이 어디서 주전자를 선

물로 받았다면서 나한테 주는 것을 신간 책 세 권과 함께 받아
왔다.

1986년 10월 11일 토요일

오후 3시부터 있는 글쓰기 교실에 갔더니 오늘도 지난 토요
일에 나왔던 어머니들 아홉 사람이었다. 복사해 갔던 신현복
일기 글 몇 편을 나누어 주고, 앉아서 좌담하듯이 했다. 처음에
어머니들이 한 말은, 아이들이 날마다 숙제로 일기를 써야 하
는데 그 일기 쓰는 일이 가장 큰 부담이 되어 어쩌다 일기 검사
를 하게 될 때 일기장을 선생님한테 내고 오는 날이면, 그날은
일기를 안 써도 된다고 아주 환호성을 올린다는 것이다. 한 어
머니가 그렇게 말하니 모든 어머니가 그렇다면서 동감, 동의
를 표해 웃었다. 아이들이 일기 쓰기를 짐으로 알고 있다는 것
쯤은 짐작했지만 그토록 싫어할 줄을 몰랐다. 또 한 어머니는,
자기 집 아이가 일기를 쓰기 싫어하고, 쓰라고 하면 무엇을 써
야 하는지 도무지 쓸 것이 없다고 해서 할 수 없이 다른 책에
나오는 작품을 보여 주면서 이런 제목으로 쓰라고 하면, 그 제
목에다 내용도 그와 비슷하게 쓴다고 했다. 그러니까 모든 어
머니들이, 자기 집 아이들이 일기고 무슨 글이고 쓸 것이 없어
쩔쩔맨다고 했다. 도대체 아이들이 왜 그런가? 왜 쓸거리가 없
는가? 이 물음에는 첫째, 도시 아이들의 생활 자체가 기계적이

56

고 피동적이며 도무지 주체적인 생활이 없으니 그렇고, 둘째, 학교에서 가르치고 아이들이 교과서며 다른 책에서 배우는 것이 겉보기 근사한 글, 제 자랑하는 글, 남에게 보이기 위한 글이니, 자기의 정직한 생활이란 부끄러워서 쓸 수 없다. 그러니 쓸거리가 없을 수밖에. 셋째, 아이들이 무슨 공부든지 기계적으로 되풀이하기만 하는 공부, 예를 들면 교과서를 그대로 베껴 쓰는 짓은 그리 고통스러워하지 않고 해낸다. 그러나 자기가 무엇을 생각해 내어서 쓰는 것은 귀찮고 힘들어 하기 싫어한다. 그래서 글을 안 쓰려고 하고, 쓸거리가 없는 것이다.

이 세 가지로 대답들이 요약되었다.

아이들이 생활이 없는 데다가 그런 자기들의 비참한 삶을 바로 보고 반성하려는 생각조차 귀찮게 여기는 것은 만화책, 텔레비전, 전자오락물 때문에 그렇다는 의견이 나왔다. 몇 분의 어머니들은, 자기 집 아이에게 컴퓨터를 사 주어 오락을 하도록 버려두는데, 몇 시간이고 거기에 몰두하고 나서 글을 쓰라면 쓸 것이 없다고 한다. 텔레비전이고 전자오락 기구고 거기에 몰두하기는 하는데 느낌―감동은 가질 수 없는 모양이다. 느낌이나 감동이 없는데 어떻게 생각이 있겠는가?

이래서 이 땅의 아이들은 인간 기계가 다 되어 갈 모양이다. 생각이 없는 아이들, 혼이 빠진 아이들이 다 되어 갈 모양이다. 이 일을 어찌하나?

글쓰기는 생각이 있는 사람, 혼을 가진 사람을 만든다. 그런 생각이 있는 사람을 기르는 글쓰기 자체를 싫어하니 어찌해야 좋은가?

전자오락, 텔레비전, 잘못된 교육 등 사람을 사람 안되게 만든 모든 기계와 싸워야 한다. 사람을 노예로 만드는 교육과 싸워야 한다. 그릇된 일을 배반하는 정신을 가지도록 아이들을 키워야 한다. 그래야 조금씩 생각을 가지게 될 것이다.

마치고 나서 지식산업사에 갔더니 김경희 사장이 서울대학의 민두기 교수와 얘기를 하고 있었다. 셋이서 얘기를 하는데, 내가 오늘 어머니들과 얘기한 것을 대강 말했더니 민 교수는 좀 수긍이 안 된다면서 아이들이 일기를 쓰기 싫어하는 것은 당연하다고 했다. 글쓰기란 누구나 싫어하는 것 아닌가, 했다. 나는 이런 말을 했다.

"글쓰기가 본디부터 모든 사람이 싫어해야 하는 것은 아닙니다. 일제시대 때도 매주 작문 시간이 있어 일기뿐 아니라 작문을 쓰는 것을 거의 모든 아이들이 싫어했지요. 그런데 그때는 일본 말, 일본 글로 글을 썼지요. 농촌에서 일하면서 살아가는 아이가 일본 글로 어떻게 자기 집 농사일한 것을 쓰겠어요. 그러니 작문이 어렵고 쓰기 싫고 쓸 것이 없을 수밖에요. 그런데 지금은 우리 말로 쓴다고 하지만 실제 자기가 겪은 일을 정직하게 쓸 수는 없는 교육이 되어 있으니, 쓸거리를 못 찾고 글쓰기가 힘듭니다. 그러나 이것은 절대로 정상이 아닙니다. 사람은 누구나 자기 자신의 마음을 남에게 보여 주고 싶어 하여 정직하게 쓰는 것을 즐거워합니다."

그러니까 아무 말도 안 했다.

조금 있으니 송현 씨가 와서 글을 손으로 쓰는 것보다 타자로 치는 것, 더구나 요즘은 전자 기계로 치는 것이 얼마나 편리한 가를 말했다. 이제 앞으로는 아주 새 시대가 온다고 모두 말했 다. 민 교수도 복사기니, 전자 기계가 나와서 확실히 문화의 질 이 높아졌다고 했다. 그러나 나는, 아무리 기계가 발달해도 인 간의 정신을 그 기계가 높여 주지 못할 것이고, 편리한 생활을 한다고 문화의 질이 높아진다고는 볼 수 없다고 했다. 편리한 생활을 한다고 인간이 행복해진다고 할 수 있는가? 오히려 인 간 정신이 타락하는 것 아닐까? 농경시대보다 지금은 확실히 편리하게 되었다. 그러나 행복하지는 않다. 정신은 황폐해지 고 한층 더 불행해졌다. 불행해졌다는 것이 충분히 수긍되지 않는다면 이렇게 말하자. 이제 인간은 희망을 포기해야 하며, 아무런 미래도 갖지 못하고 절망에 빠진 채 먹고 입고 미친 듯 돌아다니면서 구경이나 하는 꼴이 되었다고. 이게 무슨 문화 고 진보고 발달인가.

1986년 10월 20일 월요일

낮에 종로서적에 가서 노경실, 권태문 두 분의 동화집 원고를 넘겨주었다. 이 중 노 씨 것은 작품이 뜻밖에 좋은데 권 씨 것은 아무래도 본인에게 되돌려 주게 될 것이다. 그러나 일단 출판부장이 검토한다는 형식을 거쳐 돌려주도록 하는 것이다.

다음 풀빛에 가서 내일 편집위원회 열 의논을 하고, 6시 30분부터 있는 공해 문제 강연을 들으러 기독교회관에 갔다. 일본 구마모토대학에 있는 하라다 마사즈미 박사의 미나마타병 사건을 중심으로 하는 공해 문제 강연이 있는 것이다. 청중이 약 80명. 9시까지 했는데, 하라다 박사는 미나마타병 사건을 위해 수십 년을 헌신한 경과를 아주 요령 있게 얘기하면서 공해 문제에서 가장 근본적이고 중요한 얘기를 잘 지적했다. 마치고 난 다음 저녁 식사를 하고 나서 남아 있는 사람들 앞에서 아까 공석상에서 강연할 때는 이번 온양 지방에 가서 공해병 환자들의 증상과 그 환경에 대해 그저 "심각하다"고만 말했던 것을 좀 더 자세히 말해 주었다. 미나마타병 사건은 거기 공장이 단 한 군데뿐이어서 사건 규명이 쉬웠지만, 이 온양 지방의 사건*은 미나마타 사건보다 훨씬 더 크고 복잡하다고 말했다. 미나마타병은 물고기만 오염됐지만, 온양 문제는 공기, 식품, 지하수 등 여러 가지로 오염되어 있는 것 같고, 환자들도 그 증상

● 1983년부터 비철 금속 공업단지인 경남 울주군 온양면 온산 지역(지금의 울산시 울주군 온산읍)에서 주민들이 통증을 호소하자 1984년, 서울대 환경대학원, 한국공해문제연구소 들에서 조사 연구해서 온산 공단 주민에게 이타이이타이병 증세가 있다고 발표했다. 정부는 부인하지만 1985년에 주민 이주 대책을 발표했다. 이 병은 온산 지역에서 발생했다고 '온산병'이라는 이름이 붙었으며, 우리 나라에서 처음 나타난 공해병이다.

이 아주 여러 가지로 복잡하고 다양하게 나타나서 지금 봐서 그 병을 규명하기는 어렵다고 말했다. 그리고 병을 규명하는 것이 중요한 것이 아니라 이미 그런 증세가 나타나 있다는 사실이 중요하며, 그 대책을 세우는 것이 긴급하다고 말했다. 이런 문제를 의학적으로 과학적으로 규명한 다음 싸우는 것은 졸렬하며, 언제나 패배할 것이니, 벌써 그런 병자들이 나타난 사실을 문제 삼아야 한다고 했다. 그리고 공해 문제는 병자가 나타나서 의사가 손을 써야 할 때가 되면 벌써 너무 늦은 단계라고 했다. 참으로 귀한 얘기를 들었다고 생각한다.

마치고 집에 오니 11시 반이었다.

오늘 신문에 '좌경 용의 30개 단체 1만 명 수사', '위수령 등은 고려 안 해'란 큰 제목의 기사가 났다. 한 차례 또 파동이 일어날 것 같다.

1986년 11월 23일 일요일

오늘은 ○○국교에서 글쓰기 강의가 11시에 있어 시간에 맞춰 갔는데 사람들이 안 모였다면서 시간을 늦추기에 복도에 전시한 아이들의 글 모음 공책들과 그림일기, 글쓰기 작품 벽에 붙여 놓은 것을 약 30분 동안 다니면서 보았다. 토요일마다 두 시간씩 글짓기 시간을 두고 지도한 학교인데도 아이들의 글은 뜻밖에도 보잘것없었다. 1학년이 조금 낫고, 상급생에 올라갈수록 공책만 진열해 놓았을 뿐 그 속에 씌어 있는 글은 독서 감상문 몇 편과 동시 흉내 낸 것, 더러는 남의 것 베껴 써 놓은 것도 있어서 아주 실망했다. 그런데 자세히 보지 않고 그 많은 공책들 겉모양만 보고, 벽에 붙여 놓은 그림일기나 원고지에 써 놓은 것을 구경만 하면 참 훌륭한 교육을 하는 줄 안다. 학부모들도 아이들의 글씨가 깨끗하고 바르게 씌어 있다고 모두 감탄하는 얼굴들이었다. 나는 어제는 그것을 보고 교감 선생에게, 아이들 글씨가 너무 깨끗하게 잘 씌어 있다, 맞춤법, 띄어쓰기도 잘되어 있다고 칭찬하면서 한편, 아이들에게 글씨만 너무 강조하면 소중한 글은 잘 안 나오니, 글씨가 좀 흐트러져도 좋다고 말해 주는 것이 좋겠다고 하고, 벽에 붙여 놓은 것은 그림 전시를 그렇게 하면 몰라도 글짓기를 그렇게 하면, 그걸 읽어 줄 사람도 없고 공연한 전시만 하니, 아이들의 글을 학급에서 모두 모아 문집을 만들도록 권장하는 것이 좋겠다고 말해 주었더니 "벽에 붙여 놓은 것은 읽어 달라고 그래 놓은 게 아니고 그냥 보이기 위해서 그랬습니다"고 했고, "문집은 여러 해 전에 전교의 것을 만들어 냈는데 지금은 못 하고 있습니다. 경비 관계로 힘이 들어서요" 했다. 그런데 음악실에서 행사가 시작되기 전 우리 글쓰기회 회원으로 그 학교 교사로 있는 김 선생 교실 복도에서(나는 김 선생 교실인 줄 몰랐다) 5학년 아이들의 공책을 보고 있는데, 한 아이의 글 중에 소를 몰고 들에 가서 누워 하늘을 보고 무슨 공상을 했다는 얘기가 쓰여 있어 이상하다는 생각이 들어 그걸 베끼고 있는데 김 선생이 곁에 와서 설명을 했다. 그 아이가 쓴 글은 실제로 한 것을 쓴 것이 아니고, 국어 시간에 교과서에 나오는 글을 배우고 그 교재에 있는 주인공이 되어서 글을 써 보라고 한 것이라 했다. 참 별난 글짓기 지도를 하는구나 싶었다. 어른들이 써 놓은 이상한 내용의 글을 공부하고 그렇게 흉내 내게 하는 것이 우리 글쓰기회 회원까지 다름없이 하는 것이니 기가 막힌다.

그런데 김 선생이 거기서 잠시 서서 내 귀에 대고 조그만 소리로 얘기하는 것을 들으니 기가 막혔다. 이 학교가 인천시에서 학력이 가장 높다고 하면서, 전교 글짓기를 자기가 문예부에서 맡고 있는데, 교장 선생이 전에는 아이들이 1년에 상을 몇 번씩이나 탔는데, 지난해는 못 탔으니 올해는 어떻게 해서라도 상을 타도록 하라고 했고, 교감 선생은 아이들의 글을 마구 고쳐서 글짓기 대회나 작품 현상 모집에 낸다는 것이다. 그리고 학력 올리기 경쟁 때문에 전 교사들이 얼마나 시달리는지 토요일 글쓰기가 두 시간 있지만 사실은 거의 글쓰기를 안 하고 모든 선생들이 그 시간에 시험공부를 하고 있다고 했다. 그리고 지난번 과학책 독후감 쓰기 대회에서 자기 학교 아이 셋이 당선이 됐는데, 어제 오늘 전시회 열고, 학부모들 모아 그 아이 셋이 그 감상문을 발표하고 있다면서 지금 저기 바로 소리 나는 것이 시작하고 있는 모양이라 했다. 나는 음악실에 들어가 앉았다. 한 아이가 마치고 들어가고 또 한 아이가 앞에 나

가 마이크 앞에서 놀랍게도 웅변 원고 외듯이 서서 그 상 받았
다는 감상문을 한참 서서 소리 내어 말하는 것을 들으니 기가
막혔다. 독일의 무슨 무슨 박사가 어떠한 연구를 해서 어떤 결
과를 얻었다는 것을 소개하는 내용인데, 내가 들어도 어려운
그 내용을 어떻게 쓰고 외웠는지, 그걸 상만 탔으면 그만이지,
또 자랑한다고 억지로 외도록 해서 어제와 오늘 이렇게 부모
들 앞에 연출을 하다니 어처구니없었다.

세 아이가 마친 다음 한 어머니가 나와서 집에서 독서 지도를
한 얘기를 원고를 쓰고 한참 얘기했는데 그것도 아주 잘못되
어 있었다. 그것은 처음엔 독서 지도를 한 얘기가 아니고 아이
들에게 글을 읽도록 가르친 얘기였고, 또 다음에는 책을 읽히
는데 책의 내용을 일부 소개해 주기도 하고 전체를 요약해 설
명해 주기도 했고, 또 독서 감상문을 꼭 쓰게 했다고 했다.

모든 것이 비뚤어졌고, 거짓스럽고, 아이들 잡는 것을 이렇게
해서 교장, 교감과 교사들과 학부모들이 공모해서 하고 있다
는 것을 학교에 와서도 역력히 볼 수 있었다.

가톨릭에서 경영하고 있는 학교가 이 모양이니 이게 어찌 된
셈인가?

내 차례가 됐을 때, 나는 이 학교가 잘못하고 있는 교육, 아이
들이 잘못 병들고 있는 얘기들을 무척 하고 싶었지만, 그걸 그
대로 할 수 없었다. 다만 독서 지도의 원칙, 문학 교육과 글쓰
기 교육의 다른 점, 교과서가 얼마나 잘못되어 있는가 하는 것,

아이들이 얼마나 어른들 흉내 내어 병들고 있는가 하는 것, 글쓰기 지도의 요령 같은 것을 부드럽게 한 시간 남짓 얘기하고 마쳤다.

오후 1시 반에 마치고 나오면서 이 학교 일을 어떻게 하나 생각했다. 사립학교, 가톨릭 계통의 학교가 이 모양이니 이건 도무지 그대로 둘 수 없다. 뒤에 시간을 내어서 그 여교장 앞으로 자세한 편지를 써야겠다는 생각이 들었다. 그래도 학교교육이 시정 안 되면 그 편지를 공개해야지, 하는 생각도 들었다. 그런데 어제 첫날 내가 학부모들(어제는 거의 어머니들만 백 여 명이 나왔다)한테 얘기한 것은, 오늘날 학교교육이 얼마나 병들었는가, 글짓기 교육조차 얼마나 병들었는가로, 아이들 대신에 부모들이 글을 써내고 교사들이 마구 고쳐서 상을 받고 신문에 발표하는 것이 이제는 아주 당연한 사실로 모든 어른들이 알게 되었다면서 아이들 죽이는 어른들은 성경 말씀같이 죽어야 한다고 그런 어른들을 아주 혹독하게 비판을 했는데, 이 학교 교장, 교감이 내 얘기를 듣고 큰 충격을 받았을 것이란 생각이 들었다. 그렇다면 앞으로 좀 달리 교육을 할 것도 기대된다. 그러나 웬걸 그렇게 고쳐지겠는가? 아주 장사꾼이 되어 버린 교육자들이 하루 만에 고쳐질 수 있을까?

그 생전에 웃지도 않을 것 같은 수녀 여교장을 나는 자꾸 머리에 떠올리면서 내일은 한길사에 가서 《우리 언제쯤 참선생 노릇 한번 해 볼까》 책을 구해 그 교장, 교감 앞으로 우선 부쳐

주어야지, 하고 생각했다. 그리고 또 다음에는 편지……. 이제
부터 나는 싸움을 시작해야 한다.

아파트에 돌아오니 3시. 급히 미숫가루를 타 먹었다. 올 때
안 받는다는 것을 억지로 "거마비밖에 안 됩니다" 하고 교감
선생이 쥐여 주는 봉투를 열어 보니 10만 원 수표와 5만 원 현
금이 들어 있었다. 너무나 많은 돈이어서 놀랐다. 사립학교에
무슨 돈이 있는가? 이렇게 쓰는 돈 가지고 아이들 위해 좋은
일 하면 되겠는데, 학교 돈은 모두 이런 외형적인 선전에 쓰는
지도 모른다는 생각도 들었다.

3시 반에 김종만 선생이 오고, 곧이어 이성인, 권오삼, 이우
영 선생이 왔다. 오늘 글쓰기회 겨울 연수회 의논을 하기로 한
것이다.

8시 반에 모두 보내고 나니 전우익 형이 와서, 권오삼 선생이
다시 들어와 12시까지 놀았다.

1986년 12월 6일 토요일

아침부터 나갔다. 종로서적에 가서 윤기현 씨를 만나고, 이철
지 씨와 아동 문고 의논을 하는데 마침 이현주 씨가 와서 모두
같이 점심을 먹으러 갔다. 오후에는 2시에 광화문 크라운제과
에서 윤구병 씨를 만나, 글쓰기회 이름을 어린이문화연구회로
바꾸고 싶다는 얘기를 했더니 별로 찬성하지 않았다. 글쓰기

회는 그대로 두고 따로 만드는 것이 좋겠다는 의견이었다. 따로 또 만들자니 그렇게 두 곳에 걸쳐 일할 사람이 없는 것이다. 거기서 햇빛에 갔다가 온누리에 가니 김종만 씨와 류인성 씨가 와 있었다. 이주영 씨도 왔다. 세미나에 대한 의논을 한참 했다. 그리고 어린이문화연구회 얘기했더니 이주영 씨도 반대했다. 글쓰기회가 없어지는 것이 안타깝게 생각되는 것 같았다. 그래 김용항 씨한테 해송아기둥지 쪽 사정을 물어보니 그쪽에서 사람들이 아주 많이 일하는 것 같아 해송과 손잡고 어린이문화협의회 같은 것을 만들면 되겠다 싶었다.

온누리에서 아주 밤이 되어 나왔는데, 김종만 씨 등은 이성인 씨(아들 돌날이라고) 집으로 가고, 김용항 씨는 부인이 있는 전주 쪽으로 간다면서 여비가 없다고 꾸고 싶어(했지만 아무도 못 주었다) 해서 보다 못해 내가 주머니에 있는 돈 1만 5천 원을 차비 하라고 주고 왔다. 출판사 사장이 이러니 어찌 되겠나.

1986년 12월 19일 금요일

아침 8시에 이주영 씨한테, 학급 문집 복사본 제작한 돈을 언제쯤 줘야 하는가를 전화로 물었더니, 그건 다음 주에 가서 주도록 하겠다, 하고는 뜻밖의 소식을 알려 왔다. 김종만 선생이 아무 말 없었는가요, 하면서 하는 말이, 대한교련에서 하는 강연회를 못 하게 하는 것 같다는 것이다. 마치 지난여름 초등교

육자회 모임 못 하게 하는 것처럼 교원들을 꼼짝 못 하게 하고
방학 동안 어디 하루를 다른 데를 가도 간 곳과 시간을 보고하
게 할 듯하다고 하고, 교련 강연은 만약 하더라도 내가 연사로
안 나와야 허락할 듯하다는 것, 그리고 불암유스호스텔에서
연락이 와서 예약을 취소한다면서 이유는 미리 다른 데서 예
약을 했다는 것이라 했다. 그것이 언제 예약한 것인데 이제 와
서 그전에 예약한 곳이 있으니 취소하다니. 그 수작들이 왜 일
어났는지 뻔한데, 참 이 나라가 어찌 되려고 이 지경으로 되어
가는지 한심하기 말할 수 없다.

오전에 교련에 가서 이영호 홍보실장을 만나니, 들은 대로 문
교부에서 장소를 빌려 주지 않는 것이 좋겠다는 연락이 왔더
라, 했다. 그래서 자기가 변호를 하였는데, 글쓰기회보에 이호
철 씨 이름이 적혀 있는데 그분도 나옵니까, 했다. 아마 이호철
씨를 소설가 이호철로 잘못 알고 있는 모양이었다. 회보에 나
온 회원 이호철 씨는 울진 온정국민학교 교사로 있는 사람이
라고 했더니 웃었다. 아마 문교부에서도 그 이름을 보고 오해
하고 긴장했을 것 같기도 했다. 이영호 씨가 문교부에 전화를
걸더니, 국민 정신교육 담당 장학사(우리 연수회를 못마땅하
게 여기고 방해한다는 사람)는 지금 없는데 오후에 온다니 오
후에 한번 다시 연락해서 알아봅시다고 하고 마침 찾아온 박
경용 씨와 같이 점심 먹으러 갔다.

박 씨는 이번에 〈소년중앙〉 작품 심사 일로 이영호 씨와 같이

만나는 모양이었다. 만난 지가 10년도 훨씬 넘는데, 그때나 지금이나 그 얼굴, 그 말씨가 여전했다. 점심 먹고 다시 홍보실에 가서 이영호가 전화를 걸어 본 결과, 이런 말을 했다. "지금 봐서 저쪽에서 더 이상 다른 말을 안 하니 강연회를 그대로 하는 것으로 하고, 혹시 다른 일이 있으면 연락하겠습니다."

나는 그날 연사로 내가 나가는 것이 문제라면 나는 안 나가도 좋다는 말을 했다. 그렇잖아도 연사가 너무 많아 내가 양보해야지 하고 생각하였는데, 내가 빠지고 싶다고 했다. 이 말은 아침에 이주영 씨한테도 말했던 것이다.

교련서 나와 한길사에 가서 이호철 씨 학급 문집과 신현복 일기 문집의 편집, 교정 문제를 담당 기자와 같이 의논하고 과천 오니 6시 반이 되었다.

저녁에 이성인 씨가 걱정해서 전화를 걸어 왔고, 김종만 씨도 전화를 걸었다. 김종만 씨는 두 번째 전화를 했는데, 불암유스호스텔에 알아보았더니 오늘 서울시교위에서 글쓰기회 연수회 장소를 빌려 주지 말라고 여러 차례 연락이 왔더라 말하더라고 했다. 서울시교위란 데가 교육자들 하는 일 훼방 노는 불법적인 짓을 하는 데가 되었다. 기가 막히는 세상이다.

1986년 12월 22일 월요일

아침에 전 형이 와서 10시에 같이 시내에 나갔다. 전 형은 이현주 목사 만나고 정우한테 갔다가 내일 온다면서 가고 나는 지식산업사에 갔다가 점심시간이 되어 김 사장과 음식점에 가서 송현 씨와 김종만 씨를 만났다. 김종만 씨는 교련을 거쳐 문교부에 갔다 온 길이다. "공연히 갔어요. 문교부 직원들이 교사들을 아주 형편없이 대했습니다"고 했다. 어제 류인성 씨가 소개해 준 사람을 통해 교직과장을 만났더니 "그런 것 하면 신상에 좋지 못할 것이니 알아서 하시오" 하면서, 글쓰기회 연수회 취지나 내용을 설명하는 것은 아예 들으려고도 하지 않고 "어느 학교에 근무하는 교사냐, 이름을 말하라"고 하여 협박하듯 하더라는 것이다. 나는 문교부가 그렇게 나올 줄 어느 정도 짐작했는데, 김종만 씨는 그래도 일선 교사가 찾아가면 따뜻하게 대해 줄지 모른다고 기대를 했던 모양으로, 갔다 와서는 아주 실망을 하고 있었다.

나는 다시 "그만 중지하는 것이 좋겠는데" 하고, 그 이유로, 지금 각 지방에서 들어온 소식을 보면 부산, 경남은 아직 기별이 없어 모르고, 경북만 아무 간섭이 없을 뿐 서울, 경기, 충북, 충남, 호남 지역 이렇게 전국 학교에서 교사들의 발을 묶어 놓으려고 문교부에서 지시를 한 것이 틀림없는데, 경북만 잠잠한 것이 이상한 것은 앞으로 갑자기 비상소집을 해서 걸린 교사들을 아주 꼼짝없이 괴롭힐는지도 모르고, 이런 상태에서 그대로 밀고 나가 예정대로 하려 해도 교련 강당을 서울시교위나 경찰의 방해 없이 쓸 수 있을지도 모르고, 가령 쓸 수 있다 하더라도 모일 사람이 극소수일 것이고, 그리되면 참석한 사람들도 뒷일을 걱정할 것이고, 참석하지 못한 사람도 불만 스러울 것이라 이(利)보다 실(失)이 더 많을 것이 확실하다고 했다. "연수를 꼭 해야 교육이 되는 것은 아니니, 경우에 따라 못 하더라도 우편통신으로는 하면 된다"고도 했다.

내 말을 듣고 있던 김경희 사장, 송현 씨 두 분도 그만 중지하는 것이 현명하겠다고 말했다. 김 사장은, 지금 시국이 심상치 않은데, 내년 봄을 넘어서면 어느 정도 안정될 것이니 여름에 모여도 되지 않겠는가, 모두 공무원 신분으로 교육을 하는데 어쩔 수 없다는 뜻의 얘기를 했고, 송현 씨도 비슷한 의견을 말했다.

나는 다시 "이까짓 거 이런 모임 예정대로 못 했다고 낙심할 것 없어요. 세상에는 이것보다 몇백 몇천 배 더 큰일도 실패하고 다시 일어나고 하는데, 더 큰 사회문제가 해결되어야 이것도 풀어지지요" 했다.

김종만 씨도 어쩔 수 없이 그만두자고 했다. "회보에다 광고를 냈는데 어떻게 하지요?" 하기에 전보를 각 지방에 치는데, 한 20군데만 해서 알리라고만 하면 된다고 말했다. 그래서 그 연락을 나는 경남북과 전남북, 강원까지 맡기로 하고, 김종만 씨는 서울, 경기, 충청을 맡기로 하고 헤어져 왔다.

과천 와서 전신전화국에 가서 주소록을 보고 전보발신지에 썼더니 뜻밖에 많아 58군데나 쳤다. 강원도, 전라도는 모든 회원 앞으로 치지 않을 수 없었다. 두 시간이나 걸려 겨우 다 썼다. 전보 요금만 해도 2만 9천 원.

저녁에는 또 회원 아닌 사람들 앞으로 엽서를 쓰고, 주중식, 이도걸, 백영현 씨들 앞으로는 전화도 걸었다.

그래도 이렇게 하고 나니 일단 마음이 가라앉는다.

그날 연수회와 총회는 못 하더라도 이사회는 열어야겠다는 생각이 들었다.

아무 죄도 없는 착한 사람들, 아이들 위해 착한 일을 하려는 사람들을 이렇듯 실망낙담하도록 하는 이 세월이 하루 빨리 가 버려야겠다. 지긋지긋한 세월이다.

1986년 12월 23일 화요일

아침에 영주 윤태규, 대구 이도걸, 부산 백영현 제씨 앞으로 전화를 걸어 연수회 중지를 알리고, 오전에 세계 아동문학에 관한 논문을 쓸 자료를 살피고, 오후에 시내에 나갔다.

은행과 우체국 볼일을 보고 종로서적에 갔더니 내 동화집 그림을 벌써 그려서 갖다 놓았다. 보니 그대로 괜찮았다. 거기서 신문을 보니 원당학교 정영훈 씨가 학급 문집에 시험을 비판한 아이의 글을 실었다고 면직시켰다는 신문 기사가 나서 놀랐다. 하도 기가 막히고 어처구니없는 일들이 많이 벌어지는 터라 이런 것도 예사로 봐야 할까? 그 학급 37명의 어머니들이 정 선생을 교단에 서게 해 달라는 진정을 했다고 한다. 이것이 지난 17일 있었던 일이라는데 이제 신문에 나고, 나도 전혀 몰랐다. 이걸 어떻게 하나?

노경실 씨가 와서 함께 얘기하다가 나와서 지식산업사에 들어가 김 사장과 얘기를 나누고 과천으로 왔다.

저녁에 정영훈 선생 집에 전화를 걸었더니 "신문에 난 대로고, 아무것도 잘못한 것이 없는데 모든 것을 그런 식으로 몰아가서, 지금 교육감 결재만 나면 다 끝나도록 돼 있습니다. 교육감이 번복하는 일은 거의 없다고 합니다" 했다. "학부모들이 진정을 했다지요?" 했더니, "하도 어처구니없는 일이고, 아무 잘못도 없이 당한다고 보여서 그렇게 한 모양입니다" 했다. 나는 "이젠 법정에서 싸우는 수밖에 없는데, 머리 숙여 빌지 말고 아주 당당하게 나가시지요" 했더니 그렇게 하겠다고 했다.

다음 이주영 씨한테 전화를 걸었더니 그 학급 문집 일은 요즘 낸 것이 아니고 벌써 지난 1학기 때 냈던 그것이라 해서 더욱 기가 막혔다.

도대체 이 세상이 어떻게 되려는가?

아침마다 일어나면 오늘 하루를 힘껏 살아야지, 충실히 살아야지, 하고 마음먹는데, 저녁이 되면 절망을 안고 돌아온다. 오늘 하루도 얇은 얼음판 위를 떨며 떨며 무사히 걸어왔구나 싶다.

산다는 것이 비극의 연속밖에 아무것도 아니다.

1987 ⟨⟩

1987년 1월 16일 금요일 비

오전에 〈우리시대〉에 가서 원고를 주었더니 편집장과 기자가
아주 좋은 글이라며 반가워했다. 그 학생 편지에 대한 의견을
써 달라고 했는데, 문교부 직원들은 바빠서 못 쓴다고 하고, 국
회의원들도 써 준 사람이 없다고 했다. 학생들이 죽어 가고 있
는 문제를 두고 글을 써 달라는데 바쁘다니 그보다 더 큰 무슨
일을 하고 있는가. 자기들이 지은 죄라 말할 수가 없는 것이겠
지. 국회의원은 도대체 무엇을 하는가? 문공위원들이란 게 무
슨 일 하는 사람들인가. 한심하기 짝이 없다. "이 편지에 대한
해답은 선생님밖에 쓸 사람이 없습니다"고 편집장이 말했다.
참 한심한 나라다.

오후에는 교문사를 찾아가서 한국아동문학 한국아동문학가협회
에 낸 내 원고의 교정을 보았다.

하루 종일 비가 뿌리는 날씨. 돌아와 신문을 보니 대학생(박
종철)이 치안본부 대공분실에 잡혀가 수사를 받다가 죽었다고
한다. 의사는 "목과 가슴 주위 피멍 많았다"고 하고 해부 결과

74

오른쪽 폐에 탁구공 크기의 출혈이 있었다고 검찰은 발표했는데, 경찰은 무릎 찰과상과 손가락 사이 멍이 있었다고 하는 모양이다.

수필 두 편을 써야 하는데, 아무것도 쓰고 싶지 않다. 인간이 지긋지긋 싫어지는 밤이다. 인류가 하루빨리 전멸되는 길만이 지구의 희망이다.

1987년 2월 27일 금요일

새벽에 눈을 뜨자 이런 말이 생각났다.

'아이들에게 일하는 기쁨을 체험하게 하는 것보다 더 좋은 인간교육이 없다.'

이건 전부터 알고 있었던 것인데 왜 오늘 새벽에 다시 머리에 떠올랐을까? 이에 관련된 꿈을 꾸었을까? 어떤 꿈을 꾸었는데, 그 꿈은 잊어버리고 이 말만 생각났을까? 알 수 없다.

이 말을 좀 바꾸어 하면 이렇게 된다.

'아이들에게 일하기를 싫어하도록 하는 교육보다 더 나쁜 교육이 없다.'

그러니까 오늘날 이 나라의 학교교육보다 더 나쁜 교육이 없다. 이것은 교육이 아니다. 아이들을 병들게 하는 비참한 훈련이다. 교육이라면 바로 살인 교육, 식인 교육이라 할밖에 딴 이름을 붙일 도리가 없다.

1987년 2월 28일 토요일

아침에 주택은행서 볼일을 마치고, 강 씨도 보냈다.

시내에 나가 〈조선일보〉, 〈가정조선〉에 가니 고료를 주었다. 잡지는 내일 나온다고 했다. 허술 부장은 아동 도서에 대해 많은 관심을 가지고 있는 듯해서 반가웠다. 그 잡지에 계속 아동 도서 문제를 다루겠다고 했다. 〈월간 조선〉이 이제 좀 나아질 것 같다. 허술 씨는 "최소한도로 어머니가 보는 잡지를 아이들이 봐도 낯붉힐 일이 없도록 하고 싶다"고 했다.

〈조선일보〉에서 한길사까지 가는데 어쩌나 길이 막혀 차가 자주 서는지 거의 한 시간이나 걸렸다. 한길사에 가니 만주 연변 자치주에서 온 김파(金波) 씨와 또 한 분 독일인 유학생(연세대)이 있었다. 독일인 유학생은 서유럽 각 나라와 소련, 중국, 만주 등지를 다니면서 찍은 슬라이드를 보여 주었고, 김파 씨는 이번에 한길사에서 낸 시집《흰 돛》을 주었다. 그리고 일전에 만주 지방의 옛얘기를 책으로 낸 것을 여기서 다시 내고 싶다는 것은 이 김파 씨의 저서였던 것으로, 그 복사본을 김 사장이 내게 주어 읽어 보라고 했다. 나는 김파 씨에게 몇 가지 궁금한 것을 물어보고, 김 사장, 독일 청년과 함께 점심을 먹고 헤어졌다.

오후에는 사직공원에 있는 어린이 도서관에 가서 해송아기 둥지에서 주최하는 어린이 그림 전시와 인형극, 동화 구연 등 발표를 보았다. 아이들 그림이 참 좋았다. 끝까지 못 보고 거기서 만난 윤승병 씨, 한지흔 씨, 그리고 이은영 씨와 같이 먼저 나와 한, 윤 두 분과는 공원 앞에서 헤어지고, 아이를 업고, 또 데리고 있는 은영 씨와 같이 연우무대에 같이 가자고 해서 버스를 타고 신촌으로 갔다. 은영 씨는 남편 철수 씨와 어디서 만나기로 되어 있는데 가는 길에 같이 연우무대에 들렀다가 갈 예정으로 갔으나, 버스에서 내리니 눈이 마구 쏟아지고 바람이 마구 불어, 이러다간 어두우면 어린애하고 같이 돌아가기도 어렵겠다면서 그만 철수 씨와 만나기로 한 곳으로 택시를 타고 가고 나만 연우무대를 찾아갔다. 〈아빠 얼굴 예쁘네요〉의 공연이 오늘로 마지막이라 초대장을 받은 처지에 안 가 볼 수 없었고, 또 한번 보고 싶기도 했던 것이다.

연우무대는 조그만 극장이었는데, 마지막 날의 마지막 회라 그런지 관객이 너무 적었다. 어른 아이 모두 40명쯤 됐을까? 〈아빠 얼굴 예쁘네요〉는 석탄 이야기, 탄광촌의 이야기를 그곳 아이들이 쓴 글을 중심으로 노래와 춤과 그림을 종합해서 보여 주는 종합 교육극이라 하겠는데, 참으로 구성이 잘되고 연출도 잘해서 감동적이었다. 이것은 글쓰기와 연극, 글쓰기와 음악, 글쓰기와 무용, 글쓰기와 미술의 손잡기를 생각하게 하는 좋은 보기란 느낌이 들었다. 우리가 하는 글쓰기 교육이 이와 같이 다른 문화 운동을 하는 사람들에게 좋은 자료를 주고 자극을 주고 있다는 생각이 들어 기뻤다.

아파트에 오니 8시가 지났다.

오늘 한길사에 갔을 때 김 사장이 "참, 《큰길로 가겠다》 머리말을 담당자가 잘못 고쳤다고 했습니다" 했다. 그리고 조금 있으니 그 편집 아가씨가 와서 사과했다. 내가 쓴 원고를 대조해 보니 여러 군데를 그렇게 멋대로 고쳐 놓았다. 2판 때는 꼭 바로잡으라고 말했다.

1987년 3월 4일 수요일

오늘부터 매주 수요일 한신대학에 강의하러 나간다. 아침에, 지난번 김성재 교수한테서 받은 버스 시간표를 찾으니 없어서 한참 찾다가 안 되어 김 교수 집으로 전화를 거니 7시 53분 과천도서관 앞을 지난다고 해서, 밥을 먹을 사이도 없이 미숫가루를 타서 급히 마시고 겨우 탔다. 수원 있는 학교까지 한 시간 가까이 걸렸다.

처음 가 보는 대학이고, 더구나 강의는 처음 하는 터라 잔뜩 긴장되었지만 그럭저럭 세 시간을 마쳤다. 김 교수 말에는 수강생이 3, 4학년으로 약 20명 될 것이라 했는데, 교실이 꽉 차서 세어 보니 43명쯤 되었다. 앞으로 좀 더 잘 연구해서 충실한 강의를 해야겠다고 단단히 생각했다. 올 때는 비가 와서 전철을 타고 신도림에서 사당으로 둘러 왔더니 한 시간 반이 걸렸다.

생각해 보니 중등교육도 제대로 못 받은 내가 무슨 대학의 강의를 맡을 수 있는가. 부끄럼과 자책감이 들지만 학문이란 것이 꼭 학교에서만 배워야 하는 것이 아니고, 오히려 현실의 체험과 독서를 통해 진실한 이치를 찾아 세우는 것이 바람직하다는 생각이 든다. 더구나 내가 학생들에게 전해 주려고 하는 것이 바로 이것이다. 지금까지 이미 만들어 놓은 문화를 그대로 받아들이고 따르는 것이 아니라 모든 관념의 체계를 일단 거부하거나 의심하고, 혹은 그것을 제쳐 두고 현실의 삶 속에서 부딪혀 얻은 느낌과 생각으로 자기 자신의 세계를 만들어 가도록 하는 태도, 이것을 가르치려고 하는 것이고, 글쓰기가 바로 이것이다. 나는 좀 더 자부심을 가지고 당당하게 학생들 앞에 서야겠다고 결심한다. 물론 겸허하고 성실한 태도는 잃지 말아야겠지.

오후에 몸이 고단해서 누워 막 잠이 들려고 하는 순간 전화가 걸려 왔다. 조선일보사 〈가정조선〉에서 다음 주에 아동 도서에 관한 좌담을 계획하고 있는데 사회를 좀 맡아 줄 수 없느냐는 말이었다. 바쁘고 시달리게 되겠지만 한길사 김언호 사장, 지식산업사 김경희 사장, 창작사 김윤수 사장 등 여러 분들과 얘기 나누게 된다 해서 거절할 수 없어 승낙하고 말았다.

저녁에 윤기현 씨가 왔다.

1987년 3월 8일 일요일

정우 차를 타고 의성 사곡으로 갔다.

가는 길에 충주를 지나다가 며칠 전 숭덕재활원에 와 있는 광호 군을 찾아보았다. 기숙사의 어느 방문을 열었더니 방바닥에서 조그만 덩어리가 막 굴러 나오듯 나오는데 보니 광호였다. 전에 전남 보성에 갔을 때는 휠체어에 타 있는 모양을 보아서 그렇게 작은 줄 몰랐는데, 이번에 방 안에 앉아 있는 그를 보니 참 작아 보였다. 아랫도리가 아주 발달하지 못해서 그렇고, 윗몸도 조그마했다. 그 방 안에는 네 사람이 있다고 했고, 거기 한 젊은이가 옆도 보지 않고 도장을 새기려고 도장 나무를 만지면서 책상에 엎드려 있었다. 먹는 것은 충분하다고 했고, 방도 깨끗했다. 광호는 얼마 전 고향서 쓴 것이라면서 동화 두 편을 주었다. 나는 〈우리 모두 손잡고〉를 주었다. 그리고 원고지 사 쓰라고 돈 2만 원을 주고 나왔다.

나와서 문간에서 정우를 기다리는 동안 거기 놀고 있는 정신박약아들을 보았다. 여자아이, 남자아이, 나이는 모두 열 살을 넘어, 열다섯쯤 되는가 싶기도 했다. 제각기 희희덕거리고, 침을 질질 흘리면서 앉았다가 일어섰다가 하는 아이도 있었다. 그런데 그 아이들한테선가 이상한 냄새가 확 풍겨 왔다. 그것은 몇 달이나 씻지 않고 입고 있는 옷에서 나는 땀과 몸 때가 절인 냄새였다. 그중 한 남자아이가 내가 타고 있는 차 운전대 앞에서 손을 내밀면서 무엇을 간구하는 듯했다. 무엇일까? 돈을 달라는 것인가? 눈동자는 흐리고 벌리고 있는 입에서 침이 흘러내리고 있었다. 이 아이가 돈을 아는가? 내민 손이 오른손이고 손가락을 쫙 폈다. 손을 잡고 싶어 하는 것이란 느낌이 들었다. 그래서 옆문을 열었더니 곧 달려와서 내 손을 잡고는 좋아서 못 견디었다. 한 손으로 내 손을 잡고, 다른 손으로는 내 얼굴을 쓰다듬었다. 차가운 그 손은 내 손바닥에서 따뜻하게 녹여졌다. 아, 어른들의, 인간의 사랑, 체온이 그리워 못 견디는 이 아이! 나는 그 언젠가 한겨울 안동교구청에 갔을 때 그곳 쇠 그물 우리에 갇혀 있던 개 한 마리가 사람을 보고 길길이 뛰고 뒹굴던 것이 생각났다.

차를 타고 나오면서도 자꾸 그 아이들 생각이 났다. 정우 말을 들으니 그 부근에 꽃동네라는 신체·정신 장애자 수용소가 있는데, 금왕읍에만 해서 멀리 서울서 아이를 버리러 오는 사람이 종종 있다고 했다. 그런 버림당한 아이들 얘기를 들으니 기가 막혔다. 제 새끼나 형제를 그렇게 버리는 인간이란 동물은 동물 중에서도 가장 흉측한 동물이란 생각을 아니할 수 없었다.

안동 일직을 지나다가 권정생 선생한테 들렀더니 권 선생 건강이 아주 좋았다. 목소리에 힘이 있었고, 기분도 아주 좋은 듯했다. 지난번 만났을 때와는 아주 딴판이었다. 들으니까 충북 그 집에 갔을 때 얻어 온 숯가루를 약 일주일 먹었더니 눈 아픈 것 머리 아픈 것 아주 깨끗이 나았다는 것이다. 결핵 약 오랫동안 먹어서 일어난 부작용은 현대 의학으로 고칠 수 없다고 의사들도 말하는데, 이건 참 신약이라고 말했다. 그러고 보니 그 사람이 숯가루, 풀가루로 암 같은 거 문제없이 고친다는 것은 무턱대고 하는 장담이 아닐 것 같기도 하다. 참으로 희한한 일이다. 소나무를 태운 숯가루가 이런 신기한 약이 되다니! 대관절 병이란 무엇이고, 의학이고 과학이란 무엇인가?

권 선생 집에서 나오면서, 인간의 몸에 붙는 온갖 질병뿐 아니라 정치고 교육이고 문학이란 것도 그 진리, 그 바른 길이 아주 소박하고 단순하고 평이한 데 있을 것이란 생각이 들었다. 글쓰기에서 현실을 중시하고 현실에서 얻은 느낌과 생각과 말을 귀하게 여겨서 쉬운 말, 정직한 말로 그것을 쓰게 하는 것도, 말하자면 인간이 온갖 복잡한 관념과 말재주로 만들어진 거짓스런 글쓰기의 요술적 역사를 거부하고 가장 인간스런 야성의 말, 순박한 어린이의 말, 곧 살아 있는 진리의 말을 찾으려는 것이라는 생각이 드는 것이다.

의성 사곡에 온 것이 오후 2시 반, 곧 산에 올라가서 지난번 비석에 빠뜨린 글자를 팠다. 일곱 자를 파는데 저녁 늦게까지 걸릴 줄 알았는데, 한 시간 남짓 하니 다 파졌다.

저녁에는 족보 새로 만드는 의논과 지난번 쓴 것 다시 보충하고 고치고 하는 일을 했다.

1987년 4월 18일 토요일

오전에 범우사에 가서, 캐나다에서 온 이동렬 교수를 만나 윤형두, 박연구 두 선생과 같이 한참 얘기하다가 점심을 같이 먹고 헤어졌다. 오후에는 지식산업사에 갔다가 다시 마포로 가서 창작사에 갔더니 동시집이 나와 있어 두어 권 얻어서 4시부터 초원봉사회에서 있는 서울·경기 회원 합동 모임에 나갔다. 그런데 6시까지 기다려도 웬일인지 회원들이 여덟아홉 명밖에 모이지 않았다. 8시까지 이것저것 얘기 나누다가 윤태규 씨 동화집을 나눠 주고 헤어졌다.

오늘 저녁에 얘기한 것 가운데 김종만 씨가 이런 것을 전했다. 서울시교위에서 '불온 교사'로 될 가능성이 짙은 사람을 열 가지로 나누어 들어 놓았는데, 그중에 남달리 열심히 아이들을 가르치는 교사, 학부모들이 주는 돈 봉투를 안 받는 교사, 초임 교사로 특별히 열심히 아이들을 가르치는 교사 이런 항목이 있다고 하며, 그 열 가지 조항이 적힌 인쇄물이 반상회에 배부되었다고 했다. 직접 보았는가 물었더니 직접 본 것은 아니고 두 사람이 증언을 하더라고 해서, 그러면 그런 증거를 확실히 잡았으면 좋겠다고 말했다. 교육행정의 타락상이 이제 극에 이르렀다는 생각이 들었다.

1987년 5월 17일 일요일

오후 3시부터, 약속한 오뚜기일요학교에 가서, 송현 선생은 아이들 데리고 얘기하고, 나는 가르치는 사람들을 데리고 얘기하는 시간을 가졌다. 이 오뚜기학교는 근로 청소년을 학생으로 모아서 중학 입학 자격 검정고시, 고등학교 입학 자격 검정고시, 대학 입학 자격 고시 등 세 단계로 나누어 시험 준비 공부를 가르치는 학원 같은 곳이다. 교사들은 대학생으로 모두 무보수로 봉사하고 있다. 오늘 내가 그 교사들에게 얘기한 것은 교육목표에 대한 것, 교육 방법에 대한 것, 두 가지를 얘기했는데, 교육목표에 대해서는 이런 교육에 대한 좀 더 확고한 신념과 보람을 가지도록 하고 싶었고, 그래서 인간교육을 함께하도록 부탁하고 싶었다. 교육 방법에 대해서는 일반 학교교육에서 하는 것을 따르지 말 것, 배우는 사람들과 함께할 것, 교재를 정선할 것 등을 얘기했다. 다 마치고 나서 질의응답을 했는데, 아주 긴요한 문제를 물었다 싶어 여기 생각나는 대로 질문 내용을 적어 둔다.

1. 인간교육의 목표를 어디에 두어야 하나?

2. 교과서가 배우는 사람들의 현실과 안 맞는 것이 많은데 어찌해야 하나?

3. 정서교육, 감성 교육이 문제다. 일주에 하루씩 교육을 하니 음악도 미술도 가르칠 수 없다. 어떻게 할까?

4. 교육을 해 보니 내가 가르친다면서 그 가르침을 말로만 할 뿐 나 자신이 행해 보이지 못하고 고민하는 수가 많은데, 어찌할까요?

이런 물음은 교대 학생들이 질문할 수 없는 것이고, 모두 긴요하고 적절한 물음이었다. 나는 내 생각대로 대답해 주었다.

나올 때 선물이라면서 조그만 꽃바구니를 만들어 놓은 장식품을 주었다. 그리고 학생들과 선생들의 소감과 인사말을 적은 글도 봉투에 든 대로 주었다. 송 선생과 나오면서, 강사료 받은 것보다 더 기쁘고, 오늘은 참 좋은 시간을 보냈다고 했다. 그리고 종종 여기 와서 아이들과 선생들을 만나 얘기하고 싶다고 말했다. 정말 교회 간 것보다 더 잘했다는 생각이 들었다.

밤 10시경에 전우익 형이 왔다.

1987년 5월 31일 일요일

젊은이들은 모두 밤을 새워 담론을 한 모양이다.

아침이 되어서야 두어 시간 자는 것 같았다.

아침을 먹은 다음에도 모여 한참 얘기하다가 11시가 다 되어서야 헤어졌다. 회보, 문집 등 나눠 가진 책 짐을 모두 한 뭉치씩 들고.

송현 씨가 찾아와서, 주중식 씨와 같이 남아서 한참 동안 유승룡 씨 얘기를 듣고, 나와서 점심을 같이 먹은 다음 주 선생을 보내고는 송 선생과 같이 오후 2시부터 있는 넝마공동체의 놀이패 공연을 보러 갔다. 윤승병 씨가 애써 하고 있는 넝마공동체는 두 곳에 작업장을 두고 있는데, 한 곳은 식구가 30명, 최근에 시작한 한 곳은 열 명. 운영이 여간 어렵지 않은 것 같다. 막사를 지어 놓은 집에 들어가니 꽤 넓고 깨끗했다. 거기서 먼저 공동체 운영에 대한 이야기와 질의응답을 하는데, 어떤 분이 "이 공동체의 이념이나 목표를 어디에다 두고 있습니까? 언제까지나 넝마주이 일만 해야 하는지, 아니면 달리 목표를 두고 있는지 알고 싶습니다" 하고 공동체 회장에게 물었다. 회장이 거기에 대해 답변했을 때 내가 도저히 그냥 있을 수 없어서 일어나 한마디 했다.

"사람이 세상에 살아가면서 사람 노릇 하자면 반드시 해야할 일이 있습니다. 그것은 자기 몸에서 나오는 오물, 폐기물을 자기가 책임지고 처리하는 것이고, 그래서 자기가 살고 있는 자리를 더럽히지 않는 것입니다. 만약 이것을 못 하면 그는 사람이라 볼 수 없고, 동물도 못 되는, 동물 이하의 존재입니다. 그런데 오늘날 도시 사람들은 자기 몸에서 나오는 오물을 처리할 줄 모릅니다. 그래 그것을 다른 사람이 처리하도록 하지요. 이것은 분명히 비인간적 존재입니다. 동물 이하로 된 것 아닙니까? 그래 자기가 치워야 할 것을 남에게 시켜 놓았으면 그것을 깨끗이 해 주는 사람을 우러러보고 감사해야 할 텐데, 도리어 그런 사람을 멸시하지요. 이 얼마나 잘못된 삶의 태도입니까?

아까, 이 공동체 성원들이 장차 무슨 희망으로 살아가려고 하는가를 묻고, 여기에 대답하고 하셨는데, 물론 이 구성원들 가운데 앞으로 책을 읽어 공부를 더 하고, 무슨 기술을 익혀 자기의 재능이나 개성에 더 적당한 직업을 선택해서 나가는 것 말할 것도 없이 다행하고 좋은 일이지만 평생을 넝마주이로 살아도 보람 있게 생각하고, 당당하고 자랑스럽게 살아가는 것이 옳지 않겠나 생각합니다. 넝마주이야말로 가장 사람답게 살아가는 직업이라고 확신하는데, 여러분은 어떻게 생각하시는지 모르겠습니다."

내가 이렇게 말하고 앉았는데, 아무도 그 이상 이 문제를 두고 말하는 사람이 없었다.

음식이 들어와 한참 앉아 얘기하면서 먹었다. 소설가 송기원 씨가 와서 같이 얘기했다. 그리고 오후 4시부터 바깥에 농악 소리가 나서 보니 놀이패들이 와서 시작했다. 송기원 씨가 먼저 나가고 그걸 한참 보다가, 송현 씨가 가고, 나는 윤승병 씨를 방에 불러다가 동화집 《종달새 우는 아침》을 나눠 주라고 일곱 권쯤 이름을 써 주고, 윤 씨가 말하는 공동체 운영의 어려움과, 자기가 자라났던 가정 얘기(참으로 끔찍한 민족적 비극을 윤 씨는 겪었다. 아홉 형제 중 둘만 남고 모두 6·25 때 희생되거나 월북하거나 했으니 말이다. 그런 얘기를 오늘 처음 들었다)를 한참 듣다가 찬조금 5만 원을 접수에 내고 나왔다.

구속과 고문과 학살, 공해병으로 신음하고 있는 사람들, 살인 교육에 시달리고 쓰러지는 아이들, 먹고 입는 최저의 생활을 하지 못해 허덕이는 사람들…… 온갖 일들이 마구 곪아 터져 나와 어찌할 수 없는 상태가 되었다. 그런데도 아, 하늘은 무심하기만 하다.

1987년 6월 5일 금요일

낮에 종로 2가에 가서 점심을 사 먹고, 종로서적에 가니 아직 사보가 안 나왔다. 9월에는 어김없이 나온다고 이철지 부장이 말했다. 〈새가정〉에 가서 원고를 주고, 정우 앞으로 정기 구독을 부탁한 다음 고료 2만여 원 주는 것으로 지난번 신청한 안덕 누님 것과 정우 것 구독료 1년분 모두 2만 원을 주고 나왔다. 인간사에 잠시 들렀다가 그길로 명동에 가서 한 시간쯤 다방에서 쉬고 나서 성당 문화관에 갔다. 성내운 선생, 최열 씨, 이해학 목사, 최완택 목사 등이 먼저 와 있었는데, 시작할 무렵에는 그 강당이 꽉 찼다. 아마 천 명을 훨씬 넘었을 것이다. 나는 개회사를 할 때 써 가지고 갔던 원고를 대강 보면서 약 10분 이야기했다. 모두 반응이 좋았던 것 같다. 다음은 성남주민교회 이해학 목사의 '우리들은 죽더라도 애들만은 살려 주소'란 제목의 강연이 있었는데 이 목사는 아주 열변을 토해서 박수를 많이 받았다. 사이에 노래극, 슬라이드가 있었고, 두 번째 강연이 최열 씨의 '매연으로 숨 막히고 최루탄에 골병들고'였는데, 아주 요령 있고 감명 깊은 말로 청중들이 귀를 기울이려 했다. 마치고 나서 마당극이 있었는데, 공해를 일으키고 은폐하는, 정권을 잡은 사람을 풍자하는 내용으로, 모두가 폭소를 터뜨렸다. 통쾌하기도 했다. 다 끝나고 밖에 나와 농악 놀이를 하는 것을 보다가 왔다.

사회자 말에 의하면, 공해 문제로 모인 집회로는 이번이 가장 크다고 보겠는데, 오늘의 이 집회가 공해 추방 운동에서 큰 전환점이 될 것이라고 했다. 나도 오늘 같은 열띤 모임은 처음 봤다. 강연도 강연이지만 공해 마당극은 웃음이 터지고 눈물이 나오고 큰 감동을 맛보았다. 우리 민족이 바로 여기 살아 있구나 하는 생각이 들었다. 참 잘 참가했다는 생각이 들었다.

1987년 6월 6일 토요일

오전에는 편지, 그 밖의 우편 접수물을 정리하고 방 청소를 대강 했다. 오후에는 중간시험 답안지 채점.

오후 4~5시 사이에 이준연, 노경실, 윤동재, 송현, 권오삼 제씨가 오고, 좀 늦게 김종만 씨가 왔다. 오늘 저녁에 지식산업사에서 제공하는 자리(회의실?)에서 정기적으로 갖게 되는 아동문학 연수 모임에 관한 의논을 하기 위해 불렀던 것이다.

이 모임을 생각한 까닭은 우리 아동문학인들이 거의 모두 참된 작품 창작하는 일보다 작품 발표와 문단 자리다툼하는 데 정신을 집중하고 있고, 일반적으로 작품 수준도 너무 낮고 형편없는 글을 써 놓고 대가 노릇 하는 사람들이 적지 않은 데다 비평의 풍조가 조성되지 않고 서로 치켜세우는 장사꾼 노릇만 하고 있는 상태에서 우선 우리들 스스로 겸허한 자세로 공부를 해 보자는 데 취지가 있는 것이다. 그래 얘기를 시작하니 모두 그 뜻에 찬성해서 날짜는 매월 첫 목요일(오후 6시 반)로 하고, 그날은 자기의 작품을 한 편씩 가져오기로 하였다. 그리고 이번 달 첫 모임만은(첫 목요일이 그저께로 지나갔으니)오는 18일에 갖기로 했다.

1987년 6월 20일 토요일

현우작은아들가 아침에 와서 목욕을 하고 또 나갔다. 이틀 밤을 학교에서 농성을 하고, 오늘은 시내에 나가 시위를 한다고 했다. 밤에 농성을 하면서 토론회를 한 모양인데, 그렇게 해서 세상을 배우게 되는구나 싶었다. 나갈 때 "조심해라"고밖에 할 수 없었지만, 그런 데 나가는 것이 흐뭇한 생각이 들었다.

오전에 이치석 선생이 전화가 와서 만나고 싶다고 하기에 광화문에 나가 만났더니 전과는 많이 달라진 것 같았다. 전에는 학생 시위 같은 것을 좋지 않게 보았던 것 같은데, 요즘은 자신이 여러 번 시위에 참여했다고 한다. 그리고, 이제 아무래도 정치와 사회가 많이 바뀔 것 같은데, 우리 초등교육이 앞으로 할 일을 교육자 스스로 할 수 있도록 지금부터 뜻있는 사람들이 모여 논의해 봐야 되지 않겠나 했다. 자기는 몇몇 사람들과 만나 이 문제를 의논해 봤는데, 아무래도 동지들이 좀 많아야 되겠다는 것이다. 나는 참 잘 생각했다면서, 나도 우리 교육 재건 문제를 작금일 좀 생각해 보았는데, 이 일은 교사들이 자발적,

자의적으로 연구하고 의논하고 힘을 모아 해 나가야 하는데, 부디 이 선생이 중심이 되어 한번 추진해 보라고 말했다.

오후에는 종로 2가에서 송현 씨를 만나려고 현실문제연구소에 갔더니 송현 씨가 민음사 앞에 있다고 해서 그 사무실에 있는 젊은이 한 분과 그쪽으로 가는데, 조금 전에 왔던 수협 건물 앞에서 학생들이 지나가면서 "호헌 철폐", "독재 타도"를 외치고 있었다. 나와 같이 가던 젊은이가 박수를 쳤는데 나는 한 손에 우산을 짚고 그냥 보고만 있었다. 아이들의 그 씩씩한 모습을 보니 갑자기 눈물이 화락 쏟아지려고 하는 것을 참았다. 아, 이 젊은이들이 있어 우리 겨레가 살아 있는 것 아닌가. 한참 보다가 송현 씨를 만나니 "여기 서 있지 말고 저 빌딩 위에 올라갑시다. 저기 가면 더 잘 보입니다"고 했다. 송현 씨를 따라 올라간 빌딩 10층 방은 정치범동지회던가 하는 간판이 붙어 있었고, 그 안에는 여러 사람이 종로 네거리를 내려다보고 있었다. 네거리 이쪽저쪽에는 전경들이 꽉 줄지어 서 있었고, 바로 종각 옆에서 학생들이 외치고 있는데, 한참 뒤 전경들이 오는 듯 학생들이 쫓겨 가고 있었다. 최루탄 터지는 소리도 났다.

한참 보다가 오후 4~5시에 지식산업사에서 전승묵 선생을 만나기로 약속한 것이 생각나 나왔다. 나오면서 보니 밀려갔던 학생들이 또 와서 수협 건물 옆에서 외치고 있었다.

종각 지하도로 내려가려는데 종로서적 앞에서 학생들의 소리가 나고, 거기 사람들이 빽빽하게 서 있는데 최루탄이 바로 사람들 머리 위에서 터지는 것이 보였다. 보던 사람들 속에서 "죽일 놈들" 하는 소리가 났다. 최루탄 터뜨리는 전경 욕을 하는 것이었다.

나는 통의동까지 힘없이 걸어가면서, 시위 한 번 하지 못하고, 시위하는 젊은이들에게 박수 한 번 쳐 주지 못하고 지나온 나 자신이 한없이 무력한 존재로 느껴져 서글프고 또 부끄러웠다. 나이가 많아졌다고 한탄하는 것으로 될 일이 아니다. 뭔가 내 정신도 크게 거듭나야 하겠다는 생각이 들었다.

지식산업사에 갔더니 웬일로 문이 잠겨 있었다. 보통 토요일에도 늦게까지 근무를 하고 있었는데 웬일인가? 미리 연락을 해 두지 못한 것을 후회하면서, 건물 앞길에서 10여 분을 기다리니 전 선생이 왔다. 책에 나온 사진을 보았으니 곧 알아낼 수 있었다. 인사를 하고 다방에 가서 한참 얘기하는데, 얘기는 처음부터 요즘 시국에 대한 것이었다. 전 선생은 나보다 세 살이나 위다. 그런데 여러 번 시위에 참가했다고 해서 나는 아주 부끄러웠다. 얘기해 보니 내 짐작대로 너무나 좋은 분이었다. 다방에서 나와 광화문으로 함께 와서 저녁을 같이 먹으면서 또 여러 가지 얘기를 하다가 헤어졌다.

1987년 6월 26일 금요일

오늘이 국민 대행진 날이다. 아침부터 볼일이 있어 나갔다.

먼저 종로서적에 갔더니 이철지 부장이 없어서 기다리다가 송현 씨가 와서 점심을 같이 먹었다.

오후에는 다시 종로서적에 가서 볼일을 보고 나와서 은행 일을 보고, 그다음에는 대행진이 6시경에 있기에, 어제 밤잠이 모자라 몸이 무거운 터라 갈릴리다방에 들어가 눈을 감고 좀 쉬려고 하고 있는데 또 송현 씨가 여자 한 분과 같이 왔다. "저의 누님입니다"고 했다. 송현 씨보다 나이 적어 보이는데, 네 살 위란다. 나도 여섯 살 위인 누님과 같이 있으면 나를 위라고 남들이 보는 것을 생각했다.

거기서 한참 얘기하다가 4시쯤 되어 자실 문인들이 모인다고 하는 명동으로 갔다. 가톨릭의 전진상교육관에 갔더니 이호철, 김규동 씨를 비롯해서 많이 모여 있었다. 집권자들이 당황하고 있는데, 이제 며칠 안 가서 다 끝장날 것도 모르고 있는 것들이 한심하다는 둥 하면서 얘기를 많이 하고 있는 사람이 뒤에 알고 보니 백기완 씨였다. 한참 있다가 한 젊은이가 "지금 바깥에서 한창 싸우고 있고 최루탄을 마구 쏘고 있는데, 여기서 40대 이하 되는 사람은 거리에 나가고, 40대 넘으시는 분들은 위험하니 여기서 기다렸다가 8시가 되면 모두 서울역 광장으로 집결하게 돼 있으니 그때 서울역 쪽으로 와 주시기 바랍니다" 했다. 이윽고 그 방 안에도 최루탄 가스가 들어와 재채기가 나고 해서 문을 닫고 있는데, 최루탄 터지는 소리가 자꾸 났고, 시위대들이 지르는 고함 소리도 멀리 울려왔다.

한참 앉았다가 바깥에 나가 보니 눈을 뜰 수 없다. 마치 고춧가루 빻는 방앗간에 들어온 것 같다. 곧 들어와 눈을 닦고 해도 계속 눈물이 났다. 여기서 문간에만 나가도 이런데, 최루탄이 터지는 데서는 얼마나 심할까? 그래도 그런 데서 한 시간이고 두 시간이고 다섯 시간이고 버티고 싸우는 젊은이들 생각을 하니 참 너무 고맙고, 나 자신이 부끄럽다는 생각이 들었다. 그래서 자꾸 나갔다 들어왔다 했지만 여전히 그 모양이라 쉴 새 없이 눈물을 닦고 코를 풀고 했다. 그런데 자꾸 가스를 마시고 하니 처음에 나오던 재채기는 안 나왔다. 바깥에 나갔던 젊은이들이 자꾸 들어와 화장실에 가서 얼굴을 씻고 했다. 최루탄 가스가 들어오고, 젊은이들이 들락날락하니 교육관에 있던 아가씨(아마 수녀겠지)가 출입문의 철책 셔터를 내리고 자물쇠를 채웠다. 조그만 문을 열어 두었다. 나는 그런 단속을 하는 수녀가 철없다는 생각, 밉다는 생각이 들었다. 그 철책 셔터를 내린다고 해서 가스가 들어오지 않는 것도 아니고(안쪽의 유리문은 늘 닫혀 있다), 사람들이 자꾸 드나들고 하는데 좁은 문만 두다니, 어디 이렇게 할 수 있나 싶었다.

또 한번은 나가서 보니 저쪽 큰 골목길에 사람들이 모여 쳐다보고 있고 송현 씨가 "저기 대자보 붙어 있어요" 해서 가 보았더니 대학생들이 붙여 놓은 것인데 그 내용은 미국을 비판하는 것이었다. 한 자실 회원의 말을 들으니 명동역, 신세계 근처에는 민민투반제반파쇼민족민주투쟁위원회 대학생들이 많이 모여 데

모를 주동하고 있는데, 그 학생들은 "호헌 철폐", "독재 타도"를 외치는 것이 아니고 현 정권 하에서는 직선제 개헌도 반대하고, 과도기 임시정부를 구성할 수 있도록 혁명을 해야 한다고 주장하고 그런 구호를 외치고 있다고 한다. "그 학생들 만났는데, 큰 가방 가지고 있기에 자크를 열어 보니 화염병이 가득 들어 있었어요" 했다. 민영 씨가 그 말을 듣더니 "학생들이 아니고 경찰 첩보원들이 틀림없습니다"고 했다. 나는 이런 상황에서는 과격한 주장을 하고 과격한 행동을 하는 학생들이 일부 있는 것도 자연스런 경향이 아닌가 생각이 들기도 하지만, 경찰이 그런 짓을 꾸며 무력으로 시위 군중을 탄압할 구실을 만들 수도 충분히 있겠다는 생각이 들었다.

송현 씨가 전화를 걸어 보더니 서울 각 지역에서 지금 한창 시위 군중과 전투경찰이 충돌하고 있는데, 부산 어느 곳에도 군중들이 수만 명이 모여 있다고 했다. 8시가 되어 송현 씨와 같이 나갔다. 우리가 나갈 때는 명동의 작은 골목들에는 사람들이 별로 없었고, 벽돌, 종이, 유리병들만 곳곳에 깔려 있었다. 물론 가게의 문들은 모조리 닫혀 있었다. 신세계 쪽에 나가니 전경들이 꽉 들어서 있고, 여기저기 최루탄 터지는 소리가 났다. 거기까지 눈물을 닦으면서 갔던 나는 도무지 견딜 수가 없어 이대로 도저히 갈 수 없다고 했더니 송현 씨가 "그럼 좀 후퇴합시다" 하면서 위쪽 전철역 쪽으로 돌아 다시 성당 방향으로 되돌아가는데, 다른 문인들이 그 길을 나오고 있어 마주

쳤다. 가스 때문에 후퇴한다고 하고 더 가니 거기 가운을 입고 치료를 해 주는 의대 학생들이 있어, 내 눈에 물약을 넣어 주고 비닐을 펴 주면서 좀 있다가 눈이 가려지게 붙이라 해서 그랬더니 견딜 만했다. 이래서 다시 되돌아 남대문을 향해 갔다. 남대문 시장 안을 지나다가, 다른 곳은 음식점도 다 문을 닫았는데 그 시장 안에는 여기저기 문을 열어 놓았기에 들어갔더니 여러 가지 음식을 팔고 있었다. 여기서 요기나 하고 가자면서 들어가 송현 씨는 순대국을 먹고, 나는 술떡이란 것을 먹는데, 그 집에서 일하고 있는 듯한 어떤 젊은이가 무엇을 자꾸 지껄이고 있는 것을 들으니 전두환이 욕이었다. 또 흰 가운을 입은 학생이 들어와 비닐 좀 얻을 수 있습니까, 물으니 아주머니가 가져가라고 하면서 탁상에 있는 비닐 감은 뭉치를 한참 풀어서 감아 주었다. 그 학생은 돈도 안 내고 인사만 하고 나가려는데, 한쪽에 앉아 있던 중년 남자가 "학생" 하고 부르더니 "수고합니다. 우리 박수 쳐 드립시다" 하고 박수를 치니 거기 있던 사람 모두가 박수를 쳤다. 그 음식점에서는 시위대들을 위해 그렇게 누구든지 쓰라고 비닐을 준비해 두고 있는 것 같았다. 손님들은 술이나 밥을 먹으면서 텔레비전에 나오는 축구 중계를 보고 있다가도 시위 학생들이 들어오면 박수 쳐 주고 했다.

거기서 한길에 나오니 온통 전쟁판인데, 그래도 버스는 더러 지나갔다. 지하도가 봉쇄되어 막혀 있으니 한길 횡단은 아무 데서고 하는데, 송현 씨와 나도 길을 건넜다. 벽돌이고 병이고,

종이고 꽉 깔려 있고, 전경이 꽉 깔려 있는 수라장이 된 거리를 송현 씨는 조금도 두려움 없이 걸어갔고 나도 따랐다. 나 혼자였더라면 겁이 나서도 못 갔을 것이다. 길을 건너 남산 쪽에서 서울역 쪽으로 조금 갔더니, 거기 서울역으로 가는 한길에 학생들이 꽉 깔려 플래카드를 여기저기 들고, 가운데는 눈에 띄는 새빨간 둘레의 노란 삼각 깃발을 들고 구호를 외치고 있다. 이쪽저쪽 인도에는 학생들과 시민들이 지켜보면서 박수를 치고, 함께 구호를 외친다. 겨우 빠져나가는 버스 안에서 승객들이 박수를 치고 손을 흔든다. 아, 이 광경, 이 역사적인 광경. 나는 최루탄 가스의 눈물이 아니고 진짜 눈물이 났다. 나도 박수를 치고 손을 흔들었다. 좀 더 많은 시민들이 쏟아져 나와 길을 메우고, 교통을 차단시켜 아주 마음껏 외치고 뛰고 했으면 얼마나 좋겠는가. 그렇게 안 된 것은 오늘 관공서고 기업체고 모조리 직원들의 발을 묶어 놓고 있는 데다 대회장에 못 들어오도록 전경들을 이중 삼중으로 배치하고 전철을 차단하고 있기 때문이다.

그렇게 한참 시위를 하는데 저쪽 서울역 쪽에서 계속 최루탄 터지는 소리가 나더니 시위대가 몇 번 동요하고 밀려왔다. 길에서 응원하던 사람들이 여러 번 쫓겨 골목으로 들어가고 했다. 한길에서 외치고 싸우고 있는 젊은이들보다 길가에서 응원하는 사람이 더 겁을 내어 먼저 도망치려고 한다는 것을 쉽게 알아차릴 수 있었다. 송현 씨도 몇 번이나 "저리 갑시다. 여긴 위험합니다"고 했다. 최루탄이 바로 가까이서 터지기도 했을 때는 나도 겁이 나 좀 뛰었다. 송현 씨가 "선생님, 뒤에 최루탄이 터질 때는 등을 돌리고 가서는 안 되고 최루탄 날아오는 것을 보면서 뒷걸음치면서 가야 합니다"고 했다. 그럴 것도 같았다.

우리는 골목으로 쫓겨나, 달리 갈 데가 없어 자꾸 위쪽으로 올라갔다. 골목마다 사람들이 꽉 차 있는데, 거의 모두 젊은이들이고, 시위하러 나온 학생이 대부분인 것 같았다. 골목에서 다시 큰길로 나오고 그 길에 있는, 거의 아무도 건너지 않는 구름다리를 대담하게 건너니 남산이 쳐다보였다. 거기 힐튼호텔이 높이 쳐다보이고, 그 앞과 밑의 넓은 광장, 길에 온통 사람들이 인산인해다. 모두 서울역 쪽으로 가는 길에서 시위하는 사람을 응원하는 사람들이었다. 나는 송현 씨한테 "우리 저 위쪽으로 올라가 봅시다"고 했다. 그래서 어떻게 가나 하고 봤는데, 송현 씨가 "저기 학생들이 파출소에 들어가 물건을 꺼내오고, 전두환이 초상을 찢고 합니다" 했다. 비닐을 쓰고 있는 내 눈에는 그런 것이 잘 안 보였다. 아까는 내가 구름다리를 건너자고 했는데, 이번에는 송현 씨가 "파출소 앞을 올라가면 제일 가깝겠습니다" 해서 바로 파출소 앞을 빨리 올라가 무사히 거기를 지났다. 한참 사람들 사이를 지나 올라가 내려다보니 사람들이 얼마나 많이 모였는지 요량할 수 없었다. 최루탄 터지는 소리와 고함 소리는 아래쪽 한길에서 계속 나고, 거기 위에서 내려다보고 있는 젊은이들도 소리쳐 응원하고, 도로 난간의 철 파이프를 두드리면서 소리를 내고 있었다. 거기서 소설가 김주영 씨를 만났다. "좀 더 위로 갑시다" 했더니, "예, 전 여기 좀 더 있다가 가지요. 먼저 가시죠" 했다. 김주영 씨는 비닐로 눈을 가리지 않아서, 눈이 괜찮은가 물으니 "난 눈은 아무렇지도 않은데, 콧물이 나와 제일 귀찮아요" 했다. 최루탄에서 입는 자극과 고통도 체질에 따라 다르구나 싶었다. 송현 씨는 눈도 비닐로 가리지만 코를 늘 막고 다니면서 말을 할 때도 코 막힌 소리를 한다. 전화도 그렇게 건다. 그 대신 목이 어릿하다고 했다.

힐튼호텔 앞에서 내려다보니 아까 우리가 서 있던 오르막길에 전경들이 최루탄을 터뜨리면서 올라왔다. 학생들이 후퇴해서 호텔 쪽으로 왔다. 아래쪽 광장을 내려다보니 최루탄이 여기저기 무섭게 터지는데 학생들이 흩어져 돌을 던지고 한다. 바로 옆에 불과 4, 5미터 자리에서 터지는데도 겁내지 않고 물러서는 기색도 없이 돌을 던지고 고함을 치는 학생들도 있다. 이 아이들이 최전위의 싸움군인 것이다. 그 아이들의 부모들이 이 광경을 봤다면 얼마나 마음을 졸일까. 우리가 서서 구경하는 호텔은 그 광장에서 수십 미터 높은 자리다. 학생들은 그 높은 데서 무얼 던지려 해도 던질 것이 거기는 도무지 없어 고함을 질렀다. "호헌 철폐", "독재 타도"를 외치다가 "개새끼들 집에 가라", "집에 가 아기나 봐라" 했다. 그러나 그런 소리가

그 밑에까지는 전혀 들리지 않았을 것이다. 그래도 학생들은
자꾸 소리 지르고 있었다.

오르막길에서 밀고 밀리고 하던 학생들이, 이윽고 최루탄이
연달아 수없이 터진 다음 천 명은 될 것 같은 전경들이 무슨 차
를 몰고 나오는 바람에 모두 호텔로 후퇴해서 호텔 안으로 들
어갔다. 우리도 학생들 속에 밀려 호텔 안으로 들어갔다.

호텔 안에서 학생들은 구호를 외치고, 노래를 부르고 했다.
거기서 김정환 씨를 만났다. 또 뜻밖에 동화 작가 노경실 씨를
만나 반가웠다. 학생들 몇이 나를 알아보고 인사를 했다. 외국
인들이 부지런히 사진을 찍고, 구호 외치고 노래 부르는 것을
녹음했다. 학생들은 애국가를 부르기도 하고 '우리의 소원은'
하는 통일의 노래인가도 불렀다. 아, 이럴 때 한번 힘차게 불러
볼 애국가는 없는가. 온몸의 피가 끓어오르는 감격의 노래를
왜 우리는 갖지 못했는가. 음악이 가장 뒤떨어졌다는 생각도
하게 된다. 애국가는 그걸 부르기만 하면 그만 용기도 상기도
푹 죽고 주저앉아 버리고 싶어지는 노래다. 통일의 노래란 것
도 눈물 짜는 노래밖에 안 된다.

학생들이 한참 그러고 있다가 이번에는 어느 한 학생이 광주
사건을 얘기하는 것 같았는데, 그것도 자기가 한마디 하면 듣
는 사람들이 모두 따라서 복창하는 식이 아닌가? 참 괴상한 일
이다. 워낙 구호 외치는 것이 그런 식으로 습관이 되어서 그렇
게 하는지 아니면 목이 쉬어서 한 사람이 계속 말을 이어 갈 수

없어서 그러는지(사실 앞에 나온 아이들은 모두 목이 쉬어 있었다) 알 수 없었지만, 이런 자리에서 확성기 기재를 준비하지 못한 것도 준비가 모자란 것이지만, 아무튼 재미가 없는 노릇이었다. 그래도 모든 학생들이 자리를 지켜 마음을 모으고 행동을 같이하고 있는 광경은 감격스러웠다.

그런데 그러다가 어느 학생이 갑자기 뛰어나가더니 "긴급동의가 있습니다"고 하면서, "우리 지금 어느 때라고 이러고 있습니까. 서울역에 지금 한창 싸움이 벌어지고 있으니 우리도 뛰어가 싸웁시다"고 하니 모두 자리에서 일어나 바깥으로 나갔다. 우리도 따라 나갔다.

학생들은 모두 저녁도 안 먹었을 것이다. 그런데 저렇게 위험도 무릅쓰고 독재 타도를 외치고 밤낮을 가리지 않고 싸우다니 너무나 놀라운 일이다.

밖에 나가니 학생들은 어디로 갔는지 보이지 않았다. 송현 씨와 나는 전경들이 새까맣게 떼를 지어 올라오는 옆을 지나면서 내려갔다. 그 전경들을 보니 옷 거죽에 사과만큼 한 동그란 것을 여기저기 달고 있다. 저런 게 사과탄이지요, 했더니 송현 씨가 그렇다고 했다. 전경들과 함께 움직이는 이상한 차가 있는데, 송현 씨는 그 차를 가리키면서 "얼마 전까지는 최루탄을 한꺼번에 34발 쏘는 총을 만들었는데, 요새는 저 차로 64발을 한꺼번에 쏩니다" 했다. 나는 전경들이 우리를 잡아가지 않을까 겁도 났는데, 무사히 지났다. 내려오다가 송현 씨는 또 공중 전화를 걸었다. 시위 상황을 그렇게 해서 사무실로 알리는 모양이었다. 그때가 10시 40분쯤 됐을까. 송현 씨가 "이제 그만 선생님은 돌아가시지요" 해서 나도 어젯밤에 잠을 못 자고 잔뜩 지쳐 있는 데다 현우가 어젯밤에 안 들어오고 소식도 없어 걱정이 되기도 하고 해서 고생하는 사람들에게 미안했지만 돌아가기로 하고 송현 씨와 헤어져, 거기 마침 지나가던 신사동 행 버스를 타고 왔다.

버스 운전사가 최루탄 원망을 자꾸 하더니 한강을 지날 때는 문을 활짝 열고 강바람이 들어오게 했다. 나도 눈에 가린 비닐을 비로소 떼고 심호흡을 했다. 평소에는 시원한 줄 몰랐던 한강 바람이 그렇게 시원할 수 없었다.

신사동에서 전철로 사당까지 와서 다시 버스를 타고 과천에 오니 12시가 가까웠다. 현우는 안 왔다.

송현 씨가 "집에 가시면 옷을 다 빨아 놓아야 합니다. 가스가 옷에 배어 입을 수 없습니다"고 하던 말이 생각나고 나도 그대로 잘 수 없어서 목욕을 하고 옷을 다 빨았다. 낯을 씻으니 또 한번 눈이 따가웠다. 고춧가루 묻은 손으로 낯을 씻듯이.

자려고 할 때 현우가 들어왔다. 어제 집에 들어오지 않고 연락도 없었던 것을 나무랐다. 어제는 어디서 무얼 했나 했더니 학교 과제물을 했다고 한다. 오늘은 어디 있었나 했더니 친구들과 시내에 있었다고 한다. 시위에 참가했다고 해서 좀 마음이 놓이고 더 나무랄 생각이 없어졌다. 자세히 물어보니 아까 남산 힐튼호텔 밑 파출소 기물 꺼내고 찢고 하던 그 자리에 있었다고 해서 반가웠다. 바로 그 앞을 지났는데 서로 모르고 있었던 것이다. 현우가 파출소에 들어가 그런 일을 할 아이는 못 된다. 그런 걸 보고 있기만 해도 학생 노릇은 다한 것이라고 생각이 되었다.

1987년 6월 30일 화요일

7시 버스로 서울에 도착하니 12시가 가까웠다. 오늘은 12시 반에 세종문화회관 커피숍에서 한신대 교육학과 교수들과 강사들이 한자리에 앉아 점심이라도 같이 하고 싶다고 김성재 교수가 말했던 것이다. 모두 여덟 사람이 모였다. 거기서 내가 인사하고 아는 사람은 김성재 교수, 문동환 교수, 그리고 문동환 교수가 소장으로 있는 기독교민중교육연구소에서 일하고 있는 ○○(내가 왜 이렇게 기억력이 없나 이름을 잊었다) 교수뿐이었다. 그 자리에서 다시 소개를 받고 인사를 했지만 이름은 즉시 또 잊어버렸다.

점심은 뷔페였는데, 나는 어제부터 위장 사정이 좋지 않기도 했지만, 그런 음식이 별로 좋은 줄 몰랐다. 그래도 먹고 나서는 "너무 비싼 대접을 받아 미안합니다" 하고 진심으로 인사를 했다. 김 교수는 6월치 수당을 가지고 와서 전했는데, 9만 3천 원이었다. 음식 전후 이야기도 노태우 담화에 대한 것이었다.

주로 문동환 선생이 많이 얘기했는데, "국민들에게 무슨 선물을 주는 듯한 태도로 그런 말을 하다니", "잘못했다는 말 한마디 없었다"는 등 불만을 말하면서 국민들이 그런 정치인들에게 속아 넘어가서는 안 된다는 것이었는데, 듣고 보니 참 그렇다는 생각이 들었다. 또 문 선생은 "내 생각에 김대중 씨는 대통령 그만 하지 말고 혁신정당 하나 만들었으면 좋겠어요" 해서 참 세상을 지혜롭게 보시는구나 싶었다.

식사 후 모두 헤어진 다음 김성재 교수와 둘이서 다른 다방에 가서 1학기 강의 반성, 2학기 계획, 채점 방법 등을 이야기하고 듣고 한 다음 내가 앞으로 새 교과서가 나오기까지 상당한 시일을 기다려야 하는데, 특히 지금 국민학교 교과서는 엉망이라 잠정적으로라도 교과서를 어떻게 다뤄야 하나, 임시 교과서를 만들어야 하나, 새 교과서는 어떻게 만들어야 하나, 하는 것을 문교부에서 해 주기를 바라서는 안 되고 민간에서 이 일을 서둘러 해야 한다고 했더니, 전에 국민운동본부_{민주헌법쟁취국민운동본부}에서 교과서 얘기가 나왔다면서 그런 일을 할 사람이 있으면 어느 정도 자금 지원도 할 수 있을 것 같으니 글쓰기회원이나 그 밖에 할 만한 사람들 모아 일을 해 보라고 했다. 나는 그렇게 하겠다고 하고, 오면서 생각하니 이번 여름엔 글쓰기회 전체 모임도 없고 좀 여유 있는 시간을 보내자고 했는데, 정국이 달라짐에 따라 교사들의 모임도 자유롭게 될 것 같고, 따라서 전체 모임도 해야 하겠다 싶은데, 이번에 모이면 교과서 만드는 의논을 해야겠구나 하는 생각이 들었다.

앞으로 할 일이 너무 많아 점점 더 바쁘게 될 것 같다. 교과서 만들기 전에 우선 교육의 목표 설정, 교육과정 짜기가 시급하겠는데, 이런 일을 위해 공청회, 토론회를 여는 것이 가장 우선되어야겠다는 생각이 들었다.

1987년 7월 18일 토요일

아침에 류인성 선생이 아이들 그림(내가 부탁했던 표지 그림) 몇 장을 가져왔기에, 어제 교련 이영호가 부탁했던 것과 김종만 선생의 의견을 말했더니, "그런 기회가 있으면 쓰는 것이 좋습니다"고 했다. 나도 다시 잘 생각해 보니 일선 교원들에게 내 생각을 전하는 좋은 길이 되겠다 싶고, 이것을 굳이 거절할 이유가 없다는 판단이 섰다. 교련을 없애고 다른 단체를 만들더라도 우선 교련을 어느 정도 민주화시켜야 되겠다는 생각이다. 지금이 무슨 프랑스혁명 같은 역사를 맞은 것이 아니고, 정치도 과도 내각 만들어 서서히 개혁하려고 하고 있는데, 교련이 아무리 비민주적 단체라도 이것을 아주 적대시하는 것은 졸렬한 방법이다. 교련을 없앨 수 있는가? 있더라도 그 교련 재산은 누구 것인가? 모두 교원들 것 아닌가. 우리 것 내 것이라고 생각하고 고쳐 보자는 것이 옳다. 그러다가 안 되면 달리 하더라도 말이다.

그래서 이영호 씨한테 전화를 걸지 않았다.

12시경에 을지로에 가니 회보가 다 인쇄되어 있었다. 그걸 마포 사무실에 가져가서, 거기서 〈어린이〉 영인본을 읽으면서 4시까지 기다렸다.

4시에 서울글쓰기회 모임이 있는데, 겨우 여섯 사람밖에 안 모였다. 회보에 실린 작품을 두고 합평을 두 시간쯤 하고, 대한 교련 얘기를 하는데 한 시간쯤 걸렸다. 역시 김종만 씨는 교련 이 개선될 가능성이 전혀 없는 단체니. 그런 데 내가 글을 쓰면 안 된다고 끝까지 주장하고, 류인성, 이주영 두 사람은 나와 같 이 김종만 씨 의견을 비판했다. 한민호 씨와 또 한 사람은 처음 에 김종만 씨 의견을 따르는 것 같더니 나중에는 그렇지도 않 았다. 결국, 내가 쓴 글을 조금도 안 고치고 그대로 싣는다는 것을 보장받고 싣기로 하겠다고 말하고 얘기를 그쳤다.

저녁을 같이 먹고 헤어졌다.

1987년 7월 23일 목요일

아침에 물레출판사에 가서 원고 고친 것 내주고, 몇 가지 부 탁해 놓고 나왔다. 오늘은 박 사장이 없고 편집 일을 보는 아가 씨뿐이었다. 책을 8월 8일 전에 낸다면서 박 사장은 오늘부터 며칠 동안 어디 여행을 하게 되는 것 같은데, 그래 가지고 책이 제대로 나올지 걱정스럽다.

물레에서 나와 곧 북부 주차장에 가려고 반월당 네거리를 건너니, 전에 더러 들른 왜관건강식품 간판이 눈에 들어와 들어가니 이남숙 양이 반가워했다. 내가 글쓰기회보를 주었더니, "회원이 될 수는 없습니까?" 해서 누구든지 들어올 수 있다 하니 당장 봉투에 입회비와 연회비를 주기에 입회 원서는 내가 가서 쓰겠다고 하고 주소와 생일 등을 적어 달라고 해서 받았다.

북부 정류장에서 버스를 타고 안동 가서, 전에 더러 찾아간 국숫집에 갔더니 거기 빌딩을 짓고 있어 국숫집은 어디 갔는지 없었다. 할 수 없이 돌아다니다가 역전 어느 음식점에 들어가 별로 기분이 좋지 않게 점심을 먹고 나와서, 마리스타 학생회관을 찾아갔다. 여름 연수회글쓰기회 연수를 여기서 하게 되어 있기에 미리 그 장소 사정을 알아보고 싶었다. 그런데, 수사들은 없고 수도원도 없어지고, 건물 안의 구조가 많이 바뀌어 있었다. 관장 일을 맡아 보는 분은 아는 분이었다. 시설을 둘러보니 150명쯤 모이는 집회는 그럭저럭 할 수 있겠다 싶었다.

다음은 일직 권정생 선생을 찾아갔다. 오늘은 권 선생 집에서 자고, 내일 거기로 올 정우하고 의성 사곡면 우평에 가기로 한 것이다.

권 선생이 많이 편찮다고 들어서 걱정했는데, 걱정했던 것보다는 좀 나았다. 권 선생은 "늘 아픈 것 그 정도로 아픈 거지요" 했다. 아마 홍성 호산나약국에서 보낸 약이 효과가 있었던 모양이다. 그 약을 먹고 있다고 했다.

권 선생하고 오랜만에 여러 시간 앉아 이야기를 할 수 있었다. 저녁은 현미밥에 간고등어, 그리고 풋고추를 고추장에 찍어 과식할 정도로 맛있게 먹었다.

이번 권 선생한테서 감동적인 개 얘기를 들었다. 오늘 가니 하얀 개, 뺑덕이가 집 안에 들어가 누워 있으면서 찾아가는 나를 가만히 쳐다볼 뿐 나와서 뛰지도 않고, 또 다른 강아지 한 마리도 보이지 않기에 어찌 됐는가, 어디가 아픈가, 했더니 권 선생이 그 강아지는 죽었다면서 이런 얘기를 했다.

"그 강아지가 무슨 병에 걸려 죽었는데, 우리 나라 개가 모두 외국종이잖아요. 그래 병에 걸리면 우리 나라엔 약이 없고 외국 약을 써야 하는데, 그걸 구할 수 없지요. 그래 강아지가 죽고 나니 저 개가 그만 힘을 잃어버리고, 밥도 잘 안 먹고 저 모양이래요. 그래 고등어 대가리도 넣고 해서 좀 맛있게 끓여 줘도 조금밖에 안 먹습니다. 참 짐승이 나쁜 사람보다 낫지요? 그 강아지가 제 새끼도 아닌데 그렇게 키우고 귀여워하더니 말이지요."

그래서 내가 "나쁜 사람보다 나은 정도가 아니래요. 사람이 개 짐승 정도만 된다면 얼마나 좋을까요" 했다. 권 선생은 이어 또 고양이 얘기를 했다.

"강아지가 죽은 뒤, 누가 고양이 새끼를 한 마리 갖다 주잖아요. 그래 뺑덕이가 그 고양이 새끼를 그렇게 귀엽다고 핥아 주고 해요. 낯선 사람이 오면 그 고양이 새끼를 물어다 제집 안쪽에 숨겨 두고 했지요. 참, 그 고양이를 어떻게 물어 옮기는지 아프지도 않게 살짝 물어 가요. 그런데 며칠 전 폭풍이 불던 밤에 그만 그 고양이가 죽었어요. 그날 밤 바람이 얼마나 세게 부는지, 전 밤새도록 잠이 오지 않데요. 아침에 나가 보니 고양이 새끼가 안 보여서 어디 갔는가 싶어 온갖 곳을 다 찾아다녀도 없어요. 그러다가 뒤 언덕 산에 가니 거기 죽어 있잖아요. 왜 거기 가서 죽었는지 몰라요. 바람에 날려 간 것 같기도 해요. 그래 또 뺑덕이는 저렇게 힘이 빠져 누워 있어요."

"그 고양이 새끼, 평소에는 어디서 잤어요?"

"뜨락에 뭘 가지고 잠자리를 만들어 주었는데, 거기서 늘 잤어요."

개와 고양이 얘기 다음에는 아동문학 얘기, 전 형 얘기, 인간의 역사와 앞날 얘기 등을 했는데, 권 선생의 마음은 내 마음과 언제나 같다는 생각이 들었다.

권 선생이 고달플까 싶어 10시쯤 되어 같이 누웠다. 불을 끄니 온통 새까만 암흑이더니 한참 있으니 봉창과 문 쪽이 겨우 조금 희미하게 그 자리를 알 수 있을 정도로 나타났다.

1987년 8월 8일 토요일 흐림

오늘 오후 4시 반부터 내일 오후 2시까지 안동 학생회관에서 글쓰기회 연수회가 있다. 11시에 떠나는 청량리역 출발 안동

행 통일호 기차에 탄 연수회 참석자는 모두 39명. 윤구병 씨도 오고, 김경희 사장도 오고, 온누리 김용항 사장도 왔다. 주순중 선생은 현복이를 데리고 왔다. 많은 동지들이 해방된 마음으로 이런 여행을 하게 되니 참 즐거웠다. 해직된 정영훈 선생도 머지않아 복직이 될 것을 전망하면서 이번 모임에 참석하게 되니 얼마나 반가운 일인가?

안동에 도착하니 오후 3시 40분. 곧 그저께 부친 책 짐을 소하물 취급소에서 찾아 회관으로 갔다.

회의장에 가니 대구와 안동 지역에서 먼저 온 사람들이 자리를 다 준비해 두고 있었다. 시간이 되어 접수를 하는데, 모인 사람이 모두 130여 명. 안동대학에서 몇 분의 교수들도 왔다.

이번 연수회의 주제는 '어린이, 우리의 희망'이다. 오늘 내일에 걸쳐 다섯 분의 연구 발표가 있기 전에 먼저 내가 인사 겸 '삶을 가꾸는 글쓰기 교육의 반성'을 했다. 약 40분. 그다음 권정생 선생이 약 10분 동안 얘기를 하셨다. 그리고 나서 광고를 하고 저녁 식사.

저녁에는 이호철, 이재삼 두 분의 발표가 있은 다음 의견 교환과 토론이 있었는데, 이호철 씨가 '학대받는 아이들'이란 제목으로 발표한 아이들의 글은 깊은 감동과 충격을 많은 회원들에게 주었다. 그런데 뒤에 토론할 때 부산의 서경식 선생이, 그런 아이들의 글을 이해하지 못하고, 그런 글을 쓴 아이들에게 어른들의 매질이나 가르침을 이해시켜야 한다는 말을 했다. 서 선생의 말에 대해서는 나도 "우리 교사들은 어디까지나 당하고 있는 아이들 편에 서야 한다"고 말하고, 다른 몇 사람의 비판적 견해도 나왔지만, 교육 이론을 연구한다는 사람이 실제 교육 문제에 부딪히면 뜻밖에도 고루하고, 전제적 행정가나 압제자의 처지에서 아이들을 대하고 있다는 사실을 알 수 있었다.

두 분의 발표는 미리 예정되었던 것이지만, 이 밖에 천정치 선생이 '새 교육과정 쓰기 지도 내용'을 분석해 온 것이 있다고 해서, 그것을 얘기하도록 했는데, 새 교육과정이란 것이 역시 예상한 대로 엉망이었다. 교육과정이고 교과서고, 지금 정치와 사회체제가 독재에서 민주로 전환하려고 하는데, 새 정부가 들어서서 새로 된 헌법의 정신에서 교육과정을 만들어야 하는데, 어째서 독재와 아이들 탄압하고 잘못된 행정을 하던 구(舊) 정부에서 교육과정을 만들고 교과서를 만들려고 하는가. 이런 것을 못 하게 하는 일을 우리 국민들과 교육자들이 나서서 해야 하겠다는 생각이 들었다.

주제 발표와 토론이 끝난 다음 분과 협의 시간에는 초등 분과, 중등 분과로 나눠 딴 방에서 했는데, 나는 초등 분과에 먼저 들어가 지난번 서울서 몇 번 모여 논의했던 초등교사 협의회 문제를 의논하게 했다. 이것은 내가 그만 단념하고, 우리 글쓰기회나 잘해 나가도록 마음을 굳히고, 김종만, 이성인 두 분에게도 그렇게 부탁했던 것인데, 다른 단체를 만들고 싶어 해서 이 자리에서 의논하자고 하는 것이었다. 이것은 두 사람만의 생각이 아니고 다른 많은 교사들의 뜻인 것 같기도 했다. 그래서 그런 의논을 해 보라고 하고, 내가 우선 지난번의 경과며, 내가 바라는 교사 모임의 성격을 말했던 것이다. 나는 그런 얘기만 하고 그다음은 선생님들이 마음대로 토의하도록 하고 그 방을 나왔다.

중등 분과에 가니 채찬석 씨가 사회를 해서 중등교의 글쓰기 지도 문제를 별다른 주제 없이 생각나는 대로 얘기하는데, 회원들이 누구든지 자유로 얘기하는 것을 채찬석 씨가 일일이 그것을 또 되풀이하고 설명을 해서 시간을 많이 허비하는 데다가 또 채 씨가 제멋대로 이것저것 대수롭지 않은 것을 말하는 사람들에게 묻고 하여 지리하게 만들었다. 더구나 어떤 사람은 말을 아주 독점하기도 해서 결국 한 회원이 "이렇게 중요한 시간을 하잘것없는 얘기로 보내지 말고 한 가지 주제를 정해서 깊이 있게 파고들어 가야 하지 않겠나" 하는 발언을 하기에 이르렀다. 그래서 뒤에 가서는 좀 절실한 말이 오고 갔다. 국민학교보다 중학교가 더 어렵고, 중학교보다 고등학교가 더 힘드는 것이 글쓰기 교육이다. 그 어려움은 주로 외부에서 오는 상황인데, 시험 준비 공부로 글쓰기를 할 수 없고, 글을 마음대로 쓰지 못하고, 쓴 글을 발표할 수도 없는 사정, 이것이다. 이것을 어떻게 해야 하나? 하는 얘기가 많이 나왔다. 어느 교사는 "국민학교에서는 정직하게 쓰라고 하면 되고, 그 정직하게 쓰는 글이란 것이 곱고 아름다운 글인데, 중·고등학교에서는 그렇지 않다"고 해서 나는 중등학교의 글쓰기 교육 문제가 반드시 외부의 행정적 압력 문제뿐 아니구나 하는 생각을 새삼 했다. 그래서 국민학교 글쓰기를 그렇게 보아서는 안 된다는 것, 중·고등학교의 글쓰기 교육, 인간 교육 여건이 국민학교보다 한층 나쁜 상태인 것은 사실이지만, 한편 글쓰기와 인간교육을 너무 겉으로만 성급히 하려는 잘못된 태도에서도 오는 것은 아닌지 반성할 필요가 있다고 말했다. 즉 의식 교육이니 해서 아이들에게 너무 지식으로만, 머리로만 가르치려고 하지는 않는가. 민주주의를 머리로만 가르치려고 하고, 손발로 실천하는, 몸으로 살아가는 사람으로 가르치는 일은 잊어버리고 있는 것이 아닌가. 그래서 글을 써도 추상적인 이론, 관념적인 글만 나오고, 남에게 들은 말, 책에서 익힌 말투만 나와서, 실속은 없는데 겉으로만 무슨 주의나 사상을 가진 것처럼 보이니, 그런 것을 단속하고 싶어 하는 사람의 주목을 끌 수밖에 없는 것은 아닌가. 이런 점을 반성할 필요도 있다고 말했다. 내 말을 어떻게 받아들였을까? 그 반응을 충분히 들어 보지도 못하고, 밤 1시가 지났기에 옆에 앉아 있는 권정생 선생을 일어나게 하여 학생회관 관장이 안내해 주는 작은 방에 가서 잤다.

　신경이 너무 피로해서 그렇겠지. 잠이 안 와서 다시 일어나 보니 3시. 예천서 온 권 교장이 어디서 잠도 못 자고 고생하는가 싶어 찾으니 없고, 지식산업사 김 사장도 안 보였다. 선생들은 여전히 열띤 얘기를 계속하는 듯했다. 다시 방에 돌아와 누워도 잠은 안 왔다. 5시경에야 겨우 눈을 붙여, 두 시간쯤 잔 것 같다.

1987년 8월 9일 일요일 흐림

오후에는 모두 돌아갈 차표를 사 놓고, 몇 가지 광고를 하고 나니 평가 시간이 없어, 내가 몇 가지 얘기하고 마쳤다.

초등교사 협의체 구성 문제에 대하여.

"어제 밤늦게까지 토론한 끝에 결론을 얻었다는 얘기를 들었습니다. 이 초등교사 모임은, 우리 글쓰기회와는 별도로, 글쓰기회보다 더 큰 모임을 만들려고 하는 것입니다. 우리는 글쓰기회란 그릇이 모든 것을 담을 수 있는 그릇이라고 믿지만 남들이 보기에 그렇게 안 보니 이렇게 하는 것이지요. 그래 이 새 그릇을 만드는 일에 저도 진심으로 찬동합니다만, 몇 가지 염려되는 것이 있어 말합니다.

첫째, 글쓰기회에서 이런 발의를 했으니 글쓰기회원이 이 새 모임을 만드는 데 중심 역할을 하게 되겠는데, 그렇게 하는 결과 글쓰기회의 힘이 줄어지고, 우리가 하는 일이 뒷전으로 되든가, 소극적으로 된다면 반갑지 않다는 생각이 듭니다.

둘째, 새 모임에 글쓰기회 회원들이 참가하는 것을 권하지만 그 모임과 우리 글쓰기회는 어디까지나 딴 모임이란 것을 분명하게 해야 되고, 글쓰기회원 가운데 거기에 참석하고 안 하고는 각자의 자유라는 사실을 명확하게 해야 된다고 봅니다.

셋째, 단체 하나 꾸려 가기란 어렵고, 더구나 그 단체가 민주적이면서 보람 있는 일을 하는 단체가 되게 하려면 여간 힘드는 것이 아닙니다. 이 조그만 글쓰기회, 회원 2백~3백 명의 회조차 이런데, 전국의 모든 교사들을 안으려는 단체라면 더 말할 것 없습니다. 재정 문제도 그 해결책을 어떻게 하는지 걱정이지만, 실제 일을 누가 어떻게 할지도 염려됩니다. 그러니 막연하게, 안이한 생각으로 우리 교사들 위해 일하는 단체, 교사들 의지할 수 있는 단체 만들고 싶다고 해서 만들어 놓고는 그다음 할 일을 제대로 못하게 되면 어찌 될까요? 기껏해야 정부 향해 구호 외치고 성명서 내는 일밖에 못할 것 아닌가 싶어요. 교사들의 협의체는 교육자로서 할 일을 다하는 일을 연구, 실천하는 것이 주가 되는 모임이어야 합니다. 즉 민주교육의 연구, 실천 이것입니다. 과거도 그랬지만 앞으로는 더욱 그렇지요. 교과서를 어떻게 다룰까? 수업을 어떻게 할까? 시험 준비 교육 문제를 어떻게 해야 하나? 생활지도는 어떻게 하나? 학교의 행사는 어떻게 운영하나? 행정 관리자들의 잘못된 지시에 어떻게 대처하나? 이 모든 것을 연구하고 실천하는 일을 하는 것이 민주교육을 하는 교사들의 할 일이 될 것입니다. 부디 이런 할 일을 생각하면서 새 단체 만드는 일을 해 주시면 고맙겠습니다."

1987년 8월 22일 토요일

아침에 김종만 씨가 전화를 걸어 왔기에, 초교협 안내장에 참석자 회비 3천 원을 받도록 써 놓은 것이 아주 잘못되었다고 심하게 나무랐다. 그리고 또 이주영 씨한테 전화를 걸어, 그 일을 잘못되었다고 했더니, 이주영 씨는 어쩔 수 없다고 변명했다.

오후 5시, 흥사단 강당에서 초등민주교육협의회가 결성되는데, 나는 자문위원이 되고, 오늘 창립총회에서 격려사를 해 달라고 해서, 오전에 그 격려사를 써 보았다.

오후 5시에 흥사단에 갔더니 넓지 않은 강당에 사람들이 꽉 차 있었다.

먼저 이주영 씨가 교육의 현장과 민주화 문제를 두고 강연을 하는데, 매우 중요한 지적을 해서 잘 얘기를 했다.

그런데 여러 가지 인쇄물을 주는데, 보니 성명서, 결의문 같은 것이다. 문교부 장관이 어떤 말을 한 데 대한 사과문 요구, 대한교련 탈퇴와 회비 납부 거부 등이어서 참 용기가 있구나 싶었다. 그런데, 이럴 때 용기를 보여 주는 것만이 중요한 할 일이라 볼 수 없다. 교련과 맞서 싸우는 일을 결성하면서부터 해야 할까? 중요한 것은 교련보다 문교 당국 아닌가? 아직 걸음마도 못 한 상태에서 거인과 싸우려고 하는 것 아닌가? 일선 교사들이 교련을 탈퇴하고 민주교육협의회에 가입할 사람이 얼마나 될까? 공연히 주목을 받기 위한 선언이요, 성명서가 아닌가? 오늘 참가자한테 3천 원씩 받는 것도 잘못이지만, 회칙도 마련하지 못한 상태에서 회비 연 만 원씩 광고해 놓은 것도 생각이 부족하다는 느낌이 들었다.

그래도 나는 격려사 때 이 모임에 대해 큰 기대를 건다고 하고, 젊은이들을 칭찬해 주었다.

마치고 나서 앞길에 나가 젊은이들이 마당극과 노래, 춤판을 벌이는데, 참으로 신 나게 놀아서 보기에도 신명이 났다. 이번에 회장이 된 이규삼 선생하고, 또 다른 두 분과 저녁을 먹으면서 얘기해 봤더니, 거기 앉은 두 분이 오늘 행사에 대해 나와 똑같은 의견이었다.

내일 평가회를 한다니, 내일 가서 충분히 얘기해 주어야지.

오늘 찬조금 3만 원을 주고 왔다.

1987년 8월 27일 목요일

한신대학에 가서 11시 30분~12시 20분 시험 감독을 하고, 오는 길에 안양에 내려 권오삼 선생을 만나 한 시간쯤 얘기하다가, 김녹촌 씨와 약속한 시간이 급해 과천으로 오지 않고 바로 전철을 타고 종로 2가 갈릴리다방에 가니 전화가 와서 김 선생은 온누리 김용항 사장을 만나 얘기한다고 조금 늦겠다고 했다.

김녹촌 씨와 송현 씨와 같이 지난번 들렀던 술집에 가서 얘기를 하는데, 주로 김 선생이 많이 얘기했다. 7시가 되어 나는 먼저 나왔다. 오늘 저녁에 초교협 운영위원 모임이 있는 것이다. 가니 모두 모여 있었다. 이규삼 회장 사회로 회의가 진행되는데, 차례차례 의견을 말하는 자리에서 나는 다음 몇 가지를 말했다.

첫째, 가장 먼저 확실하게 밝혀 두어야 할 것은 이 회의 기본 목표와 교육 운동의 방향이다. 나는 이 회의 기본 목표가 아이들을 참된 민주 시민으로 기르기 위한 교육이 잘되도록 즉, 민주교육을 실현하는 일을 하는 것이며, 기본적 운동 방향으로서 민주교육의 실천을 도와주고, 민주교육을 방해하는 모든 문제를 협의해서 해결하고 장애를 제거해 주는 데 있어야 한다고 본다.

둘째, 이러한 운동은 현장의 교육 실천 운동과 외부에 대한 행정 지원 운동의 두 측면이 있는데, 당분간 외부 운동에 치중하는 수밖에 없을 것이다.

셋째, 그렇다고 하더라도 모든 외부의 운동은 어디까지나 현장의 민주교육 실천을 돕고, 그 실천을 방해하는 요소를 제거하는 문제를 다루어야 하는데, 어느 것이 가장 급한가를 생각하고 협의해서 급한 것부터 해결해 가도록 해야 할 것이다.

넷째, 나는 이 초교협이 노동조합적인 성격을 가지는 것을 원치 않으며, 교사들의 교육 운동이 교원들 자신의 이권 획득을 위주로 해서는 안 된다고 본다. 그 이유는 우리 교원들이 아이들 비인간적으로 교육하는 일에 협력한 사람이기 때문이고, 이 엄연한 사실을 덮어 두고서는 결코 민주교육 운동을 제대로 할 수 없다고 본다. 행정 권력 다음에 아이들 잡는 교육을 한 공범자가 교사요, 교육자다. 교사들이 주동이 되어 민주교육 하겠다고 나섰다면 마땅히 이 사실을 시인하고 참회하여야 학부모들도 교사들을 믿고 따를 것이다.

때가 좀 지나면 교육자들도 봉급을 올리라고 요구할 수 있을 것이고, 마땅히 그래야 한다. 그래야 교육계에 유능한 인재가 모인다. 그러나 지금은 그럴 수 없다. 나는 노동자, 농민 들이 요구하는 것은 충분히 이해가 되는데, 노동자, 농민 들보다 대우를 잘 받는 사람들이 그 노동자, 농민 들이 무엇을 요구하는데 그들 위해 함께 싸워 주는 것은 몰라도 함께 나서서 자기들도 월급 올려 달라고 하는 것은 이해할 수 없는 구석이 많다. 교원 입장도 그렇다.

아이들 위한 교육 운동이라야지 교사들 위한 교육 운동이 되어서는 안 된다는 것이다.

문교 장관, 교육감, 교육장들 위한 운동보다는 교사 위한 것이 그래도 낫지 않나 할지 모르지만 교사 위한 교육이 있을 수 없으며 어디까지나 아이들 위한 교육이, 아이들 위한 교육 운동이 되어야 하는 것이다.

다섯째, 초교협이란 약칭에 대해서도 이야기했다. 왜 다른 운동 단체 흉내 내서 이런 약칭을 쓰는가? 초등협의회 하면 모두

다 잘 알 수 있는 것 아닌가? 초교협, 이것은 도무지 약칭이란 느낌은 안 든다(이렇게 말했지만 아무도 내 말에 반응을 안 보였다).

그런데 정관을 먼저 잘 심의해서 기본 방향을 성문화시키자는 의견이 나와 나도 찬동했는데, 그럼 기본 방향을 어떻게 잡느냐, 하면서 앞에서 내가 말한 의견은 듣지도 않은 듯 엉뚱한 말을 하는 사람이 많고, 또 이미 정관이 다 돼 있는데 뭘 또 고치려고 하나, 대토론회 준비부터 먼저 하자고 하여 의견이 구구했다. 이러는 가운데서 이주영 씨가 토론회에서 내세울 문제를 몇 가지 제의한 가운데, 학부모들의 관심을 모으기 위해서도 교사와 부모 사이에 오고 가는 금품("촌지"란 말을 썼다) 문제 같은 것도 학부모 한 사람, 교사 한 사람이 얘기를 하는 것이 좋겠다고 해서, 나도 찬성했다. 돈 봉투 문제를 덮어 두고 민주교육 하자고 하는 것은 있을 수 없기 때문이다.

그런데 이 문제를 정면으로 반대한 사람이 김병일 씨와 박춘금 씨였다. 김병일 씨는 이런 촌지 문제는 교육 운동의 문제일 수 없다고 했고, 박춘금 씨는 촌지가 왜 나쁜가, 했다. 심지어 그런 것을 나쁘다고 하는 사람이 비인간적이라고 했다. 그 밖에도 여기 동조하는 사람이 두 사람, 세 사람 있었다. 나는 박춘금 씨 말이 너무 불쾌했다. 교육자로서 어디 이런 말을 할 수 있는가. 교육 운동을 하려고 하는 사람이 말이다. 그래서 이런 말을 했다.

"나는 그 토론회에 바로 돈 봉투 문제를 크게 부각시켜 그 문제를 운동의 중심으로 삼자고 말하는 것 아닙니다. 다만 그 문제는 언젠가 우리 교육자들이 해결해야 할 문제인데, 이번 첫 토론회에는 부모들의 관심과 협조를 얻기 위해서도 이주영 선생이 지난번 발표한 다섯 가지 문제 중 한 가지인 '교사와 아동과 부모' 사이의 사랑의 관계를 만들어야 한다는 말을 하지 않을 수 없고, 그런 얘기 중에서 물질적인 면에서 깨끗해야 한다는 것을 스스로 강조하고 밝혀야 한다고 봅니다. 그런 정도라도 언급이 안 되고서야 무슨 민주교육을 논하는 자리가 됩니까. 그런데 돈 봉투 나쁘다고 말하는 사람이 비인간적이라니 그게 무슨 말인가요? 나는 토론회와는 별도로 이 운동 모임에서 돈 봉투 문제가 언젠가는 협의되고 토론을 거쳐 초교협 자체의 견해로도 이 문제를 결정하지 않으면 안 된다고 봅니다. 그런데, 지금 박 선생 말한 '돈 봉투는 당연하고 인간적'인 것이란 견해가 한두 사람의 생각이 아니고 초교협의 견해라면 나는 이런 교육 운동에는 관심이 없습니다. 학부모들도 별 관심을 안 가질 것입니다."

이렇게 말했더니 옆에 앉았던 권영갑 선생이 "교장 선생님 말씀이 당연합니다. 그런데 박 선생도 속뜻은 안 그럴 것입니다. 모두 의견이 같을 것입니다"고 하여 적당히 입장을 세워주려고 말했다.

11시가 되었는데 저녁도 안 먹고 먼저 나오면서 나는 참 서

글프고 외로운 생각을 하지 않을 수 없었다. 다음 1일 날 나오시지요, 하고 김종만 씨가 말해서 나오겠다고 말했지만, 이제 그런 교육 운동에 나는 그만 관심을 안 가져야 하겠다고 생각이 되었다.

1987년 10월 23일 금요일

처음 가는 제주도, 처음 타는 비행기다. 11시 15분 출발인데, 한 시간쯤 전에 공항에 도착해서 기다렸다가 절차를 물어서 탔다. 제주도까지 꼭 한 시간, 마음이 뭔가 불안했지만, 바깥을 내다보는 느낌도 있었다. 하늘이 아름답고 구름이 너무 아름다웠다. 넓은 평원에 눈이 온 것처럼 구름이 눈부시게 깔려 있고, 그 구름이 안 보일 때는 멀리 내려다보이는 산과 들이 또 아름다웠다. 남해 바다가 보이고 섬들이 여기저기 깔려 있는 것도 볼 만했다. 그리고 제주도가 가까워지자 그냥 파랗기만 하던 바다가 잔주름이 보이고 다시 거기 흰 물보라가 보이고 그러다가 제주 땅에 내릴 때는 꿈나라에 온 기분이었다.

공항에서 학생 둘이 기다리고 있었다. 택시를 타고 제주교대에 가니 학교가 너무 조용했다. 알고 보니 학생이 모두 2백 여 명이라 해서 좀 놀랐다. 그러니 조용할 수밖에. 그래도 축제 기간이라 3층 교사 앞에는 수십 개의 현수막이 드리워져 있었다.

마중 나왔던 두 학생과 총학생회장 안미영 양과 같이 점심을

식당에서 먹고, 학장과 학생처장을 찾아 인사를 했다. 학생처
장이 요즘 학생들이 민주주의 한다고 너무 예의를 모른다는
등 얘기를 많이 했다.

강연은 오후 2시부터인데, 강당에는 2백 명이 넘었다. 아마
이웃에 있는 제주대학에서도 더러 온 모양이었다. 내가 얘기
한 주제는 '어린이를 살리는 표현 교육'인데, 2시부터 4시까지
하고 나서 질문 같은 것을 해 달라고 했더니 하는 학생이 없다
가 한참 만에 한 학생이 교육을 어떻게 하면 좋은가 하는, 좀
초점이 흐린 질문을 해서, 아동관 교육관을 바로 가져야 한다
는 말을 해 주었다.

마치고 나오는데 박재형 씨가 강연장에 와 있었던 모양으로,
기다렸다가 인사를 했다. 알고 보니 이 박 선생은 요즘 제주교
대 부속국민학교에 근무하고 있었다. 그래 또 다른 학교에서
온 두 여선생과 같이 차를 파는 곳에 가서 한참 얘기를 하다가,
시간이 되어 공항으로 와서 5시 50분 비행기를 탔다. 올 때 안
미영 양이 꿀이라면서 포장해 주는 선물을 받아 왔다. 차비를
하라고 내주는 봉투는 안 받았다. 왕복 비행기 표만 해도 값이
6만 6,200원이나 되는데 싫었다.

올 때도 구름이 너무 아름다웠다. 처음 잠시 구름이 아침에
본 것처럼 눈부시게 깔려 있더니, 비행기가 방향을 바꾸자 동
쪽은 차츰 어두워져 안 보이는데 서쪽 하늘은 구름이 거뭇거
뭇한 땅같이 깔리고, 그 멀리 저쪽에 불보다 더 새빨간 노을이

길게 옆으로 깔려 참으로 꿈같이 아름다웠다. 그리고 그 노을 위쪽으로는 비단같이 파란 하늘이 보였다. 아, 하늘이 저렇게 아름다울 수가 있나? 나는 자꾸 그 바깥 하늘만 보고 있는데, 비행기 안에서는 아무도 그 하늘을 내다보는 사람이 없었다. 대부분 관광하러 온 사람들인 것 같은데, 이 사람들은 저 아름다운 노을보다 더 놀라운 구경을 모두 하고 온 것일까?

이윽고 노을도 사라지고 바깥은 캄캄해졌다. 나는 눈을 감고, 구름은 지구를 둘러싸고 있는 또 하나의 세계구나 하는 생각을 했다. 사람은 죽으면 그 혼들이 모두 구름 나라에 와서 살 것 같은 생각도 들었다.

김포공항에 닿아 짐을 찾아 과천까지 오니 꼭 9시였다. 오늘은 좀 귀한 여행을 한 것 같다.

참, 하나 적어 둘 것이 있다. 교대서 강연 마치고 차를 마실 때 어느 학교에서 왔다는 두 여선생 중 한 사람이 한 얘기에 금성출판사가 KBS 후원으로 글짓기 대회를 각 지방에서 하는데, 제주도에서 6천 명이나 참가 신청이 있었다면서 그 행사에 대한 걱정과 비판을 했다. 나는 그 얘기에 대해 시간도 없고 해서 자세한 얘기는 못 해 주고, 간단히 이런 말을 했다.

"제주도 독립운동을 모두 해야겠는데요."

그러니까 모두 웃었다. 나는 다시 말했다.

"문화적인 독립 말입니다."

이렇게 말하고는 금성출판사가 어떤 책을 어떤 과정으로 만들어 어떤 과정으로 팔고 있는 장사 놀음하는 곳인가를 얘기해 주었다. 불쌍한 아이들, 불쌍한 제주도란 생각이 새삼 들었다. 어찌 제주도뿐이랴만.

또 하나, 그때 학생들에게 물어서 알게 된 일이 생각나는데, 그건 반가운 일이었다. 제주교대를 나와 취직한 상황을 물은 것인데, 4년제 졸업생은 명년부터 나오고, 두어 해 동안 졸업생이 안 나오는 동안 그 이전까지의 졸업생은 다 발령이 났는데, 졸업하자마자 곧 난 것이 아니고 1년, 2년을 보통 기다리다가 나가게 되었다는 것이다. 모두 제주도 내에 배치된 것이 아니고, 타도로 주로 경남으로 많이 나갔는데, 모두 타도로 가고 싶어 하지 않아서 "성적 끝으로 해서 차례로 타도로 나갔습니다" 했다. 나는 제주도 졸업생들이 모두 다투어 고향을 버리고 본토로 나가고 싶어 하지는 않는가, 했더니 전혀 그렇지 않아 참 다행한 일이라 생각되어 여간 기쁘지 않았다.

1987년 10월 31일 토요일

오늘은 진주교대 학생들 초청으로 강연이 있는 날이다. 아침 7시 고속버스로 진주에 도착하니 12시 15분. 가는 동안 날이 흐리기는 했지만 바깥 산들이 단풍이 져서 너무 아름다웠다. 그런데 승객들 가운데 바깥을 내다보는 사람이 아무도 없었다. 모두 뭘 보나? 승객들이(7시, 두 번째 차여서 그런지) 세어 보니 16명밖에 안 되는데 귀에 이어폰인가 하는 것을 꽂고 앞에 나오는 비디오테이프리코더(VTR) 영화를 본다. 전에는 고속버스에 중국 무술 영화가 나오더니 오늘은 국산 영화다. 이것이 잘 팔린다고 국산이 나온 모양이다. 치고받고 차고 넘어지고 하다가 어느새 이번에는 벌거벗은 여자들이 춤을 추고, 그러다가 또 치고 차고 한다. 그걸 잠시 봐도 머리가 아픈데 서울서 진주까지 가는 다섯 시간 내도록 본다. 모두 16명 중 10명이 보고 있다(하도 기가 막혀 사람 수를 세어 본 것이다). 여자들도 거의 다 보고, 뒤쪽에 나보다 나이 많은 노인 한 사람도 귀에 꽂고 쳐다보고 앉았다. 이 사람들 머릿속에 무엇이 들어 있겠나. 미국의 자본 문화가 인간을 얼마나 타락시키고 이 민족을 더럽혀 놓았는가 생각하지 않을 수 없다.

그런데 오늘 교대에 가서 얘기할 표현 교육 문제를 생각하다가, 저런 기막힌 영화를 쳐다보고 거기 빠져 있는 어른들이, 자신을 표현하는 대신 자신의 어떤 병든 인간성, 인간의 마성을 대신 표현해 주는 것에 만족해하고 거기 빠져 있는 것이구나 하고 깨달았다. 대신 표현, 대리 표현! 진정한 사람다운 표현이 아니고 병든 어른들의 악마적 표현으로 자기를 만족시키고 그 생명을 유지시키는 것이다. 오늘날의 모든 매스컴이란 것이 이런 대중들의 자기표현을 차단시키면서 그 병적 표현을 대행해서 대중들을 잡고 있는 것이다. 아이들도 그렇게 되어 가고 있는 것은 말할 것도 없다. 대리 표현이란 말을 발견해서 기뻤다.

진주에 도착하니 학생 두 사람이 기다리고 있어서 곧 점심을 먹고 학교에 가서 노 학장님 만나 인사를 하고, 학생들이 장소 준비를 하는 동안 약 30분을 학장실에서 학장님과 얘기를 했다. 아까 두 학생이 최근 학교 안에서 일어난 일을 얘기하면서 어용 무능 교수 물러가라는 요구를 하고 학생들이 농성을 했지만, 노 학장님은 훌륭한 분으로 존경을 한다고 해서 하고 싶은 얘기를 한참 했는데, 어떤 분인지 확실히는 알 수 없었지만 인간적인 면이 있는 분으로 느꼈다.

강연은 2시 20분부터 4시 20분까지 두 시간 동안, 대체로 잘했던 것 같다. 4학년 학생들이 모두 실습을 나가 모인 사람이 3백 명 가까이 됐을까. 모두 경청하는 것 같았다. 마친 뒤 학생 대표도 시간만 있으면 더 듣고 싶었다고 해서 마음이 놓였다. 마치고 곧 버스 정류소로 가서 거창에 두 시간 걸려서 오니 밤이 되었다.

거창에 도착하니 정류소 바로 옆에 있는 음식점에서 이상모 선생이 저녁 식사를 하고 있어서 다른 두 분들과 함께 저녁을 먹는데, 알고 보니 오늘 평민당 발기인 대회를 연 모양이고, 그분들이 모두 선거운동 하는 분들이었다. 그리고 이상모 선생이 거창에서 책임을 맡고 있다면서 고충을 말했다. 김대중 씨 사진이 나온 광고문은 자기 집 앞의 것조차 갈퀴로 뜯어 버린다는 것이다. 노태우, 김영삼 모두 돈을 엄청나게 쓰고 뿌린다는 애기였다.

주중식 선생 집에 가서, 곧 찾아온 도재원 교장 내외분과 김익중 선생과 같이 두어 시간 교육 문제, 교육 운동의 문제점을 애기했다. 내 생각과 도 교장 선생, 주 선생 생각이 같아서 오랜만에 지기를 만난 기쁨으로 즐겁게 애기했다.

그런데 다른 분들이 모두 간 뒤 주 선생 내외분만 남았을 때 주 선생이 샛별국교 사정을 애기하는데, 많이 놀랐다. 이 학교에 문제 교사들이 여럿이 있어 아이들 교육도 잘못하고 주 선생이 하는 교육도 방해한다는 것이다. 그렇다고 해서 그런 사람들을 나가라고 할 수도 없고, 교장이 민주적으로 경영하고 선생들을 대해서 도리어 일반 다른 학교와는 거꾸로 되어 이런 잘못된 교사들이 학교교육을 마비시킨다고 했다. 이런 교사들은 모두 학교가 처음 설립될 때, 교사들도 모자라고 해서 채용했는데, 앞으로 이 사람들이 스스로 나갈 때까지 오랫동안 문제가 계속될 수밖에 없다는 것. 그래서 우리 나라 교육 문제도 행정쪽에만 있는 것이 아니라 교사 자신들 쪽에 더 많이 있다는 것인데, 정말 샛별학교, 거창고교 쪽에서 보는 교육 운동에 대한 견해는 절실한 현장에서 우러나온 것이라고 깨달았다.

1987년 11월 6일 금요일

대전교구청의 길경렬 선생이 부탁한 농민들의 글쓰기에 관한 원고를 쓴다고 종일 앉아 있었지만 별로 못 썼다. 차숙이가 와서 이것저것 얘기하다 보니 어느새 낮이 되고 저녁이 되기도 했다.

차숙이는 오늘 그 지역 일대에 정전이 되는 바람에 공장이 쉬게 되었단다. 오늘 쉬는 대신 모레 일요일 일을 해야 한다고 했다. 그 공장의 시설, 관리자들의 횡포 같은 것을 들으니 너무 기가 막혔다. 노동자들이 얼마나 인간 이하의 대접을 받고 있는가 하는 문제를 이따금이라도 생각하지 않는다면 어떤 종교인이고 문인이고 정치인이고 그는 인간이 아니란 생각이 든다. 그런데 그 공장에서 일하는 사람들이 대부분 김대중이 대통령이 되면 위험하니 노태우를 찍어 줘야 한다고 말한다니, 이 사회가 얼마나 인간을 노예근성으로 길들여 놓았는가 알 수 있다. 노예사회가 결코 옛날 얘기가 아니다. 오늘날의 도시는 거대한 노예 도시로 노예국가 이외에 아무것도 아니다.

1987년 12월 1일 화요일

오전에 편지를 쓰고 우편물을 부치고, 오후에 종로 2가에 가서 송현 씨를 만나, 요즘 선거 관계 선전물들이 너무 일방적으로 강요하는 것뿐이고, 질이 낮은 것뿐이니, 좀 재미있게 읽을거리가 되는 선전물을 당보나 그 밖의 인쇄물로 만들어 뿌리는 것이 좋은 효과를 거둘 것이라고 했더니, 여론과 의견을 써 보내는 봉함엽서를 주면서 여기다 써 보내면 즉각 반영되니 써 보내 달라고 했다. 자기도 지금 사무실에 들어가면 당보 편집자에게 곧 전화로 말해 놓겠다고 했다. 내 생각은 가령 문인들 가운데 몇십 명을 선정해서 김대중 씨의 인간됨이나 일화를 쓴다든지, 김대중 씨와 자기와의 관계를 말한다든지, 어떤 정견 문제를 두고 말한다든지 하여 한 사람이 길게도 말고 원고지 다섯 장 이내로 쓰도록 해서 수십 명의 글을 한 장의 종이에 실어서 뿌리면 그것 자체가 하나의 읽을거리가 되어, 다른 선전물같이 보지도 않고 내버리지는 않을 것 같다. 이건 참 수준 높은 선전물이 될 것이고, 김대중 씨를 지지하는 문인이나 지식인들의 두뇌를 이런 데 쓰도록 하는 것도 좋을 것 아닌가 싶었던 것이다.

송현 씨와 한참 얘기하다가 헤어져 곧 파고다공원 옆의 우체국에 가서 봉함엽서에 내 생각을 적어 보냈다. 내가 단일 후보로 김대중 씨를 추대하자는 사람으로 신문에까지 광고돼 있으면서 아무 일도 안 했는데, 이런 일이라도 해야 되겠다는 생각이 들었다.

1987년 12월 18일 금요일

아침에, 원고 쓸 것 몇 가지를 두고 무엇을 쓰나 하고 있는데 전화가 걸려 왔다. 민족문학작가회의 사무실에서 홍일미 씨가 건 것인데, 지금 부정선거에 대한 성명서를 작가회의 이름으로 내려고 하는데, 9시에 회의를 하려고 하니 와 달라는 것이다. 그래서 급히 밥을 먹고 가 보았더니 문인들이 일고여덟 명 와 있고, 성명서는 작가회의의 한 부속 기구인 자유실천위원회 이름으로 다 만들어 놓았다. 읽어 보니 엄청난 불법·부정선거를 감행하고 당선을 허위로 조작 발표한 이번 선거는 전면 무효로 본다는 내용이다. 이것을 낮 신문에 나오도록 하려고 하는 모양인데, 신문사에 갖다 주었는지, 신문기자는 오지 않고 전화로 문답하는 것을 들었다. 그런데, 거기 앉아 있는 사람들이 말하는 것만 들어도 부정선거 사례가 너무 어처구니없다.

몇 가지 기억나는 것을 들면,

1. 지금 구로구 어느 투표소에는 부정 투표함을 탈취 안 당하려고 수천 명이 지키고 있고, 수만 명이 데모를 하고 있다.

2. 선거인 명부에 이름 없애기, 대리투표, 릴레이 투표 등 부정 사례가 전국 방방곡곡 한결같이 자행되었다.

3. 이번에 단 한 곳만 부정을 못 한 곳이 있는데, 동대문 ○구다. 거기에는 고려대학생 수백 명이 투표소를 바깥에서 에워싸고 철통같이 경비해서, 들어가는 사람의 몸수색을 해서 가짜 투표지 한 장도 못 들어가게 했다. 그곳 개표 결과 김대중 씨 표가 다른 사람의 표보다 몇 배나 되었다. 그런데 공식 발표는 그렇지도 않았다.

4. 광주에서 김대중 씨 표가 93퍼센트나 나왔다는 것은 있을

수 없고, 조작이다. 지역감정을 일으키려고 한 것이다.

5. 광주 시청 직원 한 사람이 부정선거 지시 과정을 자세하게 파악할 수 있는 자료를 가지고 빠져나왔는데, 그 자료는 어디서 보관하고 있지만 그 사람은 행방불명이다. 광주서는 그 가족이 시달리고 있다. 돌아오면 2계급 특진시켜 준다고 하고 있다.

6. 광주, 나주, 순천…… 각 지역에 지금 데모가 일어나고 있다. 광주에 공수부대가 투입됐다는 소식이 들어왔다.

7. 광주 어느 투표소에서 릴레이 투표를 하는 것을 발견하고 제지하다가 칼에 찔려 병원에 입원한 사람이 있는데, 목숨이 위독하다.

8. 광주의 한 개표소에서는 투표도 못 하고, 개표도 못 한 상태인데, 벌써 개표 결과가 텔레비전으로 다 나와 버렸다.

대강 이렇다. 이것이 모두 사실인지, 좀 앞뒤 얘기가 안 맞는 것도 있어 확인할 수 없지만, 모두 근거 없이 나온 말은 아닐 것이다. 모인 사람들이, 우리가 무엇을 해야 하나, 하는 것을 잠시 얘기했지만 뚜렷한 결론을 짓지 못하고 헤어졌다. 나는, 이런 부정선거 사실을 국민들에게 알리는 것이 무엇보다도 급하고 중요하다고 생각했지만, 매스컴이 철저히 통제되어 있는 상태라, 전단 같은 것 나눠 주고 뿌려 봤자 극히 소수 사람들밖에 알리지 못할 것이니 참 상황이 어렵게 됐다는 생각을 했다.

거기서 나와, 온 김에 가까이 있는 햇빛출판사에 갔더니 윤일숙 씨가 아주 실망낙담한 얼굴로 있었다. 이번 선거에 희망을 걸었더니 또 이렇게 되어 아무것도 손에 안 잡히고 밥도 맛이 없어 못 먹을 정도라 했다. 대학 입시를 며칠 앞에 둔 딸아이도 어제 선거 결과 보고 울었다 한다. 남다른 사정이 있는 가정이라 그럴 것이다. 나는 위로할 말이 없었다.

마포에서 종로 2가로 가서 송현 씨 사무실로 갔더니, 거기 어떤 사람이 전화를 거는데, 이런 말을 했다.

"……전 국민운동본부에 있는 ○○○인데요. 어젯밤 구로 투표소에서 여섯 사람이 죽었어요. 그중 한 사람의 시체가 병원에서 실려 나왔어요……."

아, 드디어 피를 흘리기 시작했구나. 이제부터 어떤 일이 일어날지 참으로 암담한 느낌이다.

송현 씨와 점심을 같이 먹었는데, 구로구 투표소에 있던 사람들이 모두 잡혀갔다고 했다.

점심을 먹고 헤어져, 이젠 과천으로 돌아가 보자고 버스 정류장을 향하는데, 양우당 앞을 지나서 저쪽 네거리 쪽에서 새까맣게 사람들이 길을 메워서 큰 횡경막^{현수막} 두어 개를 앞쪽에다 보이며 소리 지르고 행진해 온다. 차들이 겨우 한쪽에만 빠져나간다. 아, 드디어 일어났구나! 종로서적 가까이 있는 전철역 입구에 서 있으니 점점 가까이 오는데, "학살 원흉 처단하자", "살인 주범 대통령이 웬 말이냐" 이런 횡경막이다. 모두 학생들이다. 용감한 젊은이들! 몇백 명이 될까? 맨 앞에서는 몇몇 아이들이 마이크도 없이 센 목소리로 쫓아다니며 "시민 여러분, 오늘 아침 구로에서……" 뭐라 말하는데 알아듣지 못했다. 아마 사람이 죽었다는 사실을 알리려고 한 것 같다. 불행하게도 그 학생들을 따라 합세하는 시민들이 아무도 없었다. 나도 보고만 있었다! 눈물이 났다. 학생들이 고맙기도 했고, 이것이 내 조국의 현실인가 싶으니 답답하고 슬프고 형언할 수 없는 심경이었다. 그런데 학생들 데모대가 내 앞을 다 지나가지도 못하고 갑자기 인도로 한꺼번에 밀려 나오면서 지하도로 들어가고 골목으로 빠져나가고 하여 순식간에 흩어지고 말았다. 나도 지하도로 들어갈까 하다가 그대로 움직이지 않고 서 있었다. 조금 있으니 무장한 전경들이 약 2백 명 달려왔다. 나는 그 전경들 뒤를 따라가 보려고 하다가 그렇게도 할 수 없어, 그만 맥이 빠질 것 같아 그대로 터벅터벅 지하도를 빠져나왔다. 지하도를 지나는데 내 옆을 가던 어떤 여자가 "선거가 잘됐는데, 학생들이 무슨 재미로 또 데모를 하노" 해서 내가 "선거가 잘됐다고요? 모르고 그런 말 마시오!" 했다. 그런데 내 뒤 어디에서 또 여자 목소리가 났다. "미친 것들 또 데모를 하네." 버스를 타고 오면서 보니 거리 곳곳에 전경들이 무리지어 서 있었다. 오늘 시청 앞에 사람들이 모인다고 했지만, 거기엔 아침부터 철통같이 경비를 한 모양이다.

집에 와서도 아무것도 손에 걸리지 않아 오랫동안 멍하니 앉아 있었다.

2부

**1988년부터
1989년까지**

1988년 1월 17일 일요일 맑음

종일 방 안에서 '우리 말을 우리 말이 되게 하자' 원고를 썼다. 밤 11시 반까지.

우리 말이 어지러워지고 더러워지는 것을 생각하면 기가 막힌다. 이것이 모두 역사가 뒷걸음치고 있기 때문이다. 모든 것이 병들고 썩고 하는데 말마저 다 버리게 되었다. 그런데 학자들은 모두 어디 갔는가? 무엇을 하는가? 대학의 교수들은 무엇을 연구하는가?

내가 할 일이 너무 많다. 재주도 힘도 없는 내가 이런 일까지 하려고 하니 무엇이 되겠는가. 아이들 교육에다가 문학에다가, 이제 우리 말 지키고 정화하는 일까지 손을 대고 있다. 아, 내가 나이 20년만 더 젊었더라면 차분하게 기초부터 닦아 나가겠는데, 내게는 너무도 닦아 놓은 바탕이 없다. 어학도 공부한 것이 없다. 이제는 책을 볼 시간도 없다. 어떻게 해야 하나?

할 일을 줄여야겠다. 그것밖에 방법이 없다. 이제는 교육을 중심으로 문학과 어학을 한데 묶는 수밖에 없는데, 그 밖의 수

필이고 잡문을 일체 쓰지 말아야 한다. 될 수 있는 대로 방에 들어앉아 있어야지. 가장 조심해서 응하지 말아야 할 것은 무슨 강연 같은 것. 신문기자들의 인터뷰 같은 것은 절대로 응하지 말 일이다. 무슨 단체의 일도 일체 관심을 두지 말아야지. 내가 앞으로 남겨 놓은 삶이 불과 얼마 안 되는데 정말 이제부터 정신 바짝 차려야겠다. 정신 차려야지!

1988년 1월 19일 화요일 맑음

오전에 원고를 쓰고, 오후에 시내로 나갔다. 종로 2가 복사집에 들렀다가 현대 홍보실을 찾아가는데, 종로 5가로 잘못 갔다가 전화로 현대빌딩을 알아서 다시 전철을 타고 안국역에 내리니 거기 바로 현대빌딩이 있었다. 홍보실에 가서 사보 담당 아가씨에게 원고를 주고 읽어 보라고 했더니 "참 좋아요. 저희들도 이런 글을 바랐습니다"고 해서 마음을 놓았다. 그 글은 '말의 민주화'란 제목인데 민중과 근로자의 편에서 말을 민주화하는 문제를 썼던 것이다. 15장을 써 달라는 것을 18장을 썼는데, 고료는 미리 준비해 두었던 것을 주었다. 일금 10만 원. 내가 노력한 값으로는 많다는 생각이 들었다.

다음에는 인간사로 갔다. 지난번 판권 소멸 통고서 낸 데 대해서, 꼭 만나자고 하여 간 것이다. 인간사에 갔더니 사람들 얼굴이 거의 모두 바뀌었다. 그래서 이제부터 아주 잘해서 신용을 꼭 회복하겠다면서 부사장과 주간, 편집장 들이 거듭 다짐하고 사과도 하기에, 또 한 번 믿어 보자고 생각하고 내 의견을 말해 주었다. 첫째, 출판 사업에 대한 보람과 믿음을 굳게 가질 것. 둘째, 아동물 내어 성급히 돈벌이하려는 생각을 버릴 것. 셋째, 경영진, 실무진을 자주 바꾸지 말 것. 넷째, 편집위원을 두고 자문을 얻을 것. 다섯 째, 윤기현 씨 문제 해결할 것 등.

인간사에서 지난 11월에 내 책을 5백 부 찍었다면서 인세 10만 원 주는 것을 받아 왔다.

다음 종로 3가 아문협한국아동문학가협회 사무실에 가니 이사회를 하고 있었다. 마치고 이번 회장 선거 문제 얘기할 때 이영호 씨 재선함이 좋겠다는 의견을 말해 주고, 술과 식사 마치고 왔다.

1988년 1월 27일 수요일 맑음

간밤에는 1시쯤 되어 잤던 것 같다. 너무 고단해서 몸살이 날 것 같고, 잠이 안 올 것이 더 걱정이었지만 어찌어찌 잠이 들었는데, 밤중에 또 깨어나서는 잠이 안 들었다. 시계를 보니 3시. 그 후로 끝내 잠을 못 자고 말았다. 이래서는 안 되겠는데, 오늘 할 일이 큰일인데 싶어도 웬일인지 잠이 안 왔다. 5시쯤 되어 등이 따뜻해졌다. 그제야 방바닥이 차가워 잠이 안 왔구나 싶었다. 새벽이 되어서야 방을 데워 주었던 것이다. 자꾸 재채기가 나고 감기가 될 것 같아 염려되었는데, 아침에는 그럭저럭 일어나 머리도 감고 했다.

오전에 두 시간, 협의까지 세 시간, 신기하게도 견디었다.

이번 모임에서 농민들이 쓰는 말과 글에 대한 자신을 어느 정도 가지게 되었을까. 잘되면 앞으로 농민들의 글쓰기가 확산될 것이고, 이번 모임이 우리 나라 농민들의 글쓰기 운동의 시발점이 될 것 같다. 스무 사람의 참석자 모두가 글을 쓰는 데 대한 관심과 열의가 대단했고, 오히려 쓴 글을 발표할 자리가 없는 것이 문제가 되었다. 나는 글을 신문이나 잡지 같은 데 발표하는 것을 유일한 목표로 삼지 말고, 마을 단위로, 그 마을 단위가 어려우면 교회 단위로 복사판 문집이나 회보 같은 것을 힘닿는 대로 소박하게 만들어 가는 것이 좋겠다고 했지만 모인 사람 대부분이 그런 발표 수단으로서는 만족하지 못하는 것 같았다. 그래서 할 수 없이 교구청에서 발표할 자리를 마련해 주고, 나도 더러 발표를 주선해 주겠다고 말했다.

점심을 먹고 고속버스로 오니 오후 4시에 과천에 돌아올 수 있었다. 교육회관을 나올 때 담당 신부가 사례금 봉투를 주는 것을 할 수 없이 받아 왔는데, 집에 와서 보니 15만 원이었다. 돈에 팔려 다니는 것 같아 마음이 찝찝하다. 앞으로 대전 교육회관가톨릭 교육회관과 이런 관계를 맺게 되면 또 하나 짐을 지게 된다. 마음이 무겁다.

저녁에 김익승 선생이 학급 문집 〈배워서 남 주자〉를 가지고 와서 여러 가지 얘기를 하다가 갔다. 참 좋은 교육자가 될 사람이다.

1988년 1월 31일 일요일 맑음

아침에 밖을 내다보았더니 눈이 한 벌 깔려 있었다. 이 눈은 어제저녁에 내린 것이다. 저녁에 외등이 켜 있는 불빛에 비쳐 눈이 마구 쏟아지는 것을 창으로 내다볼 수 있었는데, 이렇게 밤 동안에 계속 오면 엄청난 눈이 쌓이겠다 싶었는데, 아침에 쌓인 눈이 겨우 땅을 덮어 가릴 만큼 되었으니, 어제저녁에 내가 볼 때만 내리고 곧 멎었던 모양이다.

오늘은 한 번도 바깥에 나가지 않았다. 오전에는 〈선경〉인가 어디서 부탁받은 '이 한 권의 책'이란 10장짜리 글을 썼다. 안 쓰다가 쓰니 10장짜리로 몇 시간이나 걸렸다. 권정생 선생의 시집에 대해서 썼다. 오후에는 오래전에 정리해 놓고 그대로 둔 '교육자 편지글 모음' 원고를 다시 살펴서 중간 제목을 붙이고, 책 이름도 붙였다. 차례도 다 정했다. 이래서 일은 다 끝났는데, 이제는 한길사에 갖다 주면 되는 것이다. 책 이름을 '지금은 아이들에게 주어야 할 마음과 용기와 희망을 준비할 시간ᐧ' 이렇게 정했다. 좀 길지만 김명희 선생의 편지글에 나오는 이 말이 참 좋아서 꼭 이렇게 붙이고 싶었다. 김명희 선생은

ᐧ《우리 언제쯤 참선생 노릇 한번 해 볼까》를 말한다.

편지를 참 잘 쓴다. 편지를 잘 쓴다는 것은 마음이 깨끗하고 정신이 훌륭하다는 것이 된다.

밤에는 권정생 선생 앞으로 편지를 썼다.

1988년 2월 7일 일요일 맑음

'우리 말을 우리 말이 되게 하자' 이 논문은 대강 공책에다 안을 잡아 두었던 것인데, 오늘은 원고지에다 써 보았다. 저녁까지 써서 겨우 30장밖에 못 썼다. 그래도 이렇게 시작했으니 이제부터는 쉽게 써 나갈 것이다.

우리 말의 문제를 두고 자꾸 생각하다 보니, 말이란 것이 우리의 역사와 깊은 관계가 있지 않나 하는 것을 깨닫게 되었다. 말과 글, 그리고 의식, 삶 이것들의 관계를 생각할 때, 가장 근본이 되는 것은 삶이다. 그 다음이 의식이고, 다음이 말이고 글이다. 즉, 삶→의식→말→글 이렇게 된다. 이것이 원칙이다. 그런데, 이것이 거꾸로 역행하는 수가 있다. 삶←의식←말←글 이렇게 말이다. 분명히 우리의 역사에서 이 역행 현상을 볼 수 있다. 이런 역행은 잘못된 사회, 병든 역사에서만 나타나는 것이라 생각된다. 이런 문화의 역행 속에서 사회와 역사를 바로잡으려면 역시 이 역행을 이용하는 수밖에 없다. 즉 글과 말을 바로잡음으로써 우리의 의식을 바로잡고 삶을 바로잡는 것이고, 그럴 수밖에 없다는 것이다.

물론 이 역행 현상은 부분적으로 나타나는 만큼 말글을 바로 잡는다고 해서 삶이 단박에 바로잡히는 것은 아니지만, 말과 글을 바로잡는 것이 민주 사회 실현에 지극히 큰 노릇을 하리란 것은 의심의 여지가 없다. 오늘은 아주 중요한 발견을 했다. 이 문제를 계속 파고들어 가 생각해 봐야겠다.

1988년 2월 14일 일요일 맑음

온종일 방에 있었다. 원고를 쓰는데, 오전에는 방바닥에 엎드려 쓰고, 오후에는 책상에서 썼다. 이렇게 쓰는 자리를 바꾸어서 엎드렸다가, 의자에 앉았다가 하니 좀 덜 피곤한 것 같다.

저녁때는 건너편 시장에 가서 반찬거리를 사 오려다가 그만 과실과 고구마 구운 것을 사 와서 먹었다. 날씨가 제법 싸늘했다.

지금 저녁 10시 반, '밖에서 들어온 말의 문제'란 원고의 중요 부분을 거의 다 썼다. 모두 약 190장. 앞으로 열 장 정도만 쓰면 한자 말과 일본 말 문제는 다 쓰게 된다. 이것을 발표할 자리가 있어야 하는데, 아직 아무 데도 싣겠다고 하는 데가 없다. 없어도 계속 써야 한다. 안 되면 조그만 책자로라도 만들고 싶다. 우리 말을 지키고 살려 나가는 문제가 얼마나 큰가를 나는 뼈저리게 느끼고 있다. 앞으로 내 남은 목숨을 여기다 걸고 일해야겠다는 생각이 든다.

그런데, 어제저녁에는 시를 쓰고 싶다는 생각이 들었다. 다른 어떤 사람도 못 쓰는 시, 나만이 쓰는 시를 꼭 쓰고 싶다. 내 외로움, 아픔, 그리고 고난당하는 생명을 나는 노래하고 싶다. 내가 아니면 그 아무도 불러 주지 않는 짓밟혀 죽어 가는 생명들을 나는 노래해야지. 아름다운 그 생명을 노래해야지.

오늘은 이상하게도 그 아무도 전화를 걸어 오는 사람이 없었다. 내가 건 곳은 두 곳. 이성인 씨와 이영호 씨. 이성인 씨는 사무실 옮겼다는 것 알리고, 김종만 씨 연락이 안 되는데 전화번호 바뀠는가 물었다. 참 김종만 씨한테도 걸었다. 일직이라고 없단다. 이영호 씨는 국제과장으로 옮겨 가서 인사 전화를 했던 것이다.

1988년 2월 16일 화요일 맑음

오전에 강의 준비를 하고, 오후에는 서울YMCA 학생 문화 교실에 갔다. 2시 반부터 4시 반까지, 두 시간 동안 약 백 명의 중학 졸업생들에게 글쓰기 지도를 하였는데, 내가 얘기한 내용은 다음과 같다.

1. 글쓰기의 중요성
  • 표현을 한다는 것은 어떤 뜻이 있는가?
  • 점수 따기 공부와 글쓰기 공부
  • 어느 고교생의 편지글

2. 산문에 대하여

• 어떤 글이 좋은 글인가?

• 글이 '투명하다'는 말은 무슨 뜻인가?

• 잘못된 어른들의 글을 흉내 내지 말 것

3. 시에 대하여

• 시란 무엇인가?

• 좋은 시와 좋지 못한 시

• 어느 고교생의 시집에 대하여

4. 살아 있는 말을 글로 쓰도록 해야

마치고 나오니 모두 박수를 쳐 주었는데, 그 박수가 형식적인 인사로 치는 것이 아니라 진심으로 치는 것 같았고, 그 교실 운영을 맡은 사람이 다실에서 자기도 참 귀한 얘기를 들었다고 했다.

그길로 김형윤편집회사에 가서 오현주 씨한테서 책을 받아서, 다시 종로 5가 인간사에 갔더니 이성인 선생이 기다리고 있었다. 곧 김종만 선생도 오고 해서 글쓰기회 회보와 소식지 내는 의논을 하고, 같이 칼국수를 먹고 헤어졌다.

오늘로서 겨울 동안 맡았던 바깥일은 다 끝낸 셈이다.

1988년 2월 20일 토요일 맑음

우리 말에 관한 글을 250장 써 놓고 그만둘까 했는데, 아무래도 결론을 한 50장 더 써서 3백 장으로 채우고 싶어, 그 결론을 어떻게 쓸까 하다가 좋은 생각이 났다. 그래서 오늘은 그것을 쓰려고 하다가, 지금까지 쓴 것을 다시 읽어 보면 거기에 맞는 더 절실한 생각이 나올지 모르고, 또 글도 다듬을 필요가 있겠다 싶어 아침부터 원고를 읽어 가면서 문장을 다듬었다. 그런데 군데군데 잘못된 곳이 나타나서 그걸 고치다 보니 하루 종일 원고 다듬느라고 매달리게 되었다. 밤까지 계속했다. 밤 10시 반에야 겨우 마쳤다. 이래서 결론은 할 수 없이 내일 쓰는 수밖에 없이 되었다. 내일은 어떻게 해서라도 써야 한다. 그래서 모레는 어느 잡지사에 갖다 주지 못하면 종로서적에라도 넘겨야 하리라. 3백 장이면 조그만 책자로 될 수 있을 것 같다.

어제 신문에는 노태우 정권이 새 내각을 조각해서 발표했고, 오늘 신문에는 전두환 씨가 퇴임사를 발표했다. 노 정권의 조각 인사들 가운데는 민주 운동과 언론을 탄압하는 데 공이 있었던 인물들이 여럿 들어간 모양으로 신문이 좋지 않게 평해 놓았다. 전두환 씨는 광주 사건을 잘 해결하지 못해 유감스럽다는 말을 한 모양으로, 그런 기사 제목이 크게 나와 있다. 나가는 사람이나 들어오는 사람이나 하는 짓들이 다 그렇다. 곧 닥칠 국회의원 선거에는 여당이 또 부정선거를 할 조짐이 여러 가지로 보인다. 김영삼이란 사람은 야당 당수 내놓고는 팔자 좋게 설악산에만 왔다 갔다 하면서 엉뚱한 소리나 지껄이고 있다. 정치하는 사람들에게 기대할 것이 이젠 아무것도 없다.

말을 살리자. 이제 내가 할 일은 다만 이것뿐이다.

1988년 2월 23일 화요일 맑음

　종일 일기 정리를 했다. 한길사 김언호 사장에게 졸려서 이젠 도저히 회피할 수도 없지만, 아주 급한 일들은 대강 정리가 되었기 때문에 이제부터 시간 나는 대로 이 일을 집중해서 해야 되겠다고 오늘부터 시작한 것이다. 지금 정리해서 쓰고 있는 것은 20년 전의 일기다. 그걸 다시 읽어 베껴 쓰면서 그 옛날로 다시 돌아가 보니, 아주 잊었던 일들이 다시 살아나 괴롭고 쓰라린 일들, 그립고 다시 가 보고 싶은 산천들 생각에 마음이 아주 사로잡히게 된다. 이렇게 일기를 정리하는 것이 괴로운 것만은 아니구나 하는 느낌도 들고, 이제는 나도 지나가 버린 것이나 되새기면서 살아갈 나이가 돼 버렸구나 싶기도 하다. 노인들 옛날 생각이나 하면서 살아가는 모습이 가엾다 했더니 이제 내가 그 꼴이 된 것이다.

　하루 종일 매달렸지만, 우체국에 갔다 오고, 신문 보다가 자료 정리하고, 고단해서 잠시 누워 있고, 이렇게 하다 보니 겨우 60장밖에 못 썼다. 지금까지 정리한 것이 모두 4백 장쯤 되는데, 아직 책 한 권이 되려면 한 열흘은 더 써야 한다.

　아침에 광장에 전화를 걸어, 편집장에게 어제 말했던 그 원고는 대단히 미안하지만 한겨레신문사에 넘겨주었으니 이해해

달라고 해 놓았다. 그리고 대구 물레출판사 박방희 사장한테
도 전화를 걸어, 아이들 문집 원고 몇 권 분량이 있는데 근간
한번 가겠다고 해 놓았다. 송현 씨는 오늘도 안부 전화를 걸어
주어 고마웠다.

지금 벌써 11시 40분. 아, 피곤하다.

1988년 3월 1일 화요일 맑음

아침에 걱정이 되어서 금왕으로 전화를 걸었더니 걱정할 것
없다면서 정우 말이, 두 사람 중 한 사람은 팔이 부러지고, 한
사람은 어깨에 상처가 났다고 하면서, 지금 병원에 가 있단다.
그런데 걱정할 것 없다니! 싣고 가던 물건은 말할 것 없이 엉
망으로 되었겠지. "보험에 들어 있어서, 거기서 다 해 주게 되
어 있습니다" 이러더니, "보험에 들어 있다고 해서 그렇게 차
를 함부로 운전하는 것이 탈입니다"고 했다. 정말 차 사고는
보험 때문에 몇 배나 생겨나겠다는 생각이 든다.

오전에는 어제저녁에 쓴 원고를 다시 읽고 고치다 보니 다 가
고, 오후에는 여러 가지 우편물 온 것, 인쇄물과 책자 같은 것
정리하다 보니 그럭저럭 해가 저물어 버렸다. 저녁에는 〈어린
이와 책〉에 낼 원고를 쓰기 위해 자료를 살피고, 구상을 했다.

날마다 신문이 오는 것을 읽는다. 텔레비전은 말할 것도 없
고, 라디오도 일체 안 듣지만, 신문만은 본다. 언론에 붙들려

매여 있지만, 그래도 안 볼 수 없어 본다. 신문이 일찍이 오면 4시쯤 배달이 되고, 늦으면 6시쯤 배달이 된다. 더러는 배달하는 아이가 잊어버리고 지나갔는지 7시가 되어도 안 와서 지국에 전화를 걸어 그제야 가져오는 수가 있다. 한 달에 한 번 정도 그렇다. 이렇게 신문을 받으면 보통 한 시간 이상 앉아서 신문을 본다. 요즘은 신문에 나온 문장에 자꾸 관심이 가서 잘못된 곳에는 붉은 줄로 표시를 해 두는 버릇이 생겼다.

어제는 〈한겨레신문〉에 전화를 걸었더니 임재경 씨도 이종욱 씨도 회의 중이라고 해서 조성숙 씨에게 "그때 준 그 원고를 어떻게 처리하려고 하는지, 자료로 이용하는 데 그치면 종로서적에서 작은 책자로 내고 싶다"고 했더니, "그 내용이 참 좋고 우리 신문에서 이것을 많이 참고하도록 하겠는데, 제 생각으로는 〈한겨레신문〉에다 연재했으면 싶어요. 의논해 봐야 알겠지만" 했다. 그럼 그렇게 하라고 했다. 앞으로 우리 말을 살리는 일에 대해 많이 연구해야겠다고 생각한다.

1988년 3월 24일 목요일 맑음

뜻밖에 오늘은 아침에 한길사 김 사장이 전화를 걸어 왔다. 무슨 일인가 했더니 나를 단재상 수상자로 결정했다는 것이다. 그러면서 축하한다고 했다. 나는 놀랐다. 내가 무슨 단재상을 받다니, 당치도 않는 일이다. 단재상을 어떤 사람에게 주는지 알지 못하지만 내가 도대체 무슨 상 받을 일을 했는가? 그리고 나는 단재의 책을 한 권도 읽은 바가 없다. 전집을 사 놓고도 못 읽었다. 어떻게 내가 그 상을 받겠는가?

그래 내 생각을 얘기했더니 심사위원들이 모두 그렇게 결정했다면서 오늘 저녁때 보도 자료를 만드는 데 필요하니 지금까지 낸 책을 한 권씩 갖다 주면 좋겠다고 한다. 좌우간 오후 5시경에 가서 말하겠다고 하고 전화를 끊고도 여러 시간 그것 때문에 마음이 쓰이고, 나 때문에 그런 이름난 사람과 그 상을 지금까지 받은 사람까지 더럽혀지는 것 같아 어찌할 바를 몰랐다. 또 내가 가령 그런 상을 받을 만한 일을 했다고 하더라도 상 받는 일로 인해 자꾸 신경을 쓰고 싶지 않다는 것이 내 생각이다.

오전에, 내일 방송 녹음할 원고를 쓰고, 우편물 부치고 오후에 시내에 나갔다. 서대문에 가서 김영현 씨 사무실에 갔더니 예비군 훈련인가 갔다고 해서 못 만나고, 실천문학사에 가니 이문구 씨, 송기원 씨 다 없어, 가지고 갔던 임병호, 정치숙 두 사람의 시 원고를 편집부 직원에게 주어 〈노동문학〉에 실을 만하면 실어 달라고 하고, 한길사로 가서 김 사장에게 교육자들 편지글 모음 책 원고 정리한 것을 넘겨주고 그 단재상 얘기 한참 했다. 도리 없이 받기로 했다. 수상 날짜는 5월 초, 그때 '연설'을 해야 한단다. 그리고 그때 내 일기와 교육 관계 논문집도 책으로 만들 수 있게 해 달라 해서 그러겠다고 했다. 저녁에 임명삼 씨 만나 같이 왔다.

1988년 4월 8일 금요일 맑음

오후 3시에 기독교방송국에서 칼럼 녹음을 하고, 다방에서 쉬고, 인간사에 들르고 하다가 6시경에 출판문화회관까지 걸어서 갔다. 지하 음식점에 가니 조혁래 군과 조진태 군이던가, 군북 졸업생이 기다리고 있었다. 조금 있으니 또 두 사람이 와서 인사를 하는데, 모두 30몇 년 옛날 소년 시절 때 보고 처음이라 낯선 사람 같았지만 한참 얘기하면서 얼굴을 보니 옛 모습이 떠오르는 것 같았다. 저녁 식사를 같이 했다. 이때 이재철 씨가 와서, 자기가 식사대를 낸다고 해서 만류를 했더니, 그럼 찻값만은 꼭 내겠다고 하면서 내고, 시상식에는 사정이 있어 못 보고 인사만 하고 간다고 나갔다. 이재철 씨는 나가면서 "이 선생, 참 오랫동안 고생 많이 하셨는데 이제 그 고난의 대가를 받으십니다" 했다. 고생은 뭘 했고, 대가는 뭔가? 참 속된 말을 하는구나 싶었다.

7시부터 시상식이 시작되었는데, 사람들이 많이 왔다. 문익환 선생 내외분, 송건호 씨, 백낙청 씨, 한준상 씨, 염무웅 씨 등 그리고 글쓰기회 회원도 많이 왔다. 먼저 경과보고를 강만길 선생이 하고, 내 약력 보고를 이현주 선생이 하고, 상패를 문익환 선생이 내게 주고, 송건호 선생이 축사를 하고, 임헌영 선생이 내 문학과 교육 사상에 대해 한참 얘기하고, 그리고 나서 내가 인사와 '연설'을 40분 남짓 했다. 내가 한 말은 원고를 보고 읽어 나가면서 했는데, 모두 경청하는 것 같아 다행이었다. 마치고 나서 그 자리에 차린 음식을 나누면서 얘기를 하다가 모두 흩어졌는데, 화분 같은 것은 한길사로 보냈지만, 누가 보냈는지 그걸 적어 둘 것을 잘못했다는 생각이 들었다.

오늘 정순복 양이 왔는데, 몇 년 전에 남대문시장에서 만나고 처음이다. 주소를 적어 갔으니 연락이 있겠지. 마치고 정우가 운전한 차에 이현주 목사하고 현우도 같이 타고 과천 와서, 방에서 한참 얘기하다가 이 목사는 정우 차로 갔다.

참 거북하고 어려운 시간을 잘 넘겨서 마음이 놓인다. 방에서 상금으로 준 봉투를 열어 보니 수표 2백 만 원이다. 이걸 어찌하나! 사실은 며칠 전부터 상금이 얼마나 되고, 그 상금을 어떻게 쓰나 하는 걱정을 했는데, 50만 원이나 백만 원쯤 될 줄 알았더니 이렇게 큰돈인 줄 몰랐다. 이 돈은 어디나 아무렇게나 쓸 돈이 아니다. 단재 선생이 살아 계신다면 이 돈을 어떻게 쓸까? 그렇게 생각하고 써야겠다고 생각했다.

오늘 오후 과천서 버스로 남태령 고개 넘는데 산기슭에 발갛게 피어 있는 진달래꽃을 올해로 처음 보았다. 저녁때 종로 5가에서 출판회관으로 걸어가는 길에서 개나리꽃이 핀 것도 보았다. 아, 봄이 왔구나 하는 생각, 귀중한 그 무엇이 나도 몰래 온 천지에 와 있는데, 나는 모르고 있구나, 모르고 사는구나 하는 생각이 들었다. 이 봄에는 꼭 그 귀한 것을 찾아가 보아야지 하는 생각을 했다.

1988년 4월 15일 금요일 맑음

한길사에 줄 일기를 옮겨 쓰고 있는데, 대구에서 〈빛〉 기자 이영란 양이 사진기자 최미라 양과 같이 찾아와서 사진을 찍고 이것저것 묻는 데 대답하고 하는데 오후 1시 반까지 시달렸다. 마치고 앞 상가에 가서 비빔밥 대접을 해서 보내고 곧 기독교 방송국에 가서 칼럼 방송 녹음을 하고, 새가정사에 가서 원고를 주고, 그리고 한겨레신문사에 갔다.

신문사에 가서 금왕 정우가 준 기금(11사람 15만 원)을 내니까 지금은 50억 원이 다 되어서 받을 수 없고, 5월 초 창간하면 곧 늘릴 예정이니 그때까지 기다려 달라고 했다. 그리고는 편집국을 알아보니 일주일쯤 전에 영등포로 옮겼다고 했다. 그래서 전철을 타고 찾아가 이종욱 선생을 만나 창간호에 실을 글을 보였더니 이렇게 조목을 나열하듯이 쓰는 것보다 문장으로 쓰는 것이 좋겠다고 한다. 나는 또 요점만을 이렇게 보기 편하게 쓰는 것이 도움이 될 줄 알고 썼는데, 그럼 고치겠다고 해서 전에 준 원고와 같이 도로 받아 왔다.

그리고는 다시 전철을 타고 안국동 한겨레신문사에 갔더니 오후 7시. 꼭 오늘 한다고 하는 한겨레신문 창간발기인회 창립준비위원회가 시작되는 시간이다. 회의장에 들어가 보니 성내운, 박형규, 황석영, 이호재…… 등 약 20여 명이 와 있었다. 그래 무슨 모임인고 했더니 한겨레신문 창간호에다 발기인 이름으로 전단 광고를 내도록 모금을 하자고 해서 몇 분들이 의논해서 모이게 했다고 하는데, 그런 일 하는 과정에서 단지 광고 내는 것뿐 아니라 〈한겨레신문〉을 후원하고, 또 언론을 지켜보는 일을 오랫동안 할 수 있도록 모임을 만들자고 했다고 한다. 그래서 운영 기준안 만든 것을 한참 토의해서 정하고, 위원장 부위원장, 간사 등을 선출하는데, 위원장에 성내운 선생을 뽑고, 부위원장 세 사람 뽑는데 나도 들어갔다. 저녁을 같이 먹고 얘기하다가 돌아오니 11시 40분이 되었다.

1988년 4월 24일 일요일 맑음

오늘은 오전에 두 사람의 주제 발표가 있었는데, 한 분은 여성운동에 관한 얘기를 했고, 또 한 분은 지역사회 문학 운동 얘기였다. 그중 여성 문제를 얘기한 것이 참 좋고 들을 만했는데, 뜻밖에도 아주 엉뚱하고 잘못된 질문과 의견(그중에는 너무 수준이 낮은 사람의 발언도 있었다)이 나오기도 하고, 심지어 고은 씨까지 좀 잘못된 의견을 말했지만 일부 젊은 평론가들이 발표자의 의견을 옹호해서 잘되었다. 다 마치고 종합 의견을 말하는 시간에 나는 아동문학 얘기를 간단히 했다. 민족 문학이라면 당연히 아동문학도 포함된다. 아이들을 민족의 후계자로 기르는 데 문학은 거의 유일한 교육 수단이 된다. 그런데 지금 우리 창작 동화를 보면 거의 모두 외국 동화 번역한 거나 다름없다. 우리가 아무리 민족 문학 잘한다고 해 봐야 아이들이 모양 자라면 무슨 장래가 있나. 아동문학 쪽에 좀 지원해 달라. 아동문학 작품집을 작가회의 이름으로 한번 낼 수 있었으면 좋겠다. 내 말을 듣고 모두 좋은 의견이라 듣는 것 같았는데, 사무국 쪽에서는 뚜렷한 대답을 해 주지 않았다.

점심 식사 후 2시 40분 버스 시간까지 여주 세종대왕 왕릉 있는 데 가서 유물이며 왕릉 모양, 그 부근 산과 나무들을 보고(역시 전승묵, 박정온 두 분과 같이) 왔다. 과천 오니 오후 5시. 박정온 씨는 오래전에 시집을 읽은 후 이번에 처음 만난 분이다.

1988년 4월 27일 수요일 맑음

어젯밤에는 라디오의 개표 소식을 듣는다고 1시까지 앉아 있었다. 그리고 오늘 아침은 5시에 깨어났다.

이번 국회의원 선거는 집권 민정당이 그처럼 엄청난 돈을 뿌리고 권력을 휘두르고 해서 부정을 했지만, 예상을 뒤엎고 민정당이 의석의 반수를 차지할 수 없게 되었다. 그리고, 제1 야당으로 자신하던 통일민주당이 평민당에 지고 말았다. 공화당이 뜻밖에 많이 진출하고, 그 밖의 군소 야당은 아주 참패했다. 평민당은 전남·북도에서 아주 완전한 승리를 거두고, 서울에서도 압승을 했다. 이제 정치에서도 숨통을 겨우 좀 틔게 되어 정말 다행이다. 야당이 연합 전선을 펴면 민정당이 독주할 수는 없게 되었다. 민주주의의 길이 이래서 조금씩 트이게 될 것도 같다. 평민당이 주축이 되어 광주를 우리의 역사에서 살리게 될 것이 무엇보다도 기대된다. 내가 가장 관심이 많았고 걱정했던 시인 양성우 씨가 당선된 것도 정말 기쁘다. 이동철 씨도 당선이 됐다. 그런데 김학민, 임채경 두 사람은 아깝게 떨어졌다. 아침에 송현 씨가 전화를 걸어 왔기에, 내가 먼저 축하해 주었다. 정대철 씨의 당선을 축하한 것이다. 이제 그 지긋지긋한 관권 선거가 없을 것인가? 돈을 마구 뿌리는 짓을 안 하게 될 것인가? 테러, 흑색선전을 안 하게 될 것인가? 그런데 민정당 당선자들 보니 군대 출신이 또 그렇게 많으니!

1988년 5월 1일 일요일 맑음

두 곳의 강연 준비를 하고, 밤에는 한길사에서 준비 중인 교육자들의 편지글 모음 책의 머리말을 쓰니 하루가 다 가 버렸다. 그래도 아직 급히 써야 할 책 머리말이 두 가지 있다. 한길사 사장의 원고 독촉도 있고, 이러다 보니 정작 내가 써야 할 글을 못 쓰고 여간 괴롭지 않다. 지금까지 쓴 원고를 묶어 책으로 낼 것도 세 권쯤 되는데, 그걸 손댈 시간도 없다. 대구 물레에 보낸 아이들 글 모음 책도 교정지가 올 때가 지났는데 소식이 없다. 이거 눈이 돌 지경이다. 편지 답장, 책 받아 놓고 인사 편지 보낼 곳도 두어 달 전부터 못 하고 있으니!

아무리 바빠도 몸 다쳐 가면서까지 일하지는 말자고 해서, 저녁때는 밖에 나갔다. 내 아파트 어귀에 민들레가 이제사 피었다. 보도블록 사이 조그마하게 핀 꽃송이. 꽃대의 길이는 손가락 한 마디밖에 안 된다. 올해 민들레 핀 것은 벌써 한 달도 더 지난 이른 봄인데, 바로 앞 1단지 상가 건물 옆 길바닥 양지쪽에 여러 송이가 피었더라. 그것은 올해 제일 먼저 본 꽃이었다. 거기는 양지쪽이라 그렇게 일찍 피고, 여기는 응달, 아파트 건물에 가려 이렇게 늦게 핀 것이다. 부디 사람들에게 들키지 않고 씨까지 맺었으면 싶었다.

아파트를 나서서 역시 내가 늘 가는 길을 따라 뒷산 유원지 어귀로 가는데, 오늘은 날씨가 좋은 일요일이라 차도 사람도 너무나 많았다. 구세군 건물 앞을 지나, 고등학교 옆을 돌아오지 않고, 좀 더 멀리 돌아 정부 청사를 바라보며 돌아오는데, 보니까 전에 없던 큰 건물이 거의 다 지어져 간다. 과천 시청인가 보다. 벌써 나뭇가지마다 새잎이 돋아나 눈이 부시고, 참으로 아름다운 5월이 되었다.

1988년 5월 10일 화요일 맑음

오전에 일기 정리와 그 밖의 일을 하고 오후 시내로 나갔다. 먼저 롯데백화점에서 열리는 국제아동미술전을 보려고 갔더니 문이 닫혀 있었다. 오늘이 그 백화점 휴일이었다. 그리고 전시는 어제로 끝난 것을 광고지 붙은 것으로 알았다. 그래서 출판협회대한출판문화협회에 갔더니 류재수 씨가 있어, 작품《백두산 이야기》가 아주 명작이라고 말해 주었다. 류 선생은, 이걸 외국에도 좀 보여 줄까 싶어 힘들여 쓰고 그리고 돈 많이 들여 책을 만들었는데, 어제 일본 사람, 인도 사람한테 보였더니, 아직 이것으로서는 국제 수준에 못 미친다고 하더라 한다. 그래서 구체적으로 어떤 점을 지적하던가 물었더니 일본 사람이 너무 민족적이라고 하더라나. 그래서 내가 그따위 일본 사람들 말 듣지 마세요. 일본이나 미국 사람 같으면 초민족이고 국제적인 작품을 자랑할 만큼 그 나라가 외국을 지배하고 있는 상태지만 우린 지금 어디까지나 민족을 내세워야 합니다, 했다.

거기서 종로로 오면서, 교보문고에서 김남주 시집과 김지하 시집을 사서, 종각 옆 태을당 다방에서 미리 약속했던 어느 젊은이를 만났더니, 올림픽에 북한도 참여할 수 있도록 해 달라는 글을 노태우와 김일성 두 사람에게 보내는 문면을 만들어 서명을 해 달라고 했는데, 문익환 목사 외 몇 분의 이름이 적혀 있었다. 나는 대단히 좋은 일이라 하고 이름을 써 주었다. 그리고 한길사에 가서, 교육자 글 모음 책 교정지 보고 50쪽 정도 삭제할 것을 지적해 놓고(어제 김 사장이 삭제 요청해서) 그길로 김남주 시인 석방을 위한 문학의 밤에 참석하기 위해 여의도 백인회관에 갔다. 내가 가니 회장은 벌써 만원이었고, 김남주 시인에 관한 참으로 귀한 얘기 많이 들었다. 내가 느끼기로 김남주 시인은 온갖 고난을 당하면서도 결코 길들지 않는 야성을 가진 보기 드문 시인이다. 박석무, 고은 두 사람의 이야기는 김 시인의 참모습을 어느 정도 잘 전해 주었고, 유시춘 씨의 인권 탄압 실태 보고는 전두환 정권이 얼마나 악독한 살인·고문 정권이었는가를 몸서리쳐지게 생각하게 해 주었다.

1988년 5월 13일 금요일 맑음

아침에 정영자가 전화를 걸어 왔다. 1년 전에 서울서 안양으로 이사 와 있다고 한다. 벌써 아들이 대학을 나왔다고 하면서 다음 월요일쯤 군북 졸업생 몇이 자기 집에 모일 것 같다면서, 그때 웬만하면 놀러 와 달라고 했다.

오전에 〈새가정〉 원고 20여 매를 쓰고, 오후에 기독교방송에 가서 녹음을 하고, 새가정사에 들러서 원고를 주었다.

기독교방송에 갔더니 교권에 대해 어떻게 생각하는가, 하면서 묻기에 내가 대답했더니 그걸 녹음했다. 내가 교권에 대해 대답한 것은 이렇다.

"교권이란 교사의 교육하는 권리인데, 이 교권이 문제가 되는 것은 교권을 간섭하고 탄압하고 유린하는 일이 있기 때문이다. 누가 그렇게 하나? 교권에 영향을 주는 대상이 세 가지 있는데, 그 하나는 행정이고 관권이다. 교육자는 법을 지키고 법 안에서 아이들을 자유롭게 가르칠 권리가 있는데 행정은 이 권리를 무시하고 간섭한다. 온갖 공문과 지시로 올바른 교육을 못 하게 간섭을 하니 교권은 관권에 짓밟힌다. 다음은 학부모와의 관계인데, 교사들이 학부모들과 불미스런 금품 관계를 맺는 이상 교권은 학부모들에 의해 간섭받을 수밖에 없다. 아이들과의 관계는, 본래 교권이란 아이들이 인간스런 교육을 받을 수 있게 하는 데서 성립한다. 그런데 많은 교사들은 행정의 압력에 굴복하여 정치의 도구가 되고, 또 부모들과 불미의 금전 관계를 맺고 있어 아이를 사람 되게 가르칠 수 없다. 그러니 아이들이 교사를 존경하지 않는다. 아이들 앞에서도 교권이 서지 않고 있으니 이것이 오늘날 가장 큰 교사의 문제다."

이렇게 말했더니 참 좋은 얘기라 했다.

그리고 월요일 교육에 대한 공개 여름 방송 의견 발표가 있는데 그때 와서 얘기 좀 해 달라 해서 그러겠다고 했다.

1988년 5월 14일 토요일 흐렸다가 저녁에 비

오늘은 두 번이나 시내에 나갔다.

〈한겨레신문〉 특집 부분은 인쇄가 되어 나왔다고 해서, 거기 실린 내 글이 어떤 모양으로 나왔는가를 보고 다음 원고를 써야겠다 싶어 오전에 신문사에 갔던 것이다(두 번째 원고는 월요일에 갖다 주기로 했다). 신문을 얻어서 나오는데, 오늘 오후 3시에 신문 발기인들, 후원하는 분들 모여 창간호 축하를 하게 되는데 와 달라고 해서, 일단 과천 돌아갔다가 나오기로 했다. 그길로 종로서적에 가서 《삶·문학·교육》 열 권을 사서 과천 돌아와 점심 먹고 다시 차 타고 신문사에 갔더니 시간이 꼭 3시로, 많은 사람들이 와 있었다. 리영희, 백낙청, 계훈제, 변형윤, 이호재, 홍성우, 한승헌 들의 얼굴이 보이고, 조금 있으니 각 출판사 대표들도 왔다. 송건호 선생의 인사말 다음에 모두 앉아서 술을 마시면서 신문이 나오기를 기다리는데, 4시 반경에야 나왔다. 그런데 창간호가 36면인데, 특집이 9~36면으로, 이 신문을 오는 사람마다 나눠 주지도 않아, 나는 아는 사람한테 말해서 겨우 한 부를 맞추어 얻어 가지고 왔다. 모두 축하해 주러 신문사까지 와서 그렇게 오랫동안 기다렸는데, 신문도 나눠 줄 줄 모르다니, 너무 불친절하다는 생각이 들었다.

신문사에서 나오니 이슬비가 왔다.

집에 와서 신문을 보았다. 지금까지 나온 신문과는 아주 다르다. 한 가지씩 정한 주제를 가지고 제법 깊이 있게 다루고 있다. 그리고 지금까지 신문에 내지 못했던 농촌문제, 핵 문제, 광주 문제, 공해 문제 같은 것도 어느 정도 본질에 접근해서 얘기를 해 놓았다. 과거 중요한 사건에서 일반 신문이 내지 못했던 사진도 두 면에 걸쳐 내놓았다. 격려 광고도 재미있게 읽었다. 그런데 대기업들이 광고를 내놓았다. 얘기를 들으니 신문 창간 예정 4, 5일 전까지도 기업들이 광고를 안 내더니 갑자기 이렇게 신청이 들어왔다고 한다. 이쯤 되면 〈한겨레신문〉도 앞길이 너무 순탄해서 도리어 맥이 빠질 판 아닌가도 싶다.

지금 10시 50분. 전화가 와서 받으니 "제가 미승우 선생 아들인데요, 오늘 아버지가 운명했습니다" 한다. 놀라서, 왜 그랬어요, 하니 저도 몰라요, 아까 6시 반쯤 그래 됐어요, 했다. 참 사람이란 이렇게 알 수 없는 것이다. 왜 그분이 그리되었을까.

1988년 5월 19일 목요일 맑음

9시부터 서울고교 자리에서 고 조성만 군의 장례식이 있어서 갔더니 많은 사람들이 시청과 광화문 네거리에서 장례식장으로 가고 있는데, 장례 행렬이 신문로 길을 메웠고, 인도에 사람들이 모두 서서 보고, 육교에도 사람들이 꽉 올라가 있었다. 기(旗)가 얼마나 많은지 수백 개나 되었는데, 거기 가장 많은 글자가 "학살 원흉 처단", "양심수 석방하라", "미국놈 몰아내자", "올림픽 공동 개최" 등이었다. 식은 9시 반에 시작하였는데, 학생들 대표가 나가서 조사를 외치는 것이 다른 장례와 달랐다. 마지막에 성만 군의 어머니가 나가 목메어 외치는 것 들으니 눈물이 났다. 분향을 마치고 또 누가 열변을 토하는데, 아마 그것은 순서에도 없었던 것인 듯했지만 그 말이 너무 절절한 내용이었다. 그게 백기완 씨였을 것이란 생각이 들었다. 이 장례

식장에는 그 광장 뒤쪽이 많이 비어 있었는데, 날씨가 더워서 많은 사람들이 공원 둘레 나무 밑에서 있었기 때문이다. 마치고 시청 앞까지 행렬을 지어 가면서 노래를 부르고 구호를 외치고 했는데, 시청 앞에 갔더니 거기는 사람이 얼마나 많이 모였는지, 작년 이한열 군 장례식 때보다 더 많은 것 같았다. 시청 앞에서는 어느 시민이라 하여 아주머니 한 분이 올라가서 조사를 읽고는 장례 행렬 차들은 서울대학으로 가고, 남은 사람만으로 결의 대회를 했는데, 이 모임도 학생들이 주도해서 몇몇 학생들이 연설을 하고 구호를 외치고 노래를 부르고 결의문 낭독도 했던 것 같다. 오늘 구호는 반미, 올림픽 공동 개최, 광주학살 원흉 처단 등이 된 것이 지금까지의 다른 모임과 달랐다. 이제 학생운동이고 시민운동이고 이렇게 반미와 통일로 나가게 될 것이 확실하고, 이 흐름은 아무도 막지 못할 것 같다.

1시 반쯤 되어, 이제는 모임이 거의 다 마쳤겠다 싶어, 종로로 가서, 다시 마포로 갔다. 창비 계간 여름 호가 나온 것 같아 창비사에 갔더니 우송하려고 준비해서 모두 백 권씩 묶어 두었기에 찾지 못한다고 해서 책 구경만 하고 왔다.

조성만 군의 죽음은 지금 이 시대의 역사의 뜻을 온 국민에게 깨우쳐 주었고, 조 군의 죽음을 계기로 우리의 역사는 다시 한 단계 전진하게 될 것이라 생각된다. 참으로 위대한 혼을 가진 젊은이였던 것이다.

1988년 5월 20일 금요일 맑음

아침에 방송 원고 쓰고, 오전에 교단 일기 쓰고, 오후에 기독
교방송국에 가서 녹음을 했다.

방송국에서 나오다가 새가정사에 들러서 구독자 신청을 했
다. 화목 누님한테 책이 안 간 것은 1년이 지나서 책값이 다 되
었기 때문에 발송을 중지했던 모양이다. 다시 1년분 책값을 주
고, 화목동 누님한테도 1년분을 보내도록 책값을 주었다. 그리
고는 종로 4가 웅진출판사에 갔더니 아동문학 전집이 다 나왔
다면서 편집위원 기증본으로 한 질 주기에 그것을 들고 오느
라고 좀 고생했다. 모두 30권이 든 종이 상자를 한쪽 팔로 드
니 10미터 이상은 갈 수 없어 쉬고 쉬고 했다. 종로 4가 길가에
서 택시를 타려고 아무리 기다려도 안 되어 할 수 없이 5가 지
하철까지 들고 가서 동대문에서 바꿔 탄다고 또 한참 들고 가
고, 사당서도 한참 고생하고, 아파트 들어오는데도 힘이 들었
다. 오늘은 특히 더위가 심해서 아주 한여름 흡사해 사람들은
더위가 두 달도 더 빨리 왔다고 하는데, 짐을 들고 아파트까지
왔을 때는 온몸이 땀에 젖었다. 그래 곧 찬물로 몸을 씻었다.
찬물 목욕을 올해 처음 했다. 속옷도 빨았다.

웅진에서 얘기 들으니 이번 이 전집이 나온 것 보고 여기저기
서 항의하는 전화가 왔다고 한다. 편집장이 "아동문학인들이
너무 말썽이 많아요" 했다. 들으나 마나 뻔하다. 맨 마지막 권

(평론집)을 보니 이재철, 유경환, 이상현 등 이름이 나오고, 아주 보잘것없는 논문들이 수록되어 있었다. 어찌 그 평론뿐이겠는가. 이것이 분단된 나라에서 반쪽 문학도 안 된다. 해방 후 양심적인 문인들은 모두 좌익으로 몰려서 이곳에서 살 수 없게 되자 월북, 납북이 되고 겨우 이원수, 윤석중 두 사람이 남았는데, 여기에 반공 아동문학만이 판을 쳤으니 무슨 꼴이 되었겠는가? 편집장 말 들으니 지금도 이원수 선생을 공산주의 문학이라고 말하는 사람이 있다니, 가히 짐작할 만하다. 반공 동화나 쓰면서 사기꾼 노릇 하는 자들이 문단을 점거하고 있는 실태니!

1988년 5월 22일 일요일 비

온종일 쉬어 가면서 교단 일기를 옮겨 썼더니, 밤 9시 반이 되어 드디어 한 권 분량(약 1,300장)을 마쳤다.

이 일기를 옮겨 쓰면서 생각한 것이 몇 가지 있다.

첫째, 몇십 년 옛날에 써 둔 것을 읽으니, 잊어버리고 있었던 온갖 일들이 되살아난다. 참 이런 일도 그때 있었구나, 이건 이렇게 했던 게로구나, 하고 여러 가지를 깨닫고 알게 된다. 사람의 머리로 기억해 둔 것은 너무나 빈약하고, 모호하고, 잘못되어 있기도 하다. 일기를 적어 둔다는 것이 얼마나 소중한가를 새삼 알게 되었다.

둘째, 그 옛날의 삶을 기억만으로 회상할 때는 즐겁게 달콤하기도 한데, 일기를 읽어 보니 참으로 괴롭게 살았구나 싶다. 나는, 지금 내가 다시 젊어진다고 해도 내 지난날을 되풀이하고 싶지는 않다. 그만큼 내 과거의 교직 생활은 고뇌에 가득 차 있다.

셋째, 그러나 그 옛날의 일기를 하루하루 읽으면서 옮겨 쓰면서, 지금의 삶과도 비교해 보고, 마치 그때로 다시 돌아가 내가 살고 있는 듯한 심정도 들어, 그것이 그처럼 괴롭지만 그 괴로움을 단지 마음으로 되씹는다는 것이 어떤 즐거움이기도 하다고 느낀다. 말하자면 나는 일기를 읽으면서 과거와 현재의 두 시간을 한꺼번에 체험하면서 살고 있는 것이다. 이런 뜻에서도 일기는 소중하다는 생각이 든다. 앞으로는 일기를 옮겨 쓰는 것을 귀찮은 일거리로 생각하지 않고 즐거운 일로 여기면서 쓸 수 있을 것 같다. 그러니 이렇게 지금의 일기를 쓰는 것도 즐거움으로 여겨야겠다.

1988년 5월 23일 월요일 맑음

아침에 일어나 문득 바깥에 나가고 싶었다. 그래 가벼운 옷을 입고 나가니 하늘이 너무나 곱게 개었고, 뒷산 관악 봉우리의 바위며 새파란 나무들이 바로 손으로 만질 수 있듯이 사진보다 곱게 보였다. 뻐꾸기가 산에서 자꾸 울었다. 빈터에 심어 놓은 고춧잎들에 놓인 이슬인가 어제 온 빗물들인가 아침 햇빛에 반짝이고 있었다. 이곳 온 뒤로 아침에 산책을 한 것이 오늘 처음이다. 참으로 청명하고 아름다운 아침이다.

교단 일기 첫째 권 원고를 대강 다시 훑어보면서 중간 제목을 붙였다. 모두 12절로 나누었으니 중간 제목도 그렇게 붙여야 했다. 그런데 전체 책 제목은 잘 생각나지 않아 보류했다.

저녁때부터 고니시 겐지로의 《학급혁명》을 읽기 시작했다. 이것은 사계절 출판사에서 지금 번역을 준비하고 있는데, 내가 머리말인가 해설을 써 주기로 했던 것이다. 본래는 나한테 번역해 달라고 하는 것을, 바빠서 도저히 안 된다고 말했던 것이다. 그런데 읽어 보니 그 내용이 너무 좋다. 한 대문 한 대문 감탄하지 않고 읽을 수 없다. 교육이란 정말 이렇게 해야 하는 것이다. 내가 교사로 있을 때 이런 책을 읽었더라면 얼마나 좋았겠는가! 이 저자는 교육을 하는 데 책에서 본 것을 따라 실천한 것이 아니고, 학교에서 배운 것, 누가 가르쳐 준 것을 모방한 것도 아니다. 바로 아이들 속에서 아이들한테 배우면서 가르친 것이다. 이걸 시간이 있었더라면, 바로 내가 번역했더라면, 하는 생각이 든다. 지난번 사계절에서 잠깐 번역 원고를 봤더니 퍽 졸렬한 문장이었다. 틀리게 번역한 것도 많을 것 같다. 그래도 이런 책이 빨리 나와 많은 교사들에게 읽혀야 한다. 우리 나라에는 이런 실천에서 나온 기록이나 이론이 아직도 전혀 없으니 너무 한심스럽다.

1988년 5월 25일 수요일 맑음

아침에 한길사 김 사장이 전화를 걸어 와서, 그 일기는 어제 말한 대로 세 권을 내는데, 다른 책들하고 모두 같이 가을에 한꺼번에 내도록 준비해 달라고 한다. 나는 그러겠다고 하고, 그 일기가 상중하 세 권으로는 안 되고, 지금 조사해 보니 다섯 권은 될 것 같다고 했더니 그럼 그렇게 하자고 한다. 다섯 권이면 원고로 6천 장은 된다. 그걸 6, 7, 8 석 달 동안 쓰다니! 이거 큰 골탕 먹게 생겼다.

고니시 겐지로 《학급혁명》을 오늘 대강 훑어서 다 읽었다. 참 좋은 책이다. 이것을 사계절에서 번역해 낸다는데, 번역한 문장이 제대로 되었는지 걱정이다. 저녁에는 그 번역본을 위해 해설서(소개문)를 초안해 보았다.

밤 11시쯤 되어 문익환 목사님이 전화를 걸어 와서, 전태일 문학상을 제정했는데 심사위원이 되어 달라고 했다. 참 좋은 사업인데 제가 무슨 그런 일을 할 만한 사람이 됩니까, 했더니 "이 선생의 언어 감상 같은 것이 아주 필요한 것 같습니다"고 하셨다. 그래 보탬이 된다면 일을 하겠습니다고 하기는 했지만 웬지 많이 두려운 생각이 들었다.

또 조금 있으니 전화가 왔는데, 이번에는 "숙경입니다" 한다. "내일 저희들이 안양에 모이기로 했는데 여가가 있습니까?" 한다. 내일은 일이 있지만 다른 데 갈 일은 없기에 가겠다고 했다. 점심때, 정영자 아파트라나, 일고여덟 명이 모인다니 모두 얼마나 반갑겠나? 어떤 얼굴들일까?

오늘부터 이 일기장을 비우지 않고 꼭꼭 채우는 것을 그만두고, 꼭 쓸 것만 간략하게 쓰기로 했다.

1988년 5월 27일 금요일 흐린 뒤 개임

어제저녁에는 〈한겨레신문〉 연재물을 3회분 쓰고, 오늘 아침에는 방송 원고를 또 급히 썼다. 그래서 10시에 나갔다.

한겨레신문사에 가서 원고를 주니 지난번 2회분(5매×2) 고료를 5만 원 주었다. 나오다가 임재경 씨를 만나 논설위원실에서 잠시 얘기를 나누었다. 신문이 40만 부 넘게 나간다고 했다. 신문을 발간하자마자 이렇게 나가는 것은 세계 역사에도 일찍이 없는 일이라 했다. 광고가 좀 달리는 모양이었다.

다음은 안국동 사무실에 가서 격려 광고를 내려고 했는데, 마침 점심시간이라, 지식산업사로 가서 김 사장을 먼저 만나기로 했다. 그래 전철로 갔더니 김 사장은 오늘 원주에 가서 저녁에나 돌아오신다고 한다. 할 수 없이 걸어서 안국동 한겨레신문사 광고국에 가서 격려 광고를 부탁했다. 광고문은 다음과 같이 써 주었다.

우리 말
우리 혼
한겨레 만세!
이오덕

　돈을 10만 원 주고 나왔다. 고료 두 번 받은 것을 다 내주었다고 생각하니 좀 기분이 좋았다.

　기독교방송국에 가서 한 시간 반쯤 제과점과 다방에서 기다렸다가 방송실에 가서 녹음을 했다. 오늘이 13회째로 이제 끝났다. 이것도 기분이 좋았다. 이번 달 방송료 10만 원을 받았다.

　또 다음은 옛 정신여고 자리 건물에 웅진출판사 학습개발부를 찾아가 이숙인 씨를 만났더니, 〈어린이 나라〉 개정판을 만들려고 한다면서 자문을 구했다. 내가 의견을 낼 부분은 문장이다. 과제를 많이 안고 왔다. 6월 10일까지 해야 하는데, 이거 갈수록 태산이다. 부산의 이상석 선생도 그저께 책 발문 독촉 편지를 보내왔는데 아직 원고도 못 읽었으니!

1988년 5월 28일 토요일 맑음

　오후 1시에 반포성당에서 고 이종택 씨의 딸 결혼식이 있기에 찾아갔다. 가톨릭 성당에서 있는 결혼식을 오래전 대구에서 본 일이 있어, 별로 재미없다고 여겼는데, 오늘 보니 참 좋았다. 그런데 내가 알기로 이종택 씨와 그 부인은 순복음교회 신자다. 재작년인가 작년인가 이종택 씨가 여기 과천 10단지에서 살 때 그 아파트에 갔더니 순복음교회 얘기를 했고, 거기 나가는 독실한 신자였음을 알았다. 그런데 그 딸이 성당에서 결혼을 하다니, 딸만은 가톨릭인가 싶었다. 식 중에 신부가 주례 말을 할 때 들으니 신부는 몇 달 전에 영세를 받았다고 했다. 그럼 부모들과 같이 순복음에 나가다가 이번에 신랑을 따라 가톨릭 신자가 되었는가 싶었다.

식이 끝나고 나는 곧 되돌아왔다. 그리고 밤 11시 반까지 오늘은 이상석 선생의 교단 기록, 수상집 원고를 읽었다. 이걸 읽기 전에는 뭐 그때그때 써 놓은 수필 같은 것이겠지 했는데, 참으로 좋은 글이다. 단순히 글이 좋은 것이 아니라 이건 아주 귀중한 교육 실천 기록이다. 내가 그저께까지 고니시 겐지로의 《학급혁명》을 읽고 그토록 감탄하면서, 우리 나라에는 분단 43년을 보냈지만 아직 훌륭한 교육자를 못 가졌다고 한스럽게 생각했더니, 바로 이상석 선생의 교육 실천이야말로 우리 교육사에 자랑스럽게 기록할 만한 훌륭한 업적이겠다는 생각이 들었다. 분단 교육이 낳은 보기 드문 훌륭한 교육자를 나는 이제사 발견한 것이다. 그리고 내가 《학급혁명》을 읽었을 때 나 자신이 부끄러웠던 것 이상으로 이상석 선생의 글을 읽고 부끄러웠다. 그것은 학급 혁명을 이룬 일본의 사정보다 이상석 선생이 교육하는 이 땅의 사정이 비교도 안 될 만큼 어렵기 때문이다.

1988년 6월 4일 토요일 맑음

오늘은 오후에 두 군데 행사가 있어 가야 했다. 2시부터 넝마
공동체에서 행사가 있다고 윤승병 씨가 그저께 일부러 전화까
지 걸어서 가겠다고 했다. 그런데 3시부터 공해 문제를 걱정하
는 네 단체 연합 행사가 명동성당 교육관에서 있다. 내가 공해
반대시민운동협의회 이사가 되어 있기에 안 갈 수 없다. 생각
끝에 넝마공동체 쪽에는 전화를 걸어 못 간다고 해 두었다.

3시에 명동성당에 가니 성당 들어가는 길에 젊은이들이 몇
백 명 앉아서 구호막을 들고 구호를 외치고 있었다. 선전 종이
도 나눠 주고 있었다. 구호는 "광주 학살 원흉 처단하라!"는
것이었다. 교육관에 들어가니 노래를 부르고 있었고, 조금 있
다가 시작되었다. 맨 처음에 임명진 목사가 강연을 했는데, 핵
무기 얘기를 하는 것이 참으로 걱정이 되었다. 우리 나라가 핵
무기 실험장이나 저장고같이 느껴졌다. 미국인들이 우리를 개
미 죽이는 것과 다름없이 마구 죽일 수 있다는 생각이 들었다.
그다음은 공해를 직접 입고 고통받고 있는 두 사람의 증언 얘
기가 있었다. 그리고 나서 마당극과 풍물굿이 있을 차례인데,
김녹촌 씨를 6시에 종로에서 만나기로 해서 나왔다. 나올 때
보니 아까 성당 들어가는 곳에서 구호를 외치던 젊은이들이
그동안 시내에 나가 시위를 한 듯 소리를 지르면서 돌아오고
있었다. 길바닥에 놓여 있는 인쇄물을 주워 보니 '광주 학살

책임자 처벌을 위한 범국민 진상 조사 위원회 발족에 즈음하여'란 글이고, 위원들의 이름이 적혀 있었다.

종각에 가니 아직 6시가 안 되어 종로서적에 가서 《오월, 그날이 다시 오면》, 《5·18 광주 민중 항쟁 자료집》 등을 샀다. 앞의 책은 사진집인데 참으로 끔찍한 사진들이다. 나는 이런 사진이고 책이고 도무지 참고 읽을 수가 없다. 그래도 책만은 사 놓고 싶다. 이것을 외면하는 자는 우리 동족이 아니다. 마음이 풀어질 때 이 사진을 펴 보기로 하자.

6시가 되어 태을당에 가니 녹촌 씨가 기다리고 있었다. 조금 있으니 송현 씨도 왔다. 세 사람이 자리를 옮겨 어느 술집에 앉아서 9시가 지나도록 얘기했다. 이번에도 녹촌 씨가 말을 가장 많이 했다. 술도 거의 혼자 먹었다. 녹촌 씨는 10시 차표를 사 두었기에 9시 20분에 헤어졌다.

1988년 6월 5일 일요일 맑음

오늘은 종일 원고 모아 두었던 것을 정리했다. 이 원고는 대체로 작년과 올해 발표했던 원고의 복사본을 모아 두었던 것이다. 이것을 대강 몇 가지 갈래로 나누어 정리해서 책으로 될 만한 분량이 되면 내려고 하는 것이다. 다음 몇 가지로 나누어 보았더니 원고 분량이 이렇게 되었다.

아동문학 평론		700	4차
교육		1,200	1차 (1권)
글쓰기 지도	산문	150	2차 (1권)
	시	460	
아이들에게 주는 글		170	5차
수필		50	
기타(우리 말 관계)		300	3차 (원고 쓰기)

아동문학 평론 원고가 천 매쯤 되면 곧 책을 만들어 볼까 했더니 7백 매로서는 좀 더 기다려야 할 것 같다. 교육에 관한 원고는 이것저것 더 모으면 책 한 권은 충분히 될 것 같다. 우선 이것을 먼저 정리해서 묶어야 할 것 같다. 그리고 시 지도에 관한 글만으로 따로 한 권의 책을 만들고 싶었는데, 이것도 적어도 5백 장은 넘어야 할 것이니 약 백 장은 더 써야 되겠다. 그러니 이 두 권의 책을 먼저 내도록 하고, 다음에 우리 말에 관한 원고를 더 써서 책으로 내어야 되겠다고 생각한다. 아동문학 평론은 그다음에 할 일이다.

저녁에 전화국 앞에 가서 원고(발표한 책) 복사를 약 백 장을 했다. 그리고 밤 12시까지 정리하고 나니 허리가 아팠다.

1988년 6월 30일 목요일 맑음

오늘도 비는 안 왔다.

오전에 어젯밤에 쓰던 글을 겨우 썼다. 짧은 여덟 장짜리 글인데 왜 이렇게 힘이 드는지 모르겠다.

오후 종로 2가 까치다방에서 평민당보 편집국장 김삼웅 씨를 만나 '살인 교육의 책임을 묻는다' 원고를 주고 읽어 보라고 했더니 참 좋은 글이라 해서 마음이 놓였다. 고료를 주는 것을 사양하다가 받았다.

다음은 종로서적에 가서 이현주 씨 동시 다섯 편을 주고 왔다.

아파트에 돌아와서, 사 가지고 온 〈평화신문〉을 보니 릴리 대사와 리영희 씨의 논쟁이 실려 있는데, 리영희 씨가 글을 어찌나 시원하게 잘 썼는지 속이 후련한 느낌이다. 이만한 글을 쓸 사람이 또 없겠다는 생각이 들었다. 내가 쓴 글은 참 아무것도 아니란 생각이 들어 부끄럽다.

저녁에 〈수레바퀴〉 글을 쓰려고 생각했는데, 고단해서 일찍 자기로 했다. 내일 아침 일찍 써야지.

1988년 7월 30일 토요일 맑음

아침에 한길사 김 사장이 전화를 걸어 와 '교육과 출판' 무크지나 정기간행물 발간의 뜻을 말하면서 협조해 달라고 했다. 그래서 나는 열화당 이 사장에게 전화를 걸어 어제 좋은 얘기를 들었다고 인사를 했더니 자기 출판사는 아이들 읽는 책을 내는 곳이 아니지만 참고서나 아이들 읽는 책이 잘 만들어져야 그 아이들이 자라나 어른이 되어도 좋은 책을 읽을 것이라 생각한다면서 어제 제기한 문제를 계속 해결하기 위해 힘쓸 것이라 해서 참 고마웠다. 그리고 어제 자료로 받은 그 필독 도서를 낸 단체 가운데 등록이 된 두 곳도 김종상 씨 말 들으니 유령 단체라 하더라는 것이다. 이원수 선생 이름은 도용한 것이 확실하다고 말해 주었다(아침에 이영옥 씨에게 연락했더니 미국에 가고 8월 하순에야 돌아온다고 했다). 열화당 이 사장은 정말 훌륭한 분이란 생각이 들었다.

오후 1시에 공해반대시민운동협의회 사무실에 갔다. 오늘이 총회가 있는 날인데 이사는 나 하나밖에 안 나왔다. 여자들 30명쯤 왔고, 최열 씨가 있었다. 그리고 나중에 또 준회원이라는 남자분이 한 사람 왔다. 그분은 학교에 근무하는 듯, 공해 교육을 교과로 설정해서 해야 한다고 말했다. 사람은 많지 못했지만, 사업 보고, 활동 경과 얘기, 회원의 활동 체험담 등 매우 충실한 내용으로 진행되었다. 거의 끝나 갈 무렵 어떤 중년 신사가 갑자기 나와 "저는 이 앞길을 지나다가 이런 간판과 광고를 보고 들어온 사람인데, 제가 꼭 할 얘기가 있습니다" 하면서 원자력발전소 관계 얘기를 했다. 그리고 그런 시설을 하면서 안전 대책은 하지 않으니 참으로 걱정이라면서 국민들이 이런 사실을 좀 깨닫도록 해야 한다고 말했다. 그 사람이 나중에 명함을 주는데 보니 대한통운 이사였다. 나는 오늘 모임에서 한 주부가 '우리가 먹는 음식은 안전한가' 하는 제목의 광고를 보고 이 모임에 참석하기 시작해서, 지금은 자기의 삶을 이 공해

추방 운동에 바치기로 했다는 운동 참여담을 듣고 가장 효과적인 민주 운동은 바로 공해 추방 운동이구나 싶었다. 그리고 연탄 가루 때문에 진폐증인가 하는 불치의 병에 걸린 박길래 씨의 얘기를 또 듣고 충북 제원군 백운면 골짜기 그 농사군 얘기를 해 주어서 숯가루 치료를 한번 해 보기를 권했다. 내 얘기를 듣고 꼭 좀 거기 갈 수 있는 길을 안내해 달라고 해서, 전화로 알아서 연락해 주겠다고 했다.

다 마치고 나서 떡과 차를 먹고 나왔다. 공해반대시민운동협의회는 오늘로서 해산이 된다. 여러 공해 운동 단체가 하나로 통합이 되는 것이다. 회장 서진옥 씨는 참 훌륭한 일을 했다. 앞으로도 통합된 단체에서 더 큰 힘을 보여 주겠지.

1988년 8월 24일 수요일 맑음

아침에 우체국에 갔다 와서는 종일 교단 일기(2권째)를 쓰다가 책을 읽다가 했다.

저녁에 잠깐 앞에 나가 신문을 사서 오다가 길가에 있는 걸상에 앉아 읽었다.

〈창작과비평〉 가을 호에 고은 씨가 '민족 민주 열사 시편'을 썼는데, 모두 42분으로 42편이다. 다른 어떤 글보다도 이 시들을 읽어야 한다고 생각했다. 그리고 일전에 '민주 해방 열사고 박래전 기념사업회 준비위원회'에서 시집과 〈동트는 그날까지〉란 책자를 보내왔는데, 그 책자에 '추모 사업회 준비를 위한 제언'이 있어, 보니 추모 사업회만 해도 다섯 곳이나 되어 있다. 나는 지난번 단재상 상금 2백만 원을 아직 그대로 두고 있는데, 그걸 그대로 둘 것 아니고 이 여러 추모 사업회에라도 나누어 주어야겠다는 생각이 들었다. 잘 생각해서 이 일을 빨리 처리해야 한다.

1988년 8월 27일 토요일 비

오후 3시에 서울글쓰기회 모임이 있는 아람유치원에 갔다. 모인 사람이 모두 12명쯤. 7시경까지 주로 아이들의 글을 두고 얘기했는데, 여러 가지 교육 문제가 나와 좋은 협의와 토론이 되었다.

마지막에 교육개발원에서 온 윤점룡 선생이 중국 북경에 갔다 온 얘기를 해서 재미있게 들었다.

유치원의 박문희 선생이 무슨 얘기를 하다가 "이 교장 선생은 글을 써 놓은 것은 아주 좋은데 말을 잘 못하셔요" 했다. 그 말이 맞다. 나는 오면서 내가 왜 말을 못하는 사람이 되었는가 생각해 보았다. 여러 가지가 생각났다.

1. 농촌에서 자라나고, 학교 공부도 못해 스스로 자기를 부끄러워하고 열등감을 가지고 자라난 것.

2. 교회에서 배운 성경의 말이나 설교 말이 내 말이 될 수 없

었다.

3. 일본 말이 내 말이 될 수 없었다.

4. 독서로 얻은 생각과 말이 내 것으로 될 수 없었다. 그것은 서울 중심의 말, 표준말이었고, 내 열등감을 더욱 심화시켜 주는 말이었다.

5. 내가 쓰는 글이 내 말이 되지 못했다. 지금까지 내가 쓴 글은 책에서 읽은 글이었다. 한자 말과 일본 말투가 잡탕으로 섞인 말의 체계였다.

6. 내가 새로 깨달은 우리 말은 지금부터 배우는 판이다.

7. 결론—나는 모국어의 미아(迷兒)로 살아온 사람이었다!

1988년 9월 1일 목요일 맑음

그저께 신문에는 김동리란 사람이 펜대회에서 옥중 문인과 그를 석방하도록 요구하는 문인들을 두고 도저히 용서할 수 없는 망언을 했다는 기사가 나오더니, 어제 오늘 신문에는 펜대회에서 문인들의 석방을 요구하자는 미국 대표 제안을 23대 22로 부결하자 한국의 문인들이 환호성을 올렸다는 기사가 났다. 참으로 추악한 인간들이다. 그것들은 도저히 내 종족이라 볼 수 없는 것들이다.

오늘 저녁 6시부터 여의도 백인회관에서 있는 민족문학제에 갔더니 약 3백 석밖에 안 되는 강당에 사람이 너무 와서 설 자리가 없어 계단과 현관까지 꽉 찼다. 왜 이런 데서 하나. 차라리 아주 바깥에서 할 일이지. 그런데 알고 보니 이것도 평화 구역이라고 밖에서는 집회를 못 하게 되어 있는 모양이다. 펜대회에 참가했던 여러 외국인들도 10여 명이 오고 김지하 씨도 해남에서 오고, 문동환 선생도 왔다. 그래 시작은 고은 씨의 고함 소리 개회사부터 뜨거운 기운으로 찼다. 내가 나눠 받은 인쇄물에는 김남주를 비롯한 여러 옥중 문인들의 시, 편지들이 실려 있고, 따로 인쇄물에는 '김동리 씨의 망언을 규탄한다'는 성명서가 두 가지나 있고, '옥중 작자를 위한 항의 결의문 채택 부결에 대한 우리의 견해'란 성명서도 작가회의 이름으로 나왔다. 인사말, 성명서, 보고서 등 차례를 마치고는 김남주의 시 낭송을 성내운 선생이 하는데, 성 선생의 낭송은 언제 들어도 감동적이었다. 그다음에는 젊은이들이 노래를 부르는데 너무 좋았다. 노래 사이에 시 낭독을 섞어서 하다가 1부를 마치고, 2부에는 아주 밖에 나가 강변 부지에 진출해서 거기서 농악 놀이, 춤 놀이를 하였는데, 밖에 나온 사람들을 보니 천 명은 될 것 같았다. 춤을 추는데 보니 김춘복 선생이 아주 잘 추어서 놀랐다.

다 마치는 것은 못 보고, 10시가 더 지나서 먼저 와 버렸다. 문인들 행사로서 이렇게 열기에 차고 흥겹고 감동적인 행사는 지금까지 별로 보지 못했다. 이 거대한 물결을 누가 막으랴 싶었다.

1988년 9월 8일 목요일 맑음

　오후 신동아에 가서 '생명 해방의 표현 교육' 원고를 주고, 종각 태을당에서 선경의 박동규 씨를 만나 작품 심사한 것을 주었다. 그리고 곧 신촌에 가서 강화 가는 버스 정류소를 찾아 시간을 알아 두고, 다방에서 좀 쉬었다가 버스를 탔더니 한 시간 20분 만에 강화에 도착했다.

　강운구 선생의 안내를 받아 강화성당 신부님을 만나니 그곳 경찰서장과 군수며 교육장들이 내가 학교에서 쫓겨난 사람이라면서 아주 경계하더라면서, 교사들에게 어떤 얘기를 하시렵니까, 했다. 그렇잖아도 여기 들어오면서 교육청 장학사들과 교장들이 여남은 사람 밖에 서 있는 걸 보고 참 마음 아프게 여겼다면서, 내가 선생들에게 강조하고 싶은 것은 교육 운동이 정치 운동같이 되어서도 안 되고, 교육 운동이 노동운동과도 다르다는 것, 교육 운동은 어디까지나 아이들 바르게 기르기 위한 운동이 되어야 한다는 것이라고 말하니, 그런 얘기라면 그 사람들도 같이 들었으면 좋겠고 저도 듣고 싶습니다고 했다. 강화는 너무 폐쇄적인 곳이라 오늘 몇 사람 안 모일 것이라더니 아주 많이, 백 명 가까이 모였던 것 같다. 내가 한 얘기도 잘되었고 모두 경청하는 듯했다.

　마치고 토론하는 것 듣다가 나와 버스를 타고 오는데, 같이 탄 강화중학 선생 두 분이 있어 또 교육 얘기를 하면서 왔다.

오늘 아침에 우유를 안 먹고 버리려다가 먹었더니 또 속이 좋지 않았다. 점심때 앞에서 비빔밥을 먹고, 오후에는 올 때까지 이곳저곳에서 여러 가지 음료수를 일곱 잔(통)이나 먹어서 그런지, 올 때 또 속이 좋지 않고 약간 멀미가 나고 구역질도 났지만 와서 토하지도 않고 그대로 넘겼다. 속이 좋지 않은 것이 좀 걱정이다. 내일부터 우유를 안 먹어야겠다.

1988년 9월 17일 토요일 맑음

오후 1시에 김화곤 씨가 히라야마 선생 일행을 점심 대접한다고 해서 압구정역 근처에 있는 관세청 옆 청자식당에 갔더니 최영기 형 부인과 친구까지 와서 모두 열 명도 넘었다. 거기서 3시까지 술과 밥으로 얘기하다가 모두 작별하고, 4시부터 있는 작가회의 창립 1주년 기념 모임에 갔더니, 음식을 푸짐하게 차려 놓고 의식을 먼저 마친 다음 얘기를 나누면서 놀았다. 그 모임을 위해 박태순 씨가 돈 50만 원을 냈다 해서 고마웠다. 황석영, 민영, 이호철 등 여러 사람에게 작가회의 운영에 대한 의견을 말해 주었다. 각 분과별로 조직을 해서, 이제는 작가회의 살림을 좀 벌일 필요가 있고, 그래야 실제적인 문학 활동도 된다고 했더니 모두 수긍했다. 박석무 국회의원이, 앞으로 곧 대구·경북 지방에 교육위원회 업무 감사를 하러 나가는데 비리 사건이 있으면 구체적으로 알려 달라면서, 아무리 비리가 많더라도 뚜렷한 증거가 없으면 문제 삼지 못한다고 말했다. 그러면서 나를 평민당에서 운영하고 있는 교육문제연구소의 자문위원으로 모시고 싶다고도 말했다.

다 마치기 전에 나와서 아파트에 오니, 정우 차로 금왕 가시기로 한 누님이 아직 안 가고 계셨다. 정우가 아직 안 온 것이다.

9시가 다 되어 정우가 와서 누님은 떠나셨다.

오늘 히라야마 선생 일행과 화곤 씨 부처와 점심을 먹을 때도 올림픽 얘기는 한마디도 하는 사람이 없었다. 어제저녁에도 그랬다. 오늘이 올림픽 개막식 날이다. 신문은 온통 야단법석인데 그렇다. 신문이 민심과 이렇게 딴 세계에서 논다. 입장권 한 장이 3백만 원인가 한다니 이건 부자들만 즐기는 올림픽 아니고 무엇인가?

1988년 9월 19일 월요일 맑은 뒤 흐림

하루 종일, 밤까지 '우리 말을 살리자'의 한자 말 관계 자료를 정리했다. 이것은 내일 강의 준비도 겸한 것이다.

창비에서 일본의 어느 출판사가 우리 나라의 동화를 번역 출판하겠다면서, 그 작품들에 대한 해설을 나한테 부탁해 왔다고 한다. 작품은 대부분 창비에서 낸 책의 것이라고 며칠 안으로 창비에 가서 자세한 얘기를 이시영 씨한테 들어야겠다.

우종심 선생은 이천·여주 지역의 강연회를 28일로 결정했다고 알려 왔다.

서울YMCA에서 사람을 보내와서 원고 열 장짜리를 가져갔다.

1988년 10월 6일 목요일 맑음

오후 지식산업사에 갔더니 《어린이는 모두 시인이다》가 나왔다고 하면서 책을 두 권 주었다. 책이 괜찮게 되었는데, 그래도 마지막에 교정을 안 본 뒤표지의 글자가 하나 틀려 있었다. 무엇이든지 안 보면 이렇게 된다. 삽화도 하나 줄이라고 한 것이 그대로 나온 것이 있었다. 책 두 권만 받고, 나머지는 내일 인지 찍어 와서(20권을 준다니까) 받기로 했다. 또 내일 낮에는 직원들 모두 점심 대접을 하겠다고 말해 두었다.

그길로 〈새소년〉에 가서 고료를 받고, 윤중호 씨와 한참 아이들 작품 얘기를 했다. 여기저기 백일장 당선 작품을 보내오는 모양인데, 그 당선작이란 것이 아주 형편없고, 장원이 차하보다 못하기 예사란 말을 했다.

5시부터 예음홀에서 김순남, 이건우 가곡 연주회가 있어(바로 〈새소년〉 있는 그 건물이었다) 가 보았더니 두 사람이 김순남, 이건우의 가곡에 대한 연구 발표를 하고, 곧 연주가 있었는데, 너무도 감동적인 시간을 보냈다. 40년 동안 부르지 못하고 듣지 못한 우리 겨레의 자랑인 가곡을, 아니 나로서는 생전 처음 듣게 된 것이다. 특히 이건우의 여러 곡들을 내가 악보를 보고 대강 알고 있는 터라 더욱 감동이 컸다. 마지막에 토의 시간이 있었는데 원당으로 가야 할 일이 있어 참석 못 한 것이 섭섭했다.

오늘 저녁 고양·파주 지역 교협 결성을 하는데 와서 강연을 해 달라는 부탁을 받은 것이다. 급히 갔더니 아직 결성 모임이 끝나지 않았다. 9시가 가까이 되어서 일단 그 결성 모임을 끝내고 내 얘기를 하게 되어 있어서, 때도 늦고 모두 피로한 듯해서 잠시 인사만 하고 말까 하다가 약 30분쯤 준비해 갔던 얘기를 대강 했다. 내 얘기 끝나고 인천교대 학생이 한 사람 나가서 그 교대에서 학생들이 농성 투쟁하고 있는 사정과 상황을 얘기했고, 그 학생들 위해 모금 상자를 돌렸다.

아파트에 오니 11시가 지났다.

1988년 10월 13일 목요일 맑음

10시 20분 여수행 통일호를 탔다. 6시간 반 동안, 차에 앉아 맑은 가을 하늘만 바라봐도 싫증이 안 날 만치 날씨가 좋고 바깥 풍경이 너무나 고왔지만, 시간이 아까워 가방에 넣어 두었던 〈새소년〉의 아이들 작품 평을 썼다. 그리고 좀 고단해서 자기도 했다.

오후 5시 가까이 되어서 여수에 닿았다. 여수에는 처음 가 본다. 여수 가까이 가니 바다가 보이고, 기찻길과 나란히 아주 넓은 고속도로가 뚫려 있어, 여수도 다 버린 도시가 되었구나 싶었다. 내려서 나중에 들으니 이 도시도 인구가 20만이나 되어 집과 인구가 밀집해서 방 얻기가 힘들다 했다. 부근에 여수 공단이 들어서서 그리된 모양이다.

여수YMCA에 가니 선생님들이 그 넓은 강당에 꽉 들어앉아 있었다. 선생들의 얼굴을 살피니 40대 중견 교사들도 많아서, 역시 이 지역은 모든 교사들이 이렇게 참여하고 있구나 싶었다. 6시부터 7시까지 여수·여천 지역 초등교사협의회 결성 대회를 하고, 7시부터 한 시간 반 동안 내가 얘기를 했다. 모두 조용히 귀를 기울여 들었다. 나도 생각을 어느 정도 충분히 얘기했다. 마치고 어느 음식점에 가서 저녁을 먹으면서 또 두어 시간 얘기를 했고, 다시 어느 호텔에 가서도 한 시간쯤 얘기를 했다. 맨 뒤에는 여수 지역에서 아동문학을 한다는 사람들이 네 사람 또 찾아와 12시 반까지 얘기를 했다.

그래서 너무 피곤해서 목욕도 안 하고 잤다.

1988년 10월 28일 금요일 맑음

오늘은 충남 청양에서 그곳의 교사협의회 결성 모임에 강연을 해 달라고 하는 요청이 있어 가게 되었다. 9시가 좀 지나 시내에 나가서 새소년사 윤중호 씨를 만나 11월 호 잡지를 받아 곧 용산 버스 정류소에 갔더니, 시간이 좀 이르기에 다방에서 좀 쉬었다가 점심을 먹고 버스를 탔다. 이경하란 선생이 알려 준 대로 예산행 버스를 타고 일단 예산에 가서, 청양행 버스로 바꿔 탔다. 청양이 아주 산골이라 해서 그런 줄 알았더니 산골이 아니라 넓은 야지(野地)의 도시였다. 알아보니 청양읍은 그런데, 읍을 제외한 다른 곳은 모두 산악 지대라고 했다.

6시 30분부터 시작한다고 했는데, 잉꼬예식장에 갔더니 늦게 오는 사람도 있고 해서 7시경에 시작했다. 그런데 여기서는 학부모들의 좌석이 반이나 특별히 마련되어 있고, 많은 사람들이 참석해서 참 잘되었구나 싶었다. 〈청양 교육 소식〉에 실린 선생들의 글도 참 좋았다. 노래, 사물놀이 다음에 결성 대회가 시작되었는데, 축사, 격려사가 있어 또 시간이 늦어져 7시 반경에야 내가 나갈 수 있었다. 그래 내 강연 다음에 결성 대회의 차례가 있기에, 얘기를 짧게 해야 하는데, 광고물에는 강연 주제가 '아동교육의 길, 한국 교육 문제, 글짓기 지도 방법 등'이라 해 놓아서 참 난감했다. 결국 서둘러 대강대강 넘어가도 사회자가 쪽지를 써서 막차 시간이 다 돼 간다고 주의를 줘서 9시가 되어 겨우 마치고 내려왔다.

멀리서 최교진, 황금성 두 분이 와 주어서 고마웠다.

다 마치고 술과 떡들을 권하면서 한참 얘기를 나눈 다음 여관에 와서도 1시 가까이 얘기를 나누었다. 이번에 가장 감명이 깊었던 것은 이곳 교사협의회는 이경하 씨 등 국교 교사들이 앞장서서 모든 일을 맡아 해 왔는데, 중·고등 교사들이(본래 교육 운동에 관심이 없는 게 아니라 깊었는데도) 참여하지 않아 걱정이 되었다고 한다. 그래 이번 결성 모임에는 뜻밖에 중등 쪽에도 많이 와서, 그만 거의 모든 임원을 중등 쪽이 맡아 일하도록, 사회하는 국민학교 교사들이 그렇게 해 주었다 한다. 참 훌륭한 분들이란 생각이 들었다. 여관에서 이경하 씨와 최효영 씨 두 분의 애기를 들어도 너무 훌륭한 선생들이라 생각되었다. 최효영 씨는 알고 보니 몇 해 전 그 지방 어느 분교장에 근무하면서 편지를 보내온 분이어서 더욱 반가웠다.

오늘 그 결성 대회에 교육청의 장학사, 학무과장 들도 여럿이 와서 들었다고 한다. 내가 좀 더 애기를 잘하지 못한 것이 미안한 생각이 들었다. 어느 한 선생의 애기를 들으니, 이 교사회의 결성 준비 모임에 나갔다고 "○ 선생은 수업을 얼마나 잘하나 보자"면서 교장이 책걸상을 교실에 갖다 놓고 수업을 보고, 어느 날은 수업도 못 하도록 몇 시간이나 불러다 애기를 하도록 했다니, 참 기가 막힌다. 교사회 추진하는 쪽에서는 교육장을 찾아가 교사회 결성 취지를 전하고 방해하지 못하도록 했다고 한다. 그래서 과장, 장학사가 결성 대회에 사찰하러 나온 모양이었다.

1988년 11월 2일 수요일 맑음

간밤에 자꾸 바깥에서(계단 어디서겠지) 병아리 우는 소리 같은 것이 쉴 새 없이(잠시 그쳤다가 또 나고 또 그쳤다가 나고 해서) 들려와서 몹시 신경이 자극되고 했는데, 방에 들어가 잘 때는 별로 안 들렸다. 그 가냘픈 소리가 몇 겹 문을 뚫고 들어오지는 못했던 모양이다. 그런데 새벽에 일어나니 또 들려왔다.

밥을 얹어 놓고 바깥에 나갔다. 어디서 들려오는지, 어느 방에서 병아리를 기르려고 하는지, 기르면 따뜻하게 해 줘서 울리지 말아야지, 좀 소리를 질러 주려고 나갔는데, 소리를 따라가니 아래쪽 1층 현관에서 나는데, 거기 1층 아주머니가 서 있다가 이런 말을 한다. "할아버지, 여기 무슨 소리가 자꾸 나서 잠을 못 잤어요." 1층 지하실 들머리 계단에 무슨 상자가 있어, 옳지 여기 병아리를 넣어 뒀구나 싶어 뚜껑을 열어 보니 아무 것도 없다. 아주머니가 "그 속이 아니라 바깥 저기래요" 해서 상자 뒤를 보니 조그만 고양이 새끼 한 마리가 구석을 파고들어 가려 한다. 아하! 고양이였구나! 누가 고양이를 여기다 두었을까? 가엾은 놈. 이 차가운 콘크리트 바닥에서 밤새도록 아무것도 안 먹고 울었구나! 어느 층 사람이 이랬을까? 가만 있자, 누가 기르려고 갖다 놓은 게 아니고 밖에서 들어왔는지 모른다. 누가 버린 것이 여기 들어왔는지 모른다. 아마 그럴 것이다. 손바닥으로 잡으니 따뜻하다. 이걸 어쩌나. 누가 키우면 좋겠는데, "할아버지 키우시죠" 아주머니가 말한다. 그러나 아파트에서 어떻게 키울 수 있는가? 이걸 어쩌지? 고양이가 내 손에 들어오더니 따뜻한지 울음을 그쳤다. 아파트에서는 못 키운다고 하니 아주머니가 저쪽에서 청소하는 사람을 부른다. "아저씨!" 청소부가 왔다. "아저씨, 이 고양이 가져가 기르세요." 아주머니가 말했다. "그 고양이가 도둑고양이인지 집고양이인지, 도둑고양이면 못 길러요" 한다. 내가 "도둑고양이가 어디 있어요. 사람들이 쫓아내서 그렇지. 이봐요, 내 손에 안겨 이렇게 있지. 이걸 아파트에서는 못 길러요. 집이 아파트 아니면 가져가시지요." 그제사 청소부가 고양이를 안고 저쪽으로 갔다. 보내 놓고 생각하니, 뭘 좀 먹여서 보낼 걸 잘못했구나 싶었다.

방에 돌아와서도 고양이 생각이 사라지지 않았다. 아래층 아주머니는 고양이를 보고도 무서웠는지 싫었는지 가까이 가지도 않고 오랫동안 서 있었다. 청소부는 도둑고양이 얘기를 했다. 지금은 30대, 40대가 된 사람들도 이렇게 짐승이고 자연을 모른다. 사람까지 모두 상태가 변해 버린 것이다.

오후에 지식산업사에 가서 권정생 선생 작품 복사해서 창비사에 갖다 주고, 개마서원에 가서 회보 2백 부 가져왔다. 아파트에 오니 미국에서 조종천이란 사람이 편지를 보냈는데, 큰 개가 고양이 새끼를 올려놓고 제 새끼 바라보듯 돌아보고 있는 사진엽서가 들어 있다. 그 고양이는 개 등에서 아주 재롱을 피우고 있다. 오늘은 고양이 새끼만 보게 되었다.

개보다 못한 인간들 아니고 무엇인가.

1988년 11월 5일 토요일 맑음

　오늘은 상주서 강연을 하게 되어 있는데, 시간을 확실히 모르
고 갔더니 너무 일찍이 닿아서 버스 정류장 옆 식당에서 점심
을 먹고 둥지다방에서 두 시간도 더 기다려야 되었다. 장소는
서문동 천주교회였는데, 안내를 받아 그곳에 갔더니 사람들이
별로 많지 못했다. 60명쯤 됐을까? 그것도 도중에 자꾸 빠져
나가고 나중에는 40명쯤 남았다. 내 얘기 마치고 토론회 때는
30명 정도밖에 안 되었다. 이렇게 큰 시·군(교원 수가 2천 명
가깝다는데)에서 교사협의회 결성에 대한 관심을 모으려고 계
획한 모임에 이 정도밖에 사람이 안 모였으니 좀 뜻밖이다. 모
인 사람들도 모두 "상주는 침체되었다"고 걱정했다. 나는 토론
할 때도 오랫동안 앉아 있었는데, 모두 말을 잘 안 했다. 내가
나온 뒤 자체 반성회를 가졌다고 했다. 나는 서문교회 유강하
신부님의 저녁 대접을 너무 지나치게 받고 여관으로 갔다.

　오전에 상주 가기 전에, 시간이 있어 박성학 교육장에게 전화
를 걸었더니 교육청에 부디 와 달라고 했다. 그래 갔더니 교사
협의회 만든 젊은이들을 좋지 않게 말했다. 나는 "이제 민주교
육 하겠다는 선생들 못 막는다. 좀 잘못하는 것 있으면 잘하도
록 말해 주는 것이 현명하다"고 해 주었다. 그러니까 "나도 그
선생들 하는 것 못 하게는 안 한다" 했다. 가만히 들어 보니 교
사협의회에 참여하는 사람들 좀 탄압도 하는 모양이다.

한 시간 얘기하는 동안 교육장실에 찾아오는 사람이 거의 없었다. "요새 교육장 노릇 편하네. 팔자 좋구나" 했더니 "요즘은 전과 아주 다르다"고 했다. 따지고 보면 이런 사람들도 민주 교사들 덕을 보는 셈이라 생각되었다(상주 와서 들으니 이 박 교육장이 아주 행정 권력 앞잡이 노릇을 충실히 했다고 한다).

1988년 11월 6일 일요일 맑음

아침에 일어나 어제 일을 대강 정리해서 기록해 두고, 고속버스 정류장으로 나갔더니 곧 뒤이어 김동성(사벌고) 선생이 전송하러 와 주었다. 나는 김 선생한테, 상주는 다른 곳과는 달리 이 지방 출신의 교육계 선배들이 꽉 자리 잡아서 특유의 가부장적 분위기와 전통을 이어 온 곳이고, 영주나 그 밖의 다른 곳과는 달리 재단이나 경영자의 부정 비리 같은 것도 교사들이 일어나 싸워야 할 만큼 있는 곳이 여기니, 교협 교사들이 할 일도 아이들 사람답게 키우는 일을 위한 운동을 해 나가야 할 것이라고 말했더니, 그도 그렇게 생각한다고 했다. 그러고 보니 어제 내가 한 얘기는 좀 빗나간 것이 많았다. 참 부끄러웠다. 이제부터는 어디든지 가면 그곳 사정을 잘 알아보고 그 지역에 맞는 얘기를 해야 되겠다는 생각이 들었다.

30년 전에 내가 약 10년 동안 살던 땅에 참으로 오랜만에 왔는데, 그때 알았던 사람은 어제 강연장에서 만난 이경호 선생

뿐이었다. 강연장 뒤쪽에 나이 많은 사람이 두엇 앉아 있어, 웬 사람인가, 어느 학교 교장인가 했더니, 그 사람이 바로 이경호 씨였던 모양이다. 얘기 마치고 내려오니 누가 내 손목을 잡고 "오랜만이네" 해서 그 얼굴과 목소리에 곧 알게 되었다. 이 사람은 옛날 교원노조한국교원노조연합회 때 활동한 것 때문에 교직에서 쫓겨났다. 그러다가 얼마 전 복직했던 것이다. 지금 상주 동부 교감으로 있다고 한다. 교원노조 하던 사람이 이제 교사협의회 만든다고 하니 반갑겠지.

8시 반 고속으로 오니 12시에 서울에 닿았다.

1988년 11월 11일 금요일 맑음

이현주 선생이 전화를 걸었기에 10시에 YMCA에서 만나 금왕에 옮겨 가 있는 근황 얘기를 들었다. 10시 반부터 하게 되어 있는 동화 연구 모임에는 11시가 지나서야 세 사람이 왔다. 그래도 한 시간쯤 얘기를 나누고 나도 한참 얘기했다. 오늘은 어느 분이 가져온 류주현 씨의 작품과 내가 가져갔던 이태준 씨의 동화로 얘기를 했는데, 류주현 씨의 작품이 참 좋았다.

오후에는 〈새소년〉에 가서 아이들 글과 선평 원고를 주고, 인간사에 가서 회보를 백 부 가지고 나와서는, 저녁 6시부터 종로성당서 있는 전태일문학상 시상식에 참석했다. 이 식은 전태일 유고집 출판기념회와 겸했는데, 사람들이 많이 모여 강당에 꽉 찼다.

이 모임에서 고은 씨의 강연이 좋았고, 이소선 여사의 말이 너무 훌륭했다.

"노동자들이 인간답게 살기 위해 싸우자고 하는 것은 잘못이다. 우리가 인간답지 못하게 살았는가. 짐승보다 못하게 살아온 것은 전두환 그놈들이다. 전두환이와 전두환이를 떠받들고 노동자들의 피를 빨아 온 것들이다. 전두환이를 구속하자고 하는데, 구속만 해가 되는가. 죽여도 갈가리 찢어 죽여야 한다. 우리 노동자들이 얼마나 많이 죽었는가. 죽어 가고 있는가. 광주에서 얼마나 많이 죽었는가. 여기 지금까지 자식들 군에 가서, 혹은 민주 사회 만들어야 한다고 하다가 맞아 죽고 찔려 죽고, 고문당해 죽었는데도 자살했다고 해서 그 죽음조차 밝혀지지 않은 자식들의 억울한 죽음을 밝히라고 오늘까지 스물엿새째 농성하고 있는 가족들이 와 있다. 우리는 지금까지 인간답게 살아왔지만 앞으로 더 인간답게 살아야 한다고, 살기 위해 싸워야 한다고 말해야 한다."

이런 말이었는데, 참 훌륭한 말이었다.

마치고 나와서 문익환, 김병걸, 임헌영, 박태순 씨 등과 같이 어느 음식점에 가서 저녁 대신 안주와 술을 청해 이런저런 얘기 하다 보니 11시 반이 지났다. 과천 오니 12시 반이 되었다.

오늘 음식점에서 문익환 선생이 "우리 말은 동사를 많이 쓰는 것이 특징이다"는 말씀을 하셨는데, 참 그렇구나. 내가 최근 외국 말법으로 잘못 쓰는 글들을 우리 말법으로 고쳐 보니 모두 동사로 되었구나 싶었다. 또 문 선생은 까치설이란 말에서 까치는 날짐승이 아니고 "앗치"란 말이라고 하셨다. "어머님이 그런 말씀을 해 주셨어요" 했다. 본래는 앗치설, 아치설이라고 하시더라, 했다. 그 "아치"가 무슨 뜻인지 알아볼 만하다고 해서 내 생각에 그 "아치"는 '아지' 즉 송아지, 망아지의 아지로 아기란 뜻이며, '아기설'이란 말이겠구나 싶었다. 또 한 가지, 문 선생은 "이오덕 선생은 아이들의 말에서 우리 말을 자각했지만 나는 할머니들한테서 우리 말 배웠어요. 교회 앉아 있는 할머니들에게 책에 쓰는 말 가지고는 얘기가 안 되거든요" 했다.

오늘 식장에서 사당 2동의 철거민 싸움이 보고되었는데, 경찰과 깡패들이 천 명이나 동원되어 마치 전쟁 같은 싸움판이 벌어졌다는 것, 대학생이 많이 와서 같이 싸운다는 것, 사람이 여럿 식물인간이 되고 중경상이 수없이 나왔다는 것, 그러나 지금은 마을 사람들이 이겼다는 등 상황 얘기를 들었다. 문익환 선생도 갔다 왔다 하시면서 주민들의 태도가 너무나 훌륭하다고 격찬했다. 나는 그런 곳에 가 보지도 않았으니!

1988년 11월 25일 금요일 맑음

YMCA 동화 교실에는 오늘도 세 사람이 모였다.

오후에는 종로에서 이발을 했다. 늘 가는 이발관에 갔더니 오늘은 지저분한 잡지 대신에 채근담을 내놓았다. 보니 중국의 어느 만화가가 그린 만화 채근담인데, 참 잘 그렸다. 이발료는 아직도 천 원이었다.

다음에는 건너편 한미빌딩 지하 아케이드에 갔더니, 아침에 〈한겨레신문〉에서 본 광고대로 《북녘의 산하》 사진첩 사는 사람의 신청서를 접수하는데, 아직 책이 부산에서 안 왔다면서 내일이라야 도착한다고 했다. 아가씨들 약 여덟 명이 전화를 받으면서 각 지방의 주문을 받고 있었다. 나는 두 권 값을 주고, 내일 와서 받아 간다고 하고 나왔다.

그길로 교보문고에 가서 〈실천문학〉 겨울 호와 시집 《깃발 없이 가자》를 사서 바로 출판회관으로 갔지만 아직 시상식까지는 시간이 많이 남았기에 부근 다방에서 책을 읽었다.

6시 가까이 되어 회관 4층에 갔더니 아직 사람들이 몇 사람밖에 안 왔다. 6시 반이 되어서야 자리가 꽉 찼다. 오늘이 만해 문학상 시상식과 신동엽 창작 기금 전달식이 있는 것이다. 만해문학상은 고은 씨가 받고, 창작 기금은 소설가 윤정모 씨가 받게 되었다. 고은 씨의 수상 연설은 역시 고은 씨답게 열렬한 웅변을 토했다. 마치고 음식을 여러 가지로 먹고 과천 오니 정우와 이현주 선생이 와서 기다리고 있었다. 그런데 권정생 선생이 아무래도 일직으로 다시 가야 되겠다고 하는 말을 듣고 한참 권 선생 얘기를 했다. 우리가 이제사 깨달은 것은 권 선생이 지금까지 혼자 살아온 것이 아니라 일직 조탑동 그 마을 사람들과 한 식구가 되어 살았던 것이다. 거기를 떠날 때 마을 노인들이 모두 와서 울었다고 한다. 거기를 떠나면 못 산다는 것을 권 선생도 이제사 깨달은 모양이었다. 할 수 없다. 다시 그곳으로 가시도록 하는 수밖에.

정우와 이 선생은 10시 40분쯤 떠났다.

1988년 11월 27일 일요일 맑음

아침에 전화를 걸어 용일여관에 있는 김종만 씨에게 겨울 연수회 장소를 알아보러 합정동 마리스타수도원에 같이 가 보자고 했다. 11시에 그 수도원에 갔더니, 벌써 1월 중에는 모두 예약이 되어 있다고 했다. 할 수 없이 종로에 있는 여전도회관을 찾아갔다. 거기는 비용이 좀 비싸겠다 싶었지만 이제는 비싸고 안 비싸고 생각할 수도 없는 처지다. 그런데 여전도회관에서는 오늘 사무를 안 본다고 경비원이 퉁명스럽게 말했다. 할 수 없이 일을 못 보고 헤어져, 종로 2가 한미빌딩 지하상가에 가서, 그저께 미리 돈을 주어 놓은 《북녘의 산하》 두 권을 얻어서, 롯데백화점에 가서 겨울에 입을 셔츠를 하나 사서 왔다.

저녁에 영보수녀원에 알아보려고 했는데, 전화번호를 알 수 없어 전화를 못 걸었다. 114에 물어도 안 올려 있다고 했다.

오늘 문득 아동문학 단체를 하나 만들고 싶어졌다. 이제는 아동문학도 잠에서 깨어나야 할 때가 왔다. 분단 40년의 역리(逆理)와 거짓을 박차고 민주와 통일을 위한 아동문학을 건설할 때가 이제는 온 것이다. 생각하면 너무 늦었다. 올겨울에는 이 일을 꼭 하고야 말리라 생각한다.

1988년 11월 28일 월요일 맑음

아침에 방송통신대학 문학상 동시 부문 수상한 채필녀란 사람이 전화를 걸어 만나고 싶다 하기에 오라고 했더니 10시 반경에 왔다. 내가 심사평을 아주 무섭게 썼더라, 했다. 동화도 쓰고 싶다고 해서 읽을 책을 말해 주었다. 결혼을 한 줄 알았더니 아직 처녀라 했다. 참 성실해 보이는 사람인데, 시를 좀 써 보았지만 동시는 쓰기가 힘들다고 하는 것으로 보아 앞으로 더 잘 쓸 것 같았다.

오후 2시에 종로 태을당에서 〈월간 중앙〉 기자 허문영 씨에게 원고를 주고, 인간사에 가서 아이들 문집 내는 일을 의논하고, 〈새소년〉에 가서 12월 호와 고료를 받고, 저녁 7시 30분부터 있는 해금가곡제에 갔다.

예술의전당이란 데를 좀 힘들어 찾아가서 기다렸지만 오기로 한 이기형 선생이 보이지 않아 나 혼자 입장권을 사서 들어갔다. 가곡집은 김순남 씨 것만 팔고 있어서 샀다.

7시 반부터 9시까지, 1층과 2층, 그 많은 자리가 많이 비었지만 모두 4백 명쯤 되었을까. 나이 많은 사람은 별로 없었고, 모두 젊은 사람들뿐이었다. 한 시간 반 동안 감격의 시간을 보냈다.

입장하기 전 나남출판사 대표란 분이 인사하면서 김순남 씨 사위 되는 사람을 소개해 주기에 인사했다.

분단의 비극을 되새기는 오늘 같은 저녁은 또 왜 이렇게 외로워야 할까? 40년! 참 너무 길었다. 자칫하면 이 위대한 우리 겨레 음악의 맥이 끊어질 뻔한 것 아닌가!

그런데 귀고리를 하고 번쩍거리는 옷을 입고 김순남과 이건우의 노래를 부르는 여자들이 너무 안 어울린다는 생각이 들었다.

1988년 12월 3일 토요일 맑음

오후 정우가 와서 충북 증평에 갔다. 4시 반에 괴산교사협의회 결성을 하고, 5시 반부터 내가 강연을 하기로 한 것이다. 증평이란 곳은 시가 되어 있다. 충북에서는 청주, 충주, 제천 다음가는 도시란 것을 알게 되었다. 행사 장소인 기독교 장로회 교회에 갔더니 벌써 결성 모임을 시작하고 있었다. 그런데 교육청 장학사가 나와 축사를 했다. 이런 일은 처음 보는 일이다. 나중에 알아보았더니 동태 파악을 위해 온 사람에게 사회자가 불러내어 할 수 없이 인사를 했다고 한다. 아무튼 모인 교사들이 아주 열렬한 태도로 참여하고 있는 것이 인상 깊었다.

내 강연은 2부로 6시부터 8시까지 두 시간이나 걸려 버려서 좀 미안했다. 3부로는 음식을 차려 놓고 뒤풀이를 하는데, 나는 나와 버렸다. 나오는데 고홍수, 도종환 등 몇 분이 따라 나와 인사를 했고, 증평여중에 있는 김병우 교사는 "이거 우리 아이들이 가져온 것인데, 대추랍니다. 받아 주십시오" 해서 할 수 없이 받아 왔다. 김 교사는 옛날 이안서부교 2학년 때 나한테 배웠다고 한다. 이번에 이 모임을 주선하고 나한테 전화를 걸어 와서 알게 되었다. 참 반가웠다.

정우 차로 집 사 놓은 데 오니 권정생, 이현주 두 분이 기다리고 있었다. 밤이라 바깥 구경을 못 하고 방에서 12시가 지나도록 이것저것 얘기했다. 가지고 온 대추를 먹으면서.

권 선생이 다시 안동으로 가기로 했는데, 내가 머지않아 거기 오기로 하면 책을 다 옮기지 않고 우선 잠시 안동 갔다가 다시 오겠다고 했다. 그래서 이현주 씨도 다행이라 기뻐하고 나도 정우도 마음을 놓았다.

이 집은 나무로 지었는데, 들보에 쓰인 글자를 보니 을축(乙丑)이다. 내 나이와 같다. 건축 양식이 특이하고, 아주 잘 지은 집이란 생각이 들었다.

1988년 12월 4일 일요일 비 온 다음 흐림

아침에 일어나니 비가 가랑비로 좀 왔지만 바깥을 한 바퀴 돌아보고 뒷산에도 올라가 보았다. 산과 계곡이며 자연환경이 아주 좋았다.

이장이 왔기에 인사를 했더니, 이 집에서 살던 노인이 아흔여덟에 돌아가셨고, 또 이 마을에서 아흔아홉에 돌아간 분도 있고, 수를 한 사람이 많다고 했다. 물이 좋아서 그렇다고 했다.

방에서 정우와 이현주, 권정생 네 사람이 둘러앉아 아래쪽에다 집을 지을 계획을 했다. 식당, 잠잘 방 등을 갖춘, 약 백 명까지 수용할 수 있는 수련 도장 같은 건물을 지으려고 한 것이다.

그리고, 내가 아동문학 단체를 만들려고 한다는 말을 했더니 이현주 씨는 처음에 이해를 못하더니 내가 설명을 하자 찬성을 했다. 그런데 이 목사는 윤기현 씨와는 달리, 출판사 경영까지는 하지 않는 것이 좋겠다고 했다.

11시가 가까이 되어 나섰다. 이 목사는 충주 가서 급히 원고를 쓸 일이 있다고 해서 권 선생만 남겨 두고 나왔다.

이 마을이 금왕이 아니고 음성군도 아니고 중원군이라 했다.

정우가 나를 서울행 버스 타는 곳에 실어다 준다고 가다가 곳곳에 버스가 만원이 되어 결국 장호원에서 서울행을 타게 되었다. 장호원서 버스를 기다리면서 아동문학 단체 이름을 무엇이라 붙이면 되겠는가 말했더니 이 목사가 조선아동문학회라 하는 것이 제일 좋지만, 이제 '조선'이 귀에 설고, 자연스럽게 안 받아들일 것 같다면서 배달어린이문학운동협의회로 함이 좋겠다고 했다. 나도 그런 이름이 마음에 들었다. '운동'이란 말을 아주 뚜렷이 나타낼 필요가 있다는 데도 생각을 같이했다.

11시 50분에 차를 탔다. 과천 오니 2시 20분이었다.

1988년 12월 10일 토요일 맑음

교육법 개정 문제로 교사들과 교장들을 중심으로 한 문교부 행정 관료들이 맞서고 있어, 나도 글 한 편쯤 써서 교사들을 응원해야겠다는 생각을 여러 날 전부터 해 왔으나 틈을 내지 못하다가 오늘은 어떻게 해서라도 써야겠다고 해서 오전에 썼다. 그래 오후에 한겨레신문사에 가져가서 논설위원 이종욱 선생한테 보이고 실을 만하면 주민기자석 난에 실어 달라고 했더니 이 선생이 읽어 보더니 좋은데요, 하면서 신도록 하는데 13매가 길어서 자리가 모자라면 양해를 얻어 좀 줄이든지 하겠다고 했다.

야당 쪽이 전교협민주교육추진 전국교사협의회, 지금의 전국교직원노동조합 개정안을 거의 그대로 받아들여 단일안을 확정 지어 놓았는데, 교장들이 로비 활동을 해서 공화당이 흔들거리는 모양이고, 문교부는 교련 안을 그대로 받아들일 모양이다.

오후에 돌아오니 몸이 좀 고단했다. 오늘 내일 동안 다시 세 편의 원고를 쓸 일이 있는데 걱정되었다. 저녁에는 반찬을 사서 국을 끓여 먹고 원고 한 편을 쓰고 나니 김익승 선생이 찾아와서 한화진이 문제로 미안하다고 자꾸 사과했다. 글쓰기 지도도 당분간 그만두고 근신해야겠다고 해서 그렇게 생각 말고 좋은 경험 얻었다고 생각하라고 했다. 김익승 선생은 참 진실한 사람이다. 김 선생은 또 서울 시내 교사들이 민주교육을 어떻게 생각하는가, 일반 교사들의 교육 태도와 교육 운동하는 교사들의 교육 태도를 얘기했다. 참 한심한 일이다. 서울 시내 교사 운동이 지방보다 못하다는 것을 알았다. 서울은 교사들도 대개 입신출세만 하고 싶어 하는 사람들이 모여든 곳임을 깨달았다.

1988년 12월 13일 화요일 맑음

오전에 배달어린이문학운동협의회 취지문을 고쳐서 새로 쓰고, 오후에 공해추방운동연합회 사무실에 가는데, 몇 번 가 본 사무실을 못 찾아 좀 늦게 갔더니 이사들이 거의 모두 와 있었다. 그래 모두 전철을 타고 한전 사무실에 갔더니 영광, 고리, 울진 등 여러 곳에서 온 분들이 모두 80명쯤 아래층 현관에 머리띠를 두르고 앉아 농성 중이었다. 모두 앞에 나가 소개를 받아 인사를 하고, 두 사람만 대표로 인사말을 하는데 여자분으로는 박영숙 평민당 부총재가 먼저 하고, 다음은 내가 간단히 이야기를 했다. 그런데 다음에 같은 지도위원인 김○○(이름을 모른다. 이분은 전철을 같이 타고 가면서 내가 〈한겨레신문〉에 쓴 글을 잘 읽었다면서, 자기가 내고 있는 '자유언론'이라든가 하는 잡지에 글을 좀 써 달라고 했다. 지난번 모임 때도 이분은 공해 문제에 관해 좋은 애기를 했다) 씨가 나가더니 자기는 여러 해 전 서울대학생으로 핵무기를 철폐하라면서 분신해서 죽은 김세진의 아버지 되는 사람이라고 해서 나도 놀라고 앉아서 듣는 사람들도 놀랐다. 그리고 참 좋은 애기를 해서 농성하는 사람들이 "참 오늘 시원한 말을 들었다"는 말까지 했다. 이런 사람을 내가 모르고 있었던 것이 부끄러웠다. 그리고 최열 씨, 서진옥 씨 등 애기하는 것을 다 듣지 못하고 먼저 나왔다.

6시부터 여의도 백인회관에서 작가회의 주최로 '통일 운동과 문학'이란 주제의 심포지엄을 하게 되어 있기에 급히 갔지만 도착한 것이 7시라 백낙청 선생의 주제 강연은 반쯤 진행되고 있었다. 백 선생 애기 끝나고 토론이 있었는데 젊은 두 평론가 김명인, 조정환 씨가 주로 백 선생한테 질문을 하는 것이었다. 두 분의 질문 중 조 씨의 질문은 문학에서 좀 멀어진 내용이었지만 백 선생은 학생들의 질문에 대답하듯이 아주 자세하게 설명해 주었다. 그런데 질문이 주제에서 좀 빗나가고, 지루해서, 끝까지 겨우 참았다.

문학인들의 이론이란 것이 핵 문제로 농성하고 있는 사람과 그들을 방문해서 격려하는 사람과 비교할 때 참 답답하고 쓸모없는 말만 하고 있다는 느낌이 들었고, 더구나 젊은 평론가들이 외국 책의 이론을 그대로 적용하고 있는 것 같아 섭섭했다. 나는 그런 이론을 들어도 잘 모르겠고, 알고 싶지도 않았지만, 그런 것 같았다. 백 선생도 그렇게 받아들이는 듯했다. 그런데 백 선생의 이론도 노동자들의 사정과 글쓰기 운동에 대해 좀 더 이해해 주었으면 싶었다. 문학을 논할 때 너무 유명한 작품들, 거창한 작품들, 대하소설들만을 상대로 하는 것은 좀 문제가 있다는 생각이 들었다.

마치고 오는데 차를 잘못 타고 해서 11시 반에 돌아왔다.

1988년 12월 28일 수요일 맑음

오전에 한신대 학생들 기말시험 대신 써낸 글을 읽고, 오후에 시내 나갔다.

웅진 사장이 보낸 상품권을 가지고, 종각 지하철 동일산업에 갔더니 본사에 가라고 해서 다시 종로 4가 동원빌딩 12층에 갔더니, 거기서도 그 상품권이 오래된 것이라면서, 바로 그 상품이 없다고 해서, 좀 화가 났다. 마침 그때 윤 사장(윤석금 씨는 이 동일산업 사장도 겸하고 있는 것이다)이 들어와 그것 사장실로 가져오라고 지시를 하고는 나를 같이 가자고 해서 사장실에 가서 한참 얘기했다. 윤 사장은 해금 아동문학가들의 작품집을 준비하고 있다고 했고, 이원수 전집, 윤석중 전집을 냈는데, 앞으로 또 내면 누구 것을 내면 좋겠는가 하고 말해서 이주홍 전집을 말해 주었다. 거기서 나오니 마침 사무원이 선물을 가져왔는데, 무엇인지 아주 큰 네모 상자였다. 또, 인간사에서 나를 기다리던 윤기현 씨가 거기 왔기에 같이 건너편 인의빌딩에 있는 하종오 씨를 찾아갔다.

내가 배달어린이문학운동협의회 취지문 등 복사한 것을 윤기현 씨에게 먼저 주어 읽게 하고, 다음 하종오 씨에게 주었더니, 하 씨는 문학을 문화로 고치는 것이 좋겠다고 했다. 나도 그런 생각을 했지만 문화라고 하면 범위가 너무 넓어 그런 일을 감당을 못할 것 같아 문학으로 했다고 하니 윤기현 씨는 자기가 음악, 연극, 미술 등 운동하는 젊은이들을 연락해서 모을 수 있으니 문화 운동으로 하는 것이 더 낫겠다고 해서 그만 나도 문화 운동으로 하는 데 찬성했다. 그래 '배달'을 빼는 대신 '민족'을 넣어 민족어린이문화운동협의회로 하자고 의논이 됐다.

거기서 나와 윤 씨와 저녁을 먹고, 그 부근에 있는 한국문화운동연구소에 가서 그곳 사람들과 한참 동안 어린이 문화 운동 얘기를 했다. 거기서 이기연 씨를 만나 《날아라 장산곶매야》 책을 받았는데, 알고 보니 이기연 씨는 그림을 아주 잘 그리는 사람이었다. 달력을 주는 것을 사겠다고 해서 돈을 6천 원 주고 세 권 받아 나왔다. 문화 운동 관계는 윤 선생이 아주 많은 관심을 가지는 것 같아 좀 같이 추진해 보자고 부탁해 두고 헤어졌다.

1989년 1월 7일 토요일 맑음

아침에 〈수레바퀴〉의 오세훈 씨가 올해도 계속 연재를 맡아 달라고 해서 이제는 다른 분에게 넘겨주는 것이 좋겠다고 했더니 굳이 맡아 달라고 해서 그만 승낙하고 말았다. 별로 신이 나지도 않는 글을 한 해 또 어떻게 이어 갈지 무거운 짐을 벗지 못한 우울한 기분이 들었다. 그만 단호히 거절할 것을 또 잘못했다.

어제 전화를 걸었던 진주의 남성진 씨는 만나고 보니 교직에 있는 사람도 아니었다. 경상대학 건축학과를 나왔는데, 지금 하고 있는 것이 아이들의 문화 운동이었다. 똥강아지란 이름의 아이 마당을 차려 놓고 인형극과 어린이극을 제작, 공연하고 국악 동요를 가르쳐 주는 등 어린이 문화 행사를 계획하고 추진한다고 했다. 그래 내 귀가 솔깃해서 들어 보니, 이 사람 하는 일이 내가 지금 계획하고 있는 민족어린이문화운동협의회의 일과 그 지향점이며 내용이 아주 같았다. 우리는 겨우 머리로 구상만 하고 있는데, 이들은 벌써 실천하고 있구나 싶어 여간 반갑지 않았다. 그래서 내가 계획하고 있는 것을 대강 설명해 주었더니 그 일을 할 때 꼭 자기도 같이하도록 해 달라고 말했다.

얘기 도중에 효신이 엄마가 윤승병 선생하고 왔다. 윤승병 선생은 며칠 전부터 간이 나빠 기침을 한다면서, 내가 점심을 불러다 먹자고 했더니 죽을 먹는다고 안 먹는다 했다.

효신이 엄마는 일전에 말한 대로 "선생님 좋은 일 하시는데 보태어 달라고 우리 이웃들 몇 푼씩 모은 것 이제야 드립니다" 하며 봉투를 내놓았다. 승병 씨와 효신이 엄마가 나간 뒤, 남 씨와 같이 밖에 나가 점심을 먹고 들어와 다시 한참 얘기하다가 효신 엄마가 준 봉투를 보니 3만 원이 들어 있었다. 참 고마운 분들이다. 그걸 그만 남성진 씨한테 주면서 그 돈의 뜻을 말하고, 가져가서 우표를 사든지, 아니면 이번 오시는 데 차비에라도 보태어 쓰라고 했다. 남 씨는 사양하더니 할 수 없이 받았다. 참 좋은 젊은이다. 어떻게 생각하니 하느님이 내가 일하는 데 꼭 있어야 할 일꾼을 보낸 것이란 느낌이 들었다. 정말 그럴 것이다.

남 씨는 일단 진주로 가서 그곳 일을 하다가, 내가 연락하면 오도록 말해 두었다. 저녁 창문이 어둡기 시작할 때 남 씨는 갔다.

최종순, 김익승 두 분한테서 전화가 와서 내일 오겠다고 했다.

오늘도 손님들 때문에 아무것도 못 했다.

1989년 2월 4일 토요일

　지난 1일 송현 씨와 종로 2가 YMCA 앞을 지날 때, 거기 학
교 선생들이 어깨띠를 두르고 교육법 개정안에 대한 청원서에
서명을 받고 있어, 두 사람이 서명을 했다. 거기서 받은 교사협
의회 이름으로 나온 인쇄물 '학부모님의 관심이 우리 교육을
살립니다'를 보니 '전교협은 이렇게 교육하고 싶습니다'란 제
목 밑에 다섯 가지를 적었는데 맨 첫째가 "교육을 좀먹는 돈
봉투를 없애 학부모님이 마음 놓고 찾아와 자녀 교육을 할 수
있도록 만들렵니다"고 해 놓았다. 이 교육법 개정은 야당도 소
극적인 것 같고, 학부모들도 일반적으로 냉담하게 대해서 지
금 교협이 혼자 고심하고 있다. 처음부터 내가 주장한 대로 학
부모들과 손잡고 크게 국민운동으로 벌여 나갔더라면 정세가
달라졌을 것인데, 이제야 교협 간부들은 깨달은 모양이다. 어
제 〈한겨레신문〉에는 광주교사협의회가 학부모 '촌지' 안 받기
로 했다는 기사와 함께 전국교사협의회가 법 개정이 여의치
않을 전망이라 교원 노조 결성을 구상하고 있다*는 기사도 크
게 나왔다. 교육 운동의 출발이 잘못되어 이제야 그 감당을 하
려고 애쓰는 것이다.
　오전에 교련에서, 홍보과로 옮겨서 일한다는 이동렬 씨가 오

• 참교육 실현을 위한 전국교직원노동조합은 1989년 5월 28일에 창립한다.

늘 밤 〈심야토론〉에 나가신다는데 교련의 입장을 밝히는 자료를 참고로 드리고 싶다는 전화를 하더니 오후 4시 반쯤 소고기를 사 들고 찾아왔다. 보니 교육법에 대한 정장(正章)들과 교련의 개정안을 밝힌 신문과 정부 조직법 개정안 등이다. 마침 옷장 두 개(각 10만 원)를 사 와서 방 정리를 하던 참이라 잠시 얘기하다가 보냈다. 갈 때 "나는 교육법 개정에 대해서는 교사협의회의 안을 전적으로 지지합니다" 했더니 "이 자료는 꼭 선생님이 이대로 말해 달라고 부탁하고 싶어서 가져온 것이 아니라 참고로 하시라고 드리는 겁니다" 했다. 소고기는 뭣 때문에 가져왔는가? 난 이런 것 잘 안 먹는다고 해서 가져가 이 선생이 잡수시라, 난 여기 가족도 없다, 안 되면 반으로 나누더라도 가져가라(그 고기가 대여섯 근은 될 것 같았다)고 했더니 그럴 수 없다면서 그대로 갔다.

그래 그 고기를 어떻게 할까 하다가 헌책방에 가서 효신이 엄마한테 "이거 누가 선물로 가져온 건데, 내가 안 먹거든요. 먹을 사람도 없어요" 하고 주고 오니 마음이 가벼웠다.

〈심야토론〉은 11시부터인데, 한 시간쯤 미리 가서, 그 앞에 나오는 방송 내용을 보는 것이 좋겠다 싶어 9시 40분께 왔더니 벌써 토론할 사람들이 다 와 있었다. 그중 내가 아는 사람은 김인회 교수, 이수호 선생뿐인데, 교련에서 오 무슨 과장이라던가 하는 안면 있는 사람이 인사했고, YMCA에 있다던가, 주부 대표로 나온 사람이 있고, 그 밖에 무슨 대학의 박사란 사람들로 교육개발원에 있는 사람, 이렇게 모두 아홉 사람에 사회자와 열 사람이었다.

11시 반부터 2시 반이 지나도록 토론이 계속되었는데, 내가 보기로 이수호 선생 외에는 지엽적인 문제를 자꾸 얘기해서 시간만 끌고, 혹은 교육을 정치와 연관 지어 볼 수 없다는 등 말을 했다. 내가 기대했던 사람이 김인회 교수였는데, 이분이 뜻밖에 아주 잘못된 얘기를 해서 크게 실망했다. 한국 교육을 망친 것은 정치가 아니고 학자들이라느니, 교원들 머리띠 매고 운동해서는 안 된다느니 했다. 방청석에서 몇 분의 교사들이 좋은 얘기를 했지만 어느 젊은이가 일본에는 학생 자살자가 1년에 7백 명이다, 입시 경쟁 안 하면 무슨 교육을 하겠느냐고 해서 내가 화가 나서 한국의 정치는 사람의 의식을 이렇게 마비시키는 교육을 했다, 일본인들은 옛날부터 자살 잘하는 국민으로 세계에 유례가 없다고 했다. 그 밖에 나는 잘 말하지 못했지만 몇 가지 중요한 대문에서 간단하게나마 하고 싶은 얘기를 했다. 마치고 나서 방청석의 선생들 몇 분이 나와 고맙다고 인사를 하고, 이수호 선생도 "선생님이 계셔서 우리가 얼마나 든든한지 모릅니다"고 했지만 나는 좀 더 할 말을 충분히 하지 못한 것이 안타깝고, 또 미안했다. 올 때 KBS 직원 차로 사당까지 와서 택시 타고 오니 3시 반이었다.

(내가 한 말 몇 가지 생각나는 것) 4일 밤 〈심야토론〉

- 방금 방송 본 느낌을 한마디로 말하면 학교란 것을 싹 없애 버렸으면 얼마나 좋겠나, 하는 생각이다. 우리 인간들이 정치를 한다고 하고 교육을 한다고 하는데 이게 도대체 무슨 짓이냐?

- 거기 나온 어머니들, 뉘우치는 마음 불철저하다. 아이들이 왜 죽었는지 그 원인을 깊이 못 잡고 있다. 교육자들은 왜 안 나오나? 문교 행정 관료들은 왜 못 나오나? 그 숱한 국회의원들은 왜 나와 한마디 못 하나? 오늘 밤 이 토론도 아이들 살리기 위한 토론이 됐으면 좋겠다.

- 우리가 하는 교육이 짐승만큼이라도 하면 얼마나 좋겠어요(내 옆에 앉아 있는 어느 박사가 "사람은 교육이란 걸 하기 때문에 짐승들과 구별된다"고 한 말을 받아서 한 말).

- 제도도 잘못되고 국민 의식도 잘못되었지만 그 근본은 제도다. 사람의 의식을 정치와 제도가 만들어 낸다. 그런데 이렇게 잘못된 제도와 정치로 수십 년을 교육해서 국민 의식이 온통 병들었으니 이제는 제도만 고친다고 의식이 곧 되돌아오는 것이 아니다. 제도와 의식 두 가지를 다 바로잡아야 한다.

- 학자들도 정치 때문이다. 8·15 후 정권 잡은 자들이 양심적이고 생각 바로 가진 학자를 기용했더라면 이렇게 안 되었다.

- 입시 경쟁 살린 교육 안 하면 무슨 교육을 하겠는가라니, 그게 무슨 소린가? 그러니 우리가 여기서 교육의 본질이 뭔가, 참교육이 뭔가를 이야기해야 한다. 그리고 일본은 아이들 자

살하는 수가 7백이라 했는데, 어째서 그런 소릴 이 자리에서 할까? 일본인들은 옛날부터 자살 잘하기로 세계에 유례가 없는 나라다.

– 교육은 밑에서 올라와야 한다. 교육의 주체는 교사다. 교사가 주체가 되어 자주적으로 자유롭게 교육해야 교육이 된다. 백성과 아이들과 교육자가 교육을 움직여 가지 않으면 교육이 안 된다. 그래서 교장도 교사들이 선출하는 것이 옳다. 그래야 문교 관리들이 교육을 망치는 짓 못 한다.

– 단체 구성하고 교섭만 하고서 행동 못 하면 뭘 하나. 아무것도 못 한다. 지난날 교사들이 마을에 나가 여당 선거운동을 해야 했고, 교실에 들어가 유신 선전해야 했는데, 그걸 행동으로 거부하지 못하고 무슨 교육을 하나? 노동 3권이라기보다 이것은 교육 3권이라 하는 것이 알맞은 말이다.

1989년 2월 21일 화요일 맑음

교단 일기 쓰는 것 중단하고 '성공 다이제스트' 원고를 썼다. 저녁때 지식산업사에 갔더니 김 사장이 봉투를 주면서 《글쓰기, 이 좋은 공부》 인세라 했다. 책을 보니 1판 그대로인데, 세금 관계로 그대로 했단다. 이게 몇 판째인가? 3판인가? 인지 천 장을 찍어 주었다(집에 와서 봉투에 든 돈을 보니 25만 원이었다).

오늘은 이원수 문학 연구 모임인데 새로 두 사람이 왔다. 그런데 이원수 문학 연구는 동화 연구 발표를 좀 뒤로 미루고, 다음 번부터 전에 하던 공부를 계속하기로 했다. 다음은 9권이다. 그리고 오늘은 송현 선생이 써 온 동화를 읽고 의견을 나누었다.

마치고 저녁을 같이 먹고 헤어졌다.

집에 와서 다시 방송되는 〈어머니의 노래〉를 보았다. 이런 광주 항쟁 당시의 사진은 처음 본다. 참 기가 막히고 어처구니없는 일이다. 광주 학살의 책임자는 절대로 용서해서는 안 되겠다는 생각을 더 굳게 했다. 이 방송을 앞으로 자꾸 되풀이해서 병들고 썩어 가는 겨레의 정신을 일깨워야 한다고 생각한다.

처음, 정우가 갖다 놓은 조그만 텔레비전 수상기를 이리저리 돌려도 안 나와 신문에 정부 관리가 방송국에 협박하고, 재향 군인회인가에서 항의하고 한다더니 그만 안 나오게 되었구나 싶어 포기했는데, 금왕서 며느리가 전화로 "지금 〈어머니의 노래〉가 나오고 있는데요" 해서 다시 잘 돌리니 나왔다.

방송국 협박한 그 정부 관리 놈들, 죽일 놈들이다.

1989년 2월 28일 화요일 흐린 뒤 개임

오늘은 '우리 말을 살리자' 원고를 새로 쓰기로 했는데, 고단해서 누웠다가 책 보다가 하다 보니 겨우 앞으로 쓸 계획만 세웠다. 여섯 권의 공책에다 여섯 개 항목으로 나누어 쓰는데, 원고지 장수로는 약 8백 장 되게 쓰기로 했다. 이걸 다 쓰자면 두 달은 걸려야 할 것 같다.

오후에 헌책방에 갔더니 무료 배부 자리에 금성출판사에서 나온 〈소년 소녀 세계문학〉 22권(모두 30권인데 8권이 빠졌다)이 있어 그걸 얻어 왔다. 내가 안 읽은 것도 많지만 번역 문장을 살펴볼 필요도 있어서다.

저녁에 윤기현 씨가 찾아와서 두어 시간 얘기하다가 갔다. '월간 농민' 창간한다는 소식, 농민 소설 쓰고 싶다는 얘기, 어린이 문화 운동은 사무실이 정해지고 윤기현 씨도 틈이 좀 나는 5월쯤 가서 일을 시작하자는 얘기…… 들을 했다.

〈창작과비평〉에 실린 김남주 씨의 시를 읽었다. '사형수', '학살 5', '환상은 깨지고' 등 감동적인 시들이다. 마야콥스키의 시를 읽은 듯한 느낌이 들었다. 김남주 씨는 우리 시대에 가장 순진하고 정직한 시인이요, 뜨거운 시 정신을 가진 시인이다.

1989년 5월 11일 목요일 비

〈노동문학〉에 가서 원고를 주고, 고료(지난번 것)를 받았다. 김영현 씨 말 들으니 〈노동문학〉이 이대로는 버티어 나갈 수 없을 것 같다고 했다. 노동자들을 위한 단 하나의 문학지를 없애서는 안 된다고 했지만 나 역시 뾰족한 수가 없으니 어찌하랴? 요즘은 출판계가 전반으로 불황을 맞고 있다고 한다. 그리고 노동자학교가 폐쇄령이 내렸다니 참 기가 막힌다. 이제 이 노 정권도 모든 국민을 적으로 삼아 마구 닥치는 대로 패고 가두고 죽이고 하니 마지막이 온 것이 틀림없다. 신문에는 조선대학 학생이 변시체로 발견되어 정국에 큰 물결을 일으킬 것 같고, 아무튼 또다시 큰 싸움이 일어날 것 같다.

저녁에 MBC에서 내일 무슨 프로에 출연해 달라 해서 바빠 못 나간다 하고는 녹촌 씨를 소개해 주었다. 녹촌 씨가 오늘 밤 10시에 상경하는 모양이다.

1989년 5월 17일 수요일 맑음

교원대학에서 오후 2시부터 4시 반까지 강연을 하고 왔다. 갈 때는 마침 정우가 와서 타고 가고, 올 때는 순천고 교사 이대구 씨(교원대 박사과정 이수 중)가 차표를 사 줘서 차비도 안 들었다.

교원대에서 한 강연 제목은 '참교사로 서는 길'인데, 학생들이 정해 준 것으로, 중요한 교육 문제들 중 하고 싶었던 얘기는 대강 다 할 수 있었다. 학생들도 모두 내 얘기를 경청했다. 내 말이 끝난 다음 몇 사람 질문이 있어 대답을 했는데, 그중 한 학생은 질문이 아니고 자기가 입은 흰 운동 셔츠를 가리키더니, 이 셔츠에 찍힌 그림과 글이 우리들의 작품이라던가 하면서 "오늘 여기까지 오셔서 귀한 말씀 들려주신 스승께 제가 입고 있는 이 셔츠를 벗어 드리고 싶습니다"고 했다. 그리고는 정말 내가 나와서 택시를 탈 때 셔츠와 빨간 손수건(교원대학에서 만든 것)을 접어 차 안에 넣어 주었다. 나는 이런 학생들의 순진한 행동에 너무 감동했다. 정말 오늘 학생들은 내 얘기에 깊이 감동한 것 같았고, 나도 이 교원대 학생들에게 큰 기대가 되었다. 정부에서 정권 유지의 수단으로 이용하려고 했던 교원대학이 이제는 도리어 정부의 골칫거리가 되었구나 하는 생각을 해 보았다. 반민주적인 정권에게는 골칫거리가 되어야겠지!

밤에 이현주 씨가 오고, 권오삼 씨도 와서 늦게까지 얘기 나누었다.

1989년 6월 3일 토요일 맑음

10시에 한국일보사에 가서 문화부 서화숙 기자 묻는 대로 《이오덕 교육일기》를 내게 된 경위며 교육에 대한 내 생각을 이야기해 주었다. 그리고 사진부에서 사진을 찍고, 문화부 박래부 기자와 김훈 기자를 만나 잠시 얘기 나누다가 나왔다. 내가 가지고 갔던 책 두 벌은 사진기자에게 한 벌 주고, 지난번 안동 대곡 가서 내 얘기 취재한 박래부 기자에게 한 벌 주니 김훈 기자에 줄 것이 없어서 뒤에 보내겠다고 하고 나왔다.

그길로 실천문학사에 가서 김영현 씨를 만났더니, 지금 세무

사찰을 당해서 어려운 고비를 넘기고 있다고 했다. 아마 민주 운동하는 사람들에게 돈을 좀 대어 준 것을 탈 잡을 모양 같다면서, 이대로 당할 수는 없고 우리도 여기 대처해서 싸워 나가겠다고 말했다. 〈노동문학〉은 휴간을 생각하고 있는 모양이었다. 그래서 내가, 책값을 천 원쯤으로 해서 좀 작은 판형으로 만들고, 그 대신 표지도 돈 들일 것 없이 아주 소박하게, 일반 잡지 흉내 내려 들지 말고 광고도 받을 생각 말고 아주 깨끗하게 내어 보라고 권했다. 〈노동문학〉은 '노동 문학'이니까 사 보는 거지, 일반 잡지 같아서 보는 것은 아닐 것이라고도 말해 주었다.

실천문학사에서 6월 호 〈노동문학〉을 받고 나와, 힐튼호텔 근처 루터교회에서 1시에 있는 이철지 씨 동생 결혼식을 축하하러 갔더니 마침 거기 찾아온 전우익 형을 만나 같이 들어갔다. 예식 마치고 점심을 먹고 전 형과 나와 남산공원에 올라가 보았더니 거기가 사람도 많지 않고 나무며 걸상이 많아 참 좋았다. 전 형과 나는 긴 의자에 드러누워 한숨 자고 한참 이야기하다가 내려왔다. 서울 한가운데 있는 공원이 이렇게 사람이 적은 줄 몰랐다. 차 소리가 좀 나고, 매점 같은 데서 전축을 틀어 놓아 시끄러울 뿐 그런 소리가 잘 안 들리는 쪽으로 가서 조용히 하루를 지내면 참 좋은 곳이라 생각되었다. 사람들은 이런 곳에는 안 오고 인산인해를 이루는 대공원 같은 데를 가는 것이 이해가 안 된다. 남산공원에는 노인들, 시골 사람들이 더러 오는 것뿐이란 생각이 들었다.

남산서 내려와 전 형과 헤어져 바로 과천으로 왔다.

1989년 6월 8일 목요일 비

아침에 셔츠를 빨았다. 비누를 묻혀서 자꾸 치대면서 나는 무
엇을 생각하고 있었다. 그러다가 그렇게 무엇을 생각하면서
손으로 치대는 것이 참 즐겁다는 생각을 했다. 빨래를 다 마치
고 그것을 걸어 둘 때도 즐겁지만, 다 마른 것을 거두는 것도
기쁘고 깨끗이 빤 옷을 입는 것도 기쁘다. 그래 문득 이런 생각
이 났다. 여자들이 오래 사는 것은 바로 빨래를 하기 때문이라
고. 참 엉뚱한 생각이지만 이건 재미있는 시적인 생각이라, 시
를 한 편 써 보고 싶었다. '빨래'란 제목으로.

1989년 6월 24일 토요일 맑음

오전에 원고를 쓰고, 오후 사당동에 있는 사월혁명기념사업
회를 찾아갔더니 여러 사람이 와 있었다. 어제 여기서 나를 지
도위원으로 정했다고 하면서 모임이 있으니 꼭 좀 와 달라는
전화를 받았던 것이다. 조금 기다려 약 30명이 왔을 때 회의가
시작됐다. 김진균 교수가 4·19혁명의 뜻에 대해 발표를 하고,
정관 결정과 임원 선출을 했는데, 나는 임원 선출을 의논하는

도중에 나왔다. 5시부터 세종로 변호사회관에서 '구속 문인, 출판인 석방 촉구 및 교원노조전국교직원노동조합 지지 실천 대회'가 있어, 20분쯤 늦게 갔더니 회장은 꽉 찼고, 회의가 진행되고 있었다. 성명서 낭독, 구호 제창, 유상덕 씨 강연 등을 마치고, 모두 머리띠를 매고 거기서 종로 1가를 지나 파고다공원 정문 앞까지 구호를 외치며 시위를 하는데 나도 앞에 서서 갔다. 경찰이 줄을 석 줄로만 서라느니, "노태우 타도"란 구호는 외쳐서 안 된다느니 하고 자꾸 따라오며 간섭을 했지만 별일 없이 예정대로 마쳤다. 오늘 회관에서는 약 3백 명, 시위 때는 5백 명쯤 되었는데, 문인들이 뜻밖에 적었다. 김규동, 이기형 선생들이 왔다. 나는 문인들이 이런 가두시위도 해야겠지만 역시 문인들이 해야 할 글쓰기로 교사들을 도와야 하고, 그렇게 좀 작가회의에서 기획을 해야 한다고 보는데, 가령 문인들이 요즘 여기저기 터지고 있는 사건의 현장에 가서 조사하고 관찰해서 시로 소설로 수필로 논문으로 써서 책자를 만들어 널리 국민들에게 읽히는 일들을 해야 하지 않겠나 싶었다.

마치고 화신백화점 옆에서 버스를 타려는데 임재경 선생이 채현국 씨를 소개해 주어서 다방에서 채 씨 얘기를 한참 들었는데, 참 재미있는 분이었다. 사립 여고를 가지고 있는 재단 이사장인데, 보기에는 농사꾼 같았다. 학교 일은 모두 교장과 교사들에게 맡겨 놓고 가 보지도 않는다고 했다. 그런데 교육에 대해서 확고한 신념을 가지고 있어서 하는 말들이 보통 사람

의 생각과는 아주 달랐는데, 세상에 이런 재단 이사장도 있는
가, 참 신기한 생각이 들었다.

과천 오니 9시 반이었다.

1989년 7월 1일 토요일 맑음 저녁에 비

오전에 고속버스 터미널에 가서 저녁 6시 서울행 차표를 사서
시외버스 정류장에 와서 한참 동안 신문을 보다가 근처 음식점
에 가서 점심을 좀 일찍 먹었다. 백반 상에 물고기 두 가지와
죽순이 올라 있어, 순천이 남해안 도시임을 새삼 느끼게 했다.

12시 고흥행 버스를 타고 1시에 도착해서 정류소 2층 다방에
앉았으니 곧 박병섭 선생과 또 한 분 여선생이 왔다. 박 선생
얘기 들으니 이곳은 아직도 교원노조 결성이 안 되어 있고, 이
번 모임도 노조 결성을 할까 봐 당국에서 신경을 곤두세우고
있어 오늘 모임에 못 가도록 학교마다 지시를 하고, 장소도 몇
번이나 바꾸고, 어느 교회에서는 빌려 주기로 했다가 결국 안
되겠다고 해 오고, 그래서 오늘 모이게 되어 있는 곳은 여기서
10여 분 차 타고 가야 하는 점암교회인데, 외부에는 알리지 않
고 있어, 이미 공개해 놓은 어느 곳에 선생들이 모이면 거기서
차로 옮겨 갈 계획을 세우고 있다고 했다. 그리고 주최도 교사
협의회는 이미 해산이 되었으니 그 이름으로도 할 수 없어(교
협을 전국적으로 해체했다는 말은 여기서 처음 들었다) 부득

이 아동문학연구회란 이름으로 모이게 된다고 했다. "사람이 얼마 안 모일 것 같아 걱정이고, 선생님께 죄송합니다" 했다. 그리고 같이 앉았던 여선생은 "선생님, 오늘 얘기하실 때 교원 노조 얘기는 일체 말아 주시면 좋겠습니다" 했다. 전남 지역이라도 이곳 고흥군은 교육 운동에 뒤떨어져 있고 모든 운동이 침체되어 있다는 말을 박 선생이 들려주었다.

봉고 차로 점암교회로 갈 때 여선생 다섯 사람이 탔지만, 박 선생은 안 탔다. "교육청에서 제가 초등 교사들을 배후 조종한다고 의심받으면 아주 불편하니 저는 여기서 작별하겠습니다" 했다. 점암교회는 고흥읍을 벗어나 한참 가다가 길가에 있는 조그만 시골 교회인데, 거기서 미리 와 기다리는 사람들이 여남은 사람이고, 2시 반쯤 시작할 때는 20여 명이 되었고, 차츰 와서 모두 50명은 되었던 것 같다. 2시 반부터 4시 20분까지 '삶을 가꾸는 교육'에 대해 얘기하고, 질문을 해 달라고 했지만 아무도 하지 않아 그대로 마치고 인사하고 나왔다. 나올 때 거기 참석했던 박규봉 선생이 인사를 하면서 문학(시) 동인지 〈바람제〉를 주는 것을 고맙게 받고, 그곳 목사로 일하는 고영주 씨한테도 내가 주소를 적어 달라고 해서 적어 왔다. 들으니 그 지역에서 민주 운동을 열심히 한다는 분이다.

순천까지 여선생 몇 분과 택시로 오니 6시 버스 타기에 넉넉했다.

며칠 여행하는 동안(장마가 진다고 해서 걱정했는데) 다행히 날씨가 좋았는데, 고속버스로 서울 내리니 비가 왔다. 11시에 터미널에 도착해서 과천 버스를 오래 기다리다 보니 11시 40분에 아파트에 왔다. 집에 와서 순천 터미널에서 한 여선생이 준 봉투를 열어 보니 강사료 10만 원이 들어 있어 내가 죄를 지은 마음 금할 수 없었다.

1989년 7월 2일 일요일 맑음

오후에 박종호 선생이 전화를 걸어 왔다. 원주 있는 황선희 선생이 직위 해제가 되었다는 것이다. 그 남편은 강원도 지회장으로 뽑혔다가 구속되고, 황 선생은 노조 회원이다 뿐이지 별다른 활동도 없었는데 그렇게 되었다고 한다. 그리고 황 선생이 직위 해제되고 징계위에 회부된 이유가 어린이도서연구회에서 낸 '어린이들이 읽을 만한 책'이라 해서 추천한 책을 아이들에게 읽혔다는 것이다. 참으로 어처구니없는 일이 또 하나 일어났다. 이놈의 나라는 무법천지가 되고, 폭력이 온 나라를 지배하게 되었다. 그러면서 거리에는 폭력을 추방하자는 구호가 현수막으로 걸렸다. 폭력을 휘두르는 무리들이 폭력 쓰지 말자고 외치고 있으니 이만하면 폭력의 질서가 완벽하다.

박 선생은 글쓰기회에서 성명서라도 내야겠다면서 그 초안을 내일까지 만들어 내일 저녁 모임에 모두 보고 수정하도록 하겠다 했다. 나도 내일 나가겠다고 말했다.

아침에는 한길사 김 사장이, 《이오덕 교육일기》 재판을 냈는데 그저께도 어제도 전화를 걸었는데 안 받더라 했다. 나는 며칠 동안 어디 갔다 왔다고 말하고 내일 가겠다고 했다. 김 사장은 3, 4권을 내년쯤 내자고 했다. 그건 생각해 보기로 하겠다고 했다. 또 우리 말 문제를 다룬 책도 내자고 해서, 그건 지금 준비하고 있는데, 가을쯤 냈으면 좋겠다고 말했다.

1989년 7월 8일 토요일 비

오전에 원고 쓰고, 오후에는 3시에 교원노조 공동대책위원회 모임이 있다고 해서 나갔다. 광화문에 있는 그 사무실에 갔더니 5시에 있다고 해서(내가 시간을 잘못 알았던 것이다) 일본 책방에 가서 책 구경을 하다가 몇 권 사서 다시 갔더니 겨우 세 사람밖에 안 왔다. 그런데 유상덕 씨가 와서 내일 집회에 경과 보고를 누가 나와서 해 달라고 하는데 모두 나갈 사정이 안 된다고 해서 할 수 없이 내가 맡았다. 사실 나도 내일은 나올 사정이 안 된다. 내일 온종일 원고를 써도 모레까지 쓸 것을 마칠 수 없는데, 아무도 못 나온다니 할 수 없다. 오늘 모임은 고문들 모임인데 이렇게 안 모이니 뭘 하겠나. 내가 잘 나오니 나 같은 사람은 할 일이 없는 줄 아는 모양인가. 유상덕 씨는 내일 집회가 자신만만한 것같이 말하는데, 경찰이 원천 봉쇄해서 모두 잡아넣으면 넣는 대로 우리도 하는 방법이 있다지만 무슨 방법이 있는가?

유 씨가 나간 뒤 강기철 씨와 나는, 우리 공대위 고문들은 노조 집행부에 끌려 다니지 말고 우리대로 행동을 해서 충고할 것은 하고, 좀 전체 교사들과 아이들을 살리고 교육을 살리는 방향으로 일해 보자고 해서 이우정 교수와 ○○ 목사의 찬동을 얻었다. 그래 다음 주총에 고문 회의를 열기로 하고 헤어졌다.

내일 일이 걱정된다. 나가면 아마 경찰에 연행될 가능성이 많다. 연행되는 것이 겁나는 게 아니고 내 생각대로, 마음이 가는 대로 행동하지 못하고 그저 외곬으로 싸우기만 하는 젊은이들에게 끌려 행동하는 것이 마음 내키지 않는 것이다. 이제 내일만 가고, 다시는 이런 자리에 나가지 말아야지!

1989년 7월 31일 월요일 맑음

오후 종로서적에 가서 원고를 주고, 글쓰기회 사무실에 갔더니 모두 모여 있었다. 오늘은 연수회 마지막 준비 점검과 협의를 하는 것이다. 두어 시간 얘기를 나누었다. 거의 모두 학교에서 쫓겨났거나 쫓겨날 판이 되어 있는 선생들이지만 그래도 이렇게 태연한 태도를 보이고 있으니 여간 마음 든든한 일이 아니다. 윤구병 씨는 명동 농성장에서 왔다면서, 회의 마치고 또 농성장으로 간다고 나갔다. 어제 듣기로 아주 피골이 상접한 상태라더니 늘 그 모습으로 웃고 있었다. 본래 얼굴이 깡마른 사람이다. 그렇게 보였던 모양이다. 나갈 때 윤 선생은 나더러 "명동에 같이 안 가 보실랍니까" 하는 것을 "다음 가겠습니다" 하고 안 갔다. 사실 몸이 고단해서 거기 가서 또 몇 시간 견디기가 힘들 것 같아서 그렇게 말했지만, 내가 너무 성의 없구나 싶었다.

인천에서 온 노미화 씨가 임병조 씨를 옆에 가리키며 "임 선생 학교서 쫓겨난 건 이오덕 선생 강연회에 나간 것하고, 글쓰기회 입회한 것 들이 죄목으로 됐답니다" 했다.

이 노태우 정권의 앞날이 빤히 보인다. 그러나 민주의 앞날은 험하기만 하고, 아직도 얼마나 많은 사람이 죽어야 할지 그저 답답할 뿐이다.

1989년 8월 10일 목요일

경주 문화고등학교에서 근무하는 이지양 양이 어제 전화 건 대로 오후에 같은 안동 친구들 셋을 데리고 왔다. 모두 과일, 우유 등을 사 들고 왔는데, 후포중·고등학교에 있는 권미영 양은 내가 몸이 약하단 말을 들었다면서 영지버섯을 사 왔다. 너무 고맙고 미안하다. 두어 시간 동안 푸른교직원노조 관계 이야기를 했는데, 미영이나 지양이는 노조에 가입하지는 않은 듯했지만 모두 노조가 되기를 바라고, 그래서 문제를 어떻게 하면 해결할 수 있는지 진지하게 걱정하고 있었다.

아가씨들과 이야기를 하고 있는데, 이주영 씨가 전화로, 오늘 〈동아일보〉에 참교육 얘기를 써 놓았는데, 우리 나라의 참교육은 일본의 '진(眞)교육'에서 온 것이고, 일본의 진교육은 소련의 마카렌코의 이론을 본받은 것이라 해 놓았는데, 그걸 어떻게 생각하십니까, 했다. 나는 그런 기사 쓴 기자가 어떤 기관에서 돈을 한 보따리 얻어먹은 게지요, 했다. 진교육이란 또 뭔가?

또 〈신동아〉 기자가 전화를 걸어 와서 지금 교원노조 문제를 어떻게 생각하시는지, 좋은 해결책이 없을까요, 하고 물어 왔다. 매우 진실한 태도를 가진 기자라 여겼기에 내 생각을 말해 주었다. 온 국민들이 나가야 할 민주교육 헌장 같은 것을 만들어 그 길로 모든 교육 정책과 운동을 맞춰 가면 어떨까 하는 의견이다.

동광에서 보낸 교육 소설집 원고는 오전에 읽고, 저녁에 읽었다. 참 좋은 소설들이란 생각이 들었다.

1989년 10월 1일 일요일 맑음

어젯밤과 오늘 아침, 편지를 18통 썼다. 모두 지난 몇 달 동안 책을 보내 준 저자들에 대한 인사 편지다. 그게 늘 짐이 되어 있었던 것인데, 이번에 아주 시원스럽게 이 짐을 벗어 버리고 여행을 하고 싶었던 것이다.

3일 동안 무너미에 가 있기로, 거기 가서 일을 하기로 했다. 그래 교정쇄와 《한국아동문학선집コリア兒童文學選集》 1, 2권 해설문 쓸 자료를 가방에 넣어 가지고, 11시 20분 강변 전철역 바로 옆에 새로 옮겨 지은 동부 주차장에서 떠났다. 연휴 귀성객들이 많아 길이 막혀서 한 시간 남짓하면 금왕까지 온다는데 두 시간 반도 더 걸렸다.

오후 4시 가까이 무너미에 왔다. 집 둘레의 나무들은 곧 단풍이 들 것 같고, 벌레들이 자주 우는데, 닭(토종)들이 병아리를 데리고 토란밭 속을 다녔다. 서울의 모든 것을 깨끗이 청산해 버리고 지금이라도 여기서 살고 싶다. 저녁때 며느리가 와서 떡과 고구마, 과일을 갖다 놓고, 식사 준비도 해 놓고 갔다. 정우는 나를 태워서 오고, 다음은 책상과 의자를 싣고 오더니, 밤에 또 웬 사람 둘을 데리고 왔다. 공장에서 일하는 사람이란다. 그중 나이 많은 분은 내 앞에 꿇어앉았더니 아주 공손히 엎드려 절을 했다. 나는 얼떨결에 절도 같이 못 하고 앉아 있었다. 오늘 밤은 아래쪽 방에 셋이서 잔다고 했다. 두 사람이 먼저 내려간 다음 정우가 하는 말이, 나이 많은 분은 김일성대학을 나온 사람인데 얼마나 예절이 바르고 행동이 진실한지 모른다 했다. 충주비료에 취직해 있었는데 국보위(국가보위비상대책위원회)에서 괴롭혀 그만 쫓겨났다고도 했다. 늘 여기저기 떠돌아다니면서 노동일로 고생을 하는 모양이다. 분단의 희생자가 또 한 사람 이렇게 내 몸 가까이 있구나 싶다. 정우가 이런 사람에게 무엇을 도와줄 수 있을까? 내일 아침에는 위로의 말이라도 해 주어야지.

1989년 10월 2일 월요일 맑음

아침에 해가 뜰 때 창 앞에 앉았는데, 하늘이 온통 그대로 가득 내려와, 새털구름과 앞 언덕과 바로 앞의 나뭇가지와 나뭇잎, 벼 이삭들이 너무너무 아름다워 오랫동안 정신없이 바깥만 바라보고 앉아 있었다. 한쪽 창밖에는 감나무 가지들이 내려와 노란 감들이 눈이 부시었다. 아, 이렇게 아름다운 자연을 두고 나는 지금까지 어디서 무엇을 하며 살았나? 이제는 이곳을 도무지 떠날 수 없을 것 같다. 어서 서울 일을 정리하고 와야지. 도시에서 하는 모든 일이 다 부질없는 짓 아니고 무엇인가?

오전에 교정을 보는데 윗집 김 선생이 홍시를 두 개 갖다 주었다. 자기 집에서 딴 것이라 했다. 그러더니 조금 있다가 "이거 녹즙입니다" 하면서 유리컵에 파란 물을 가지고 왔다. 먹어 보니 무 맛도 나고 여러 가지 채소 맛, 풋향기가 가득했다.

오후에 뒷산에 올라갔더니 속새 풀이 온통 자라 가슴까지 왔다. 밤나무들이 온 산에 있는데, 아무도 따는 사람이 없어 그대로 달려 있고 떨어져 있는데, 주워 보니 아주 조그만 토종 밤들이었다. 자꾸 올라가니 봉우리가 끝나 약간 내려오는데, 거기 고갯길이 있어, 그 길 따라 내려가니 바로 김 선생 집이다. 김 선생이 다시 다른 길로 올라가 보자고 해서 아이들 셋을 데리고 같이 올라가 밤을 따기도 하고 줍기도 하다가, 어느 할머니가 혼자 버려 둔 밭뙈기 농사를 짓는다는 그 밭까지 갔다가 돌아왔다. 그 밭도 그 산도 모두 서울 사람이 사 놓았다고 했다.

산에서 내려와, 이번에는 마을을 한 바퀴 돌았다. 맨 윗집에 가서 그 집주인 노인한테 인사를 하니 자꾸 방에 들어가자 해서 잠시 들어갔다. 나이 70이 다 됐단다. 이곳에서 나서 이곳에서 자라나 지금까지 사는데, 자식들은 도시 여기저기 가서 살면서 오라고 하지만 가기 싫어 여기 있단다. 농사를 짓는 사정을 물으니 일할 사람도 없어 해서 빚도 갚아야 하고 그래 농토를 다 팔고 지금은 저쪽 복숭아밭 5백 평만 가지고 있어요, 했다. 그 집 뒤는 잡목 나무들이 울창하게 서 있고, 동쪽은 조금 밭들이 있고 그 너머 또 산언덕에 나무가 꽉 끼어 있다. 서쪽은 복숭아나무가 짙푸른 잎 속에 덮혀 있는데 그 너머로 해가 지고 있고, 집 앞은 멀리 산들이 하늘가에 줄기줄기 이어 바라보여 너무너무 집 자리가 좋았다. 마을을 내려와서는 다시 앞길에 나가 동쪽에 있는 또 하나 큰 느티나무가 있는 고지로 갔다가 왔다.

오늘은 이렇게 다닌다고 그만 교정 일을 다 못 보았다. 내일 하루는 《한국아동문학선집》 해설문을 쓰려고 하는데, 예정대로 나가지 못할 것 같다.

1989년 10월 19일 목요일 비

오늘 신문에 대구 어느 초등학교 선생이 아이를 때려 중상을
입혔는데, 그것이 법정에 가서 "교사가 사랑으로 때리다 다친
것은 죄가 없다"고 판결이 난 것이 신문마다 기사로 나왔다.
그 여교사는 시험을 쳐서 틀린 점수만큼 아이들을 매로 때렸
다고 한다. 타락한 정치에 타락한 교육을 옹호하는 추악한 법
관들이다. 이런 일이 있는데도 이 나라의 교육학자들은 아무
말이 없을 것이다. 교원 노조 운동하는 사람들이 이 문제를 두
고 어떤 태도를 보이는가, 두고 볼 만하다. 아이들 잡아 족치기
에 미쳐 있는 어른들의 꼴이 참 가관이다. 이 문제에 어떻게 대
처하는가를 보면 노조의 성격도 알 수 있다. 아이들을 위한 노
조인가. 교원들 자신을 위한 노조인가. 정치를 위한 노조인가
를 알 수 있을 것이다.

1989년 11월 8일 수요일 흐림

방송통신대학 문학상 작품 심사를 한다고 온종일 매달렸다.
저녁에 최선애 선생이 와서 반찬과 김밥을 온통 커다란 종이
가방 가득 내놓았다. 학교 이야기, 책 이야기를 한참 하다가 또
책 몇 권을 빌려 가지고 갔다. 책을 무섭게 읽는다. 참으로 착
하고 순박하기 말할 수 없는 사람이다.

오늘 아침에 온 〈한겨레신문〉에는 내 책《우리 글 바로 쓰기》를 소개하면서 나를 "재야 국어학자"라 해 놓았다. 그러면서 책 내용에 대해서는 깊이 있게 보지도 않고 겉 스쳐 소개한 데 지나지 않았다.

오전 10시쯤 〈한겨레신문〉 문화부 어느 기자(이름을 말하는데 잊었다)가 전화를 했다. 텔레비전에서 어느 방송인과 가수가 "앗사"란 감탄사를 노래 말로 유행시켜 지금 전국에 퍼져 있는데, 이 앗사란 말이 일본 말이라지요, 했다. 나는 확실한 것은 조사를 해 봐야 알겠지만 그것이 우리 말이 아닌 것만은 확실하고, 영어도 아니고, 아무래도 어감이 일본 말로 느껴진다면서 전화하면서 사전을 찾아보니 'あっさ.もっざ○○알아볼 수 없음'란 말이 나와 있었다. 그래 일본 말에 틀림없다 했더니 "그게 일본 말인데 우리 신문에 한번 다뤄야겠다고 했더니 KBS에서, 왜 영어는 유행시켜도 말이 없고 일본 말 유행시켰다고 그렇게 야단인가 하잖아요" 했다.

나는 그 사람들 참 기막힌 사람들이라면서 잠시 방송인들을 비난했더니 "그걸 신문에 냈다가 테러라도 맞을까 겁이 나요" 했다. 테러라니! 그런 것 가지고 테러가 겁나다니 참 어이가 없다. 내가 또 그 사람들을 나무랐더니 "너무 흥분하지 마시죠" 했다. 〈한겨레신문〉 기자란 사람이 이 꼴이다. 내가 왜 따끔하게 말해 주지 못했는지 후회가 되었다. 내일이라도 전화를 걸어야겠다고 벼르고 있다.

1989년 11월 19일 일요일 맑음

오후 4시 반쯤에 권오삼 선생이 와서, 협의회 일에 대해 한참 애기했다. 내가 우리 어린이문학협의회*는 문학 운동을 하는 단체라고 했더니, 권 선생은 오늘 취지문을 아무리 읽어도 운동하는 단체라고는 씌어 있지 않다고 해서, 우리가 해야 하는 문학 운동은 정치나 교육같이 밖으로 외치고 남에게 호소하는 것보다 우리 자신이 인간으로 문학인으로 바로 서고 옳게 쓰는 일을 해서 남들이 따라오게 하는 운동이라고 해 주었다. 그리고는 기성작가들이고 신인이고 일체 무시하고 모두 공부하는 몸가짐으로 나가야 한다고 했다. "그럼 누가 가르치고 누가 배웁니까? 나부터 가르칠 자격이 없는데……" 하여 "가르치고 배우는 사람이 따로 있는 것이 아니라 서로 가르치고 배우고 해야지요" 했다.

내가 보기로 권 선생은 아무래도 생각이 좀 모자라는 것 같았다. 그래 말머리를 돌려, 기관지 만드는 일을 의논했더니 그제야 그 일만은 관심을 가지고 이야기를 했다. 기관지에 실을 작품을 회원들이 보내오면 그것을 보고 비판하고 가려 뽑고 하는 일을 해야 하는데, 그것이 곧 연수고 공부가 아닌가. 그런

• 한국어린이문학협의회. 아동문학이 나아갈 길과 신인 작가를 찾기 위해 이오덕이 중심이 되어 아동문학인들이 1989년에 만든 단체다. 부정기간행물 〈우리 어린이문학〉을 펴내다가 1998년 부터 회보 〈어린이문학〉을 펴내고 있다.

일도 모두 토론하고 생각을 나누어야 하지 않겠나, 이 점에 대해서는 그렇다고 권 선생도 말했다. 5시경에 노경실 씨가 오고, 또 신정애 씨가 오고, 송현 씨가 와서 과실과 고기 구운 것과 술 들을 먹고 마시면서 9시까지 얘기하다가 헤어졌다. 종로서적 이철지 씨가 사무실을 쓰는 것을 꺼리는 듯하다 해서 목요일 5시에 모여서 6시 전에는 나가기로 하고, 일이 있을 때만 모이기로 했다.

1989년 11월 27일 월요일 비

용산 시외버스 정류장에서 이용성 씨를 만나 10시 24분발 차를 탔는데, 오후 5시면 남해에 닿는다더니 5시 30분에 닿았다. 서울서 남해 가는 버스는 하루 두 번, 대전—김천—거창—진주—남해 이렇게 가는 줄 알았더니 아주 호남선 길로 해서 갔다. 이용성 씨는 충남 대천 출신인데, 대학 국문과를 나와 교직에 들어가려고 대학원 교직과를 이수하기 위해 시험을 쳤는데 "부끄럽게도 떨어졌습니다"고 했다. 참 솔직하고 진실한 분이었다. 집안이(어머니, 누님 두 분도) 교직 가족이었고, 교육적 분위기 속에 자라난 사람이었다. 남해에는 동창이 있어, 거기서 고등학생들을 지도하는 일을 한다고 했다.

오늘 내가 하게 된 강연은 남해읍에 있는 책사랑나눔터가 주최해서 그곳 교원들과 학생들, 농민운동 하는 분들까지 옛날에 학교 건물이요 교실이던 체육관에 꽉 차도록 기다리고 있었다. 6시 20분부터 8시까지, 나는 우리 말 글을 바로 쓰는 문제부터 시작해서 교육 문제까지 대강 언급하면서 우리 것을 살려야 한다는 것, 서울 사람 쳐다보지 말고 농어촌에서 우리 것을 지키고 창조해야 한다는 것, 남해 문화를 만들어야 한다는 것을 이야기했다. 책사랑나눔터와 곧 창간하게 된다는 '남해신문'이 그런 일을 맡아 줄 것이 기대되기 때문이다. 책사랑나눔터도 그 학교 건물이던 교실을 쓰고 있었는데, 중·고등학생, 교사, 농민운동가 들이 잘 이용한다고 했다. 참 바람직한 일을 하고 있었다.

이 남해에는 교원노조가 결성되지 않았다. 국회의원도 민정당 대변인이 되어 있고, 행정은 경남의 변방이라 했다. 내 강연이 교육청이나 경찰의 방해를 안 받은 것도 교원 노조가 없고, 책사랑나눔터 주최가 되어서 그런지 모른다.

8시에 막차가 있다고 했는데, 내 얘기가 7시 55분에 끝나서, 뒤에 알고 보니 지방에서 온 학생들이 버스를 못 타고 택시를 타고 갔다고 해서 너무 미안했다.

마치고 책사랑나눔터에서 선생님들과 읍내 학생들과 농민들과 또 한 시간쯤 좌담을 하고, 다시 음식점에 가서 또 두 시간도 넘게 이야기를 하고, 여관에 오니 12시가 다 되었다.

책사랑나눔터를 운영하는 젊은이는 경북 영주에서 어느 전문대학 공부를 했다고 하는데, 여기 고향에 와서 농민운동을 하다가 지금 이 일을 하니 당국에서 이것저것 간섭을 해서 어려움이 적지 않았다고 한다. 지금은 학생들과 교사들이 많이 참여해서 그런대로 잘되는 듯했다. 나는 이 남해가 충남 홍성같이, 하나의 지방 문화를 창조하고 뿌리내리는 일을 할 수 있는 자리가 될 것을 기대하고, 그런 부탁을 거듭했다.

　밤에 자리에 누우니 좀 고단했다.

1989년 12월 6일 수요일 맑음

　오후 3시에 기독교회관 7층 인권위원회 사무실에서 문익환 목사 입원 치료 요구를 하면서 농성을 하고 있는 가족들을 방문했다. 문동환 선생은 없고 박용길 사모님과 아드님 문호근 씨가 있었다. 나는, 한 번도 찾아뵙지 못해 미안하다고 말하고, 문 목사님의 근황을 들은 다음 가지고 갔던 책 세 권을 사모님과 호근 씨, 그리고 문동환 선생 이름을 써서 드리고, 문 목사님께는 한길사를 통해 여러 날 전에 보내 드렸다고 했다. 그리고 준비해 갔던 백만 원 수표가 든 봉투를 내어 "이것은 책 인세가 좀 나왔기에 선생님 약이라도 사 드릴 수 있었으면 해서……" 하고 사모님께 드리고 나왔다. 문 목사님은 평소에 고혈압 증세가 있었던 모양이고, 최근에는 신경통 때문에 앉아서 책도 읽기 어렵다는데, 원인을 알 수 없는 부종까지 나타나 있다니 걱정스럽다. 내가 짐작하기로는 심장병인 것 같아 퍽

236

걱정이 되었다.

그길로 나와, 저녁 6시 반에 있는 리영희 선생 회갑 기념 모임 시간까지 기다리기 위해 교보문고에 가서 두어 시간 책 구경을 했다.

리영희 선생 회갑 기념 모임에는 참으로 많은 분들이 모였다. 한국의 지성인들이 모두 모인 것 같았다. 음식물이 많아서 이런 자리에서는 처음으로 저녁 식사가 되게 실컷 먹고, 논문집 한 권을 얻어 왔다. 이 시대에 가장 용기 있는 언론인인 리 선생이 많은 고난의 세월을 보냈지만 그만큼 존경하고 추앙하는 사람이 많아 오늘은 그 영광을 받은 것 같아 나도 기뻤다.

1989년 12월 18일 월요일

어제 오후 연우소극장에서 본 〈돌쇠 이야기〉, 마치고 나서 여러 사람이 평한 것을 밤에 자면서 다시 종합해 보니 내 생각이 비로소 정리되었기에 적어 둔다.

처음 보았을 때, 이 이야기를 어떻게 연출할까 하고 몹시 궁금했는데, 책에서 읽어서(어렸을 때부터 듣고) 알고 있는 것과는 아주 뜻밖의 표현이 되었다는 느낌이 들었다. 그러나 이렇게도 연출할 수 있구나, 이렇게 하는 것이 옛이야기를 현대에 살리는 것이 되겠구나 하는 생각이 들었다. 임금님의 그 유치한 행동, 간사한 대신, 교활하고 건방진 중국의 사신…… 이런 인물들의 말과 행동을 아주 과장해 보여서 하나의 통렬한 풍자극으로 만든 것은 그것이 그대로 현재 우리 나라의 역사를 보여 주는 풍자극이 되겠다는 생각이 들었던 것이다.

그런데 마치고 나서 두세 사람이 한 말이, 임금이 너무 임금답지 않다, 중국 사신이 어디 그럴 수 있나, 진행 속도가 빠르다, 좀 사실적으로 연출해 달라, 관객인 아이들도 같이 호응하도록 하는 것이 좋다는 등의 의견이었다. 사실적으로 연출하지 않은 편이 있는 것은 무대의 제약 때문이고, 이야기가 옛이야기다보니 더러 동화적인 환상으로 처리할 필요도 있었겠고, 진행 속도가 빠른 것은 아이들에게 재미를 잃지 않게 하기 위해 도리어 필요할 것도 같고, 관객 호응도 무슨 연극이든지 다 그래야 되는 것은 아니지 않은가. 그리고 임금이나 중국 사신의 과장된 표현은 이 연극을 어떻게, 어떤 방향으로 연출하는가 하는 데 따른 문제일 것이다. 내가 보기로는 각본 만든 사람이나 연출자가 일부러 그렇게 했다고 보고, 그리고 그렇게 한 것이 이 옛이야기를 살리는 연극으로 된 것이라 본다.

1989년 12월 31일 일요일 맑음

오전에는 수첩 만드는 데 시간을 다 보냈다. 어린이문학협의회 회원 명부를 붙여 넣을 수 있는, 좀 큰 수첩을 어제 사당 전철역 문구점에서 찾아보았더니 알맞은 게 없어서, 할 수 없이

1985년에 쓰던 것을, 글자 쓴 자리는 흰 종이로 붙여서 쓰기로 했다. 그게 잠깐 하면 될 줄 알았는데 오전 내 걸린 것이다.

오후에는 어제 한길사에 가져갔다가 도로 가지고 온 '참교육의 길' 1부와 2부를 다시 읽어서, 1부만 좀 달리 엮어 보았다. 김언호 사장이 바라는 대로 한 것이다.

밤에는 머리말을 썼다.

저녁에 차숙이와 정숙이가 와서, 군고구마 차숙이가 사 온 것을 같이 먹고, 차도 끓여 마시고, 놀다가 갔다. 정숙이는 오늘 밤 차숙이한테 가서 쉬기로 했단다. 그래 보낼 때 떡국거리 사서 내일 아침 끓여 먹으라고 돈 5천 원을 차숙이에게 주었다.

오늘로서 또 한 해가 갔다. 여전히 숨 막히고 슬프고 어처구니가 없는 세월 속의 한 해였다. 더구나 최근에 일어난 루마니아 사태는 나로서 참 어처구니가 없다. 차우셰스쿠란 독재자가 신문에 보도된 대로 그렇게 악독한 사람이었다고 해도 그렇고, 만약 그런 사람이 아닌데 그 나라 사람들이 그렇게 잔인하게 처형했다면 더욱 그렇다. 어느 쪽이라 해도 이건 인간에 대한 믿음을 가질 수 없게 하는 일 아닌가?

그리고 5공(共) 청산이라 해서 전두환이란 사람이 오늘 국회 청문회에 나가 증언을 한 모양이고, 사람들은 그것을 녹화 방영한 걸 모두 본 모양이다. 나는 처음부터 기대도 않고, 라디오고 텔레비전이고 보지 않았지만, 저녁에 가지고 온 신문에 난 것, 그리고 차숙이가 텔레비전에서 본 것 이야기하는데, 역시 내가 예상한 대로다. 그 뻔뻔스런 인간이란 도무지 사람이라고 할 수 없을 지경이다.

어처구니없는 일은 또 있다. 미국이 파나마를 침략하고, 니카라과 대사관에 난입한 일이다. 이 미국 놈들이 하는 짓은 바로 강도다. 그런데 영국이고 프랑스가 미국 편을 들었으니, 자본주의 국가들이란 다 한통속이다. 이러고 보면 소련의 고르바초프가 한 일이 반드시 잘한다고 말할 수 없다.

그런데 나로서는 올해 《이오덕 교육일기》와 《우리 글 바로쓰기》 두 권의 책을 낸 것이 보람이 있었다. 두 권 다 좋은 반응을 얻고 교육과 문화에 좋은 영향을 끼쳤다고 생각하니 조금은 기쁘다.

3부

1990년부터
1991년까지

1990년 1월 5일 금요일 흐림

서울역에서 첫차 6시 10분발 통일호를 주순중 선생하고 같이 탔다. 주 선생은 포항에 있는 동생한테 간단다. 그래 오늘 대구서 내 애기 듣고 오후 포항 갔다가 내일 부산으로 간다고 했다.

차에서 주 선생이, 지난 연말 연수회 자료집 만들면서 겪은 이야기를 했다. 요즘은 출판사가 많이 생겨 인쇄소가 바쁜데, 인쇄공들이 모자라 쩔쩔 매는 터라, 더구나 연말이 되어 일거리가 쌓이고 보니 자료집 만드는 데 고충을 겪었다는 것이다. 인쇄공들은 일하기 싫어하고, 일을 해도 마지못해 한다는 것, 임금 인상 투쟁으로 한 푼이라도 월급 많이 받는 데만 마음을 쓰는 모양이더라 했다. 그래 사장과 노동자 사이가 아주 냉랭해서 도무지 그런 직장에서는 인간스런 관계란 것이 없더라 했다. 나는 그 애기를 듣고, 노동자들의 노동운동도 임금 인상 싸움과 함께 노동자로써 바르게 살아가는 운동을 함께 해 나가야 되겠구나, 노동운동도 농민운동, 교육 운동, 여성운동과 마찬가지구나 싶었다. 결국 노동자들이 살아가는 목표가 돈 벌어 편리하고 편안하게 살아 보겠다는 데 있는 것이 문제다. 그러니까 이런 점에서는 노동자와 자본주가 똑같은 목표를 가지고 있는 셈이다. 이래 가지고서는 가령 노농 정권이나 공산 정권이 들어서도 정치하는 사람은 관료주의에 빠지고 부패할 것이고 백성들은 다시 제멋대로 먹고 입고 노는 자본주의가 그리워 다시 자본 사회로 돌아가는 혁명(?)을 일으킬 것이다. 그러고 보니 중공과 소련, 그리고 동유럽 여러 나라들이 바뀌어 가는 것이 이래서 그리되는구나 하는 생각이 들었다. 일하는 것을 기쁨으로 살아가는 삶의 질서를 세우지 않고는 우리 인간에게 결코 구원은 없을 것이라 본다.

  교육대학 앞 가톨릭문화관에서 경북아동문학회, 대구글쓰기회 주최 강좌를 10시 20분부터 12시 20분까지 두 시간 동안 '우리 것을 지키는 아동문학'이란 주제로 이야기했다. 모인 사람이 모두 약 백 명. 주로 우리 말과 글을 깨끗하게 바르게 쓰고 가르쳐야 한다는 얘기를 했다. 마치고 몇 사람이 질문을 했는데, 그중에 한 젊은이가 "선생님은 자신도 글을 잘못 쓰면서 어째서 남이 잘못 쓰는 걸 지적해 말하나?", "왜 글 잘못 쓰는 것을 이런 데서 공개해서 말하나?" 하고 아주 적의를 가지고 말했다. 내가 그 젊은이를 아주 따끔하게 말해 주지 못한 것이 뒤에 가서 후회되었다. 그 젊은이가 아무 문학이라도 좀 공부하는 사람인 모양인데, 이렇게 젊은이들이 장사꾼같이 된 것을 한심하다 아니 할 수 없었다.

마치고 녹촌 형, 김상문 형, 최춘해 씨와 같이 점심을 먹고, 헤어져 버스로 북부 정류장으로 가서 일직행 버스를 탔다.

권정생 선생 집에 도착한 것이 오후 5시 좀 지났다. 강아지 뺑덕이가 훌쩍훌쩍 뛰며 반겼다. 권 선생은 몇 달 전부터 간에 대한 약을 먹고 있는데, 전에는 아무것도 하기 싫고, 잠시 누구와 앉아 이야기하는 것도 힘이 들었지만 요즘은 그렇잖다고 했다. 일직 장터까지 나갔다가 오는 것도 된다고 했다. 단지 갔다 오면 오줌에 피가 섞여 나오고 손가락 끝이 저리다고 했다. 그것은 어쩔 수 없겠지. 아무튼 간이 회복된 것이 천만다행이다. 그렇게 간이 나빠진 것을 모르고 지금까지 있었으니! 20몇 년 동안 계속해서 결핵 약을 먹었으니 그 약의 해독이 이렇게 사람을 못쓰게 만들어 놓은 것이다. 병을 고치고 사람을 살린다는 약이 도리어 사람을 잡는 독이 되어 있는 것을 거의 모든 사람들이 모르고 있다.

권 선생이 저녁밥을 해 왔는데, 간고등어 구운 것이 그렇게 맛있었다.

1990년 1월 18일 목요일 흐림

오후 종로서적에 가서, 거기서 만나기로 한 〈굴렁쇠〉 기자에게 원고를 주고 곧 한길사로 갔다.

한길사 편집부에서 '참교육의 길' 원고에 대해 의논하고, '현복이 일기' 머리말을 주고, 《우리 글 바로 쓰기》 열 권을 사서 나오다가 〈한길문학〉 편집실에 들어가 임헌영 선생을 만나 내가 연재하기로 한 글에 대해 쓰기 어려움을 말하고 나왔다.

임 선생한테 말한 것은, 김언호 사장도 며칠 전에 걱정한 말대로 작가들 글 잘못 썼다고 자꾸 지적하면 모두 싫어하니 도저히 못 쓰겠다고 한 것이다. 무슨, 문학의 본질이라든가, 앞으로 나갈 길이라든가, 요즘의 경향 같은 것을 통틀어 말하는 것은 흔히 누구나 쉽게 말하는 일이고 달리 문제가 없다. 그런데 문장이 잘못되었다고 하는 지적은 아무래도 구체적으로 그 글을 들어 보이지 않을 수 없다. 그런데 작가들은 아무리 자기 글이 잘못되어도 그것을 바로 지적하면 원망하고, 적으로 돌리고 원수같이 여긴다. 모두 더러운 장사꾼이 다 된 것이다.

내 얘기에 임 선생은 "그래도 써야지요. 작고한 사람의 글을 들면 되지요" 했지만, 죽은 사람보다 산 사람의 글이 문제고, 특히 요즘 젊은이들의 글이 문제인데 그걸 두고 입 다물다니!

종로서적에서 어린이문학협의회 사무국 사람들이 모여 내일 일을 의논하고 준비하고, 송현, 권오삼, 두 분과 저녁 같이 먹고, 맥주집에서 한참 얘기하다가 돌아왔다. 회보 2호는 6시가 지나도 안 오고, 신 선생도 안 왔다.

아파트에 돌아오니 우편물 속에 부산 김정자 선생 편지가 있는데, 일본 사가라, 히라야마 두 선생 초청으로 모친과 갔다 온

이야기가 씌어 있다. 그런데 사가라 선생이 내《이오덕 교육일기》출판된 것을 알고 구하고 싶다고 하더란다. 참 죄송한 일이다. 진작 부쳐 드려야 했는데! 김정자 선생은 사가라 선생이 돌아가신 아버님같이 생각되어 눈물을 많이 흘린 모양이다.

1990년 1월 22일 월요일 맑음

간밤에 눈이 얼마나 왔는지, 온 산과 거리가 눈으로 덮였다. 오후에 원고지를 사러 헌책방 있는 곳까지 가는데, 길바닥에 쌓인 눈이 아주 두껍게 단단히 굳어져서 그 위를 걸어갔다. 전신전화국 옆을 가는데 참새들이 나지막한 쥐똥나무 울타리 사이에 날아다니면서 먹을 것을 찾는 듯했지만 땅은 온통 눈이고 먹을 것이 있을 리 없다. 불쌍한 새들! 그래 올 때 일부러 과자를 사서 뿌려 주려 했더니 참새들이 거기 없었다. 할 수 없이 그 부근 걸상 밑에(거기는 눈이 없었다) 조각조각 부수어 좀 뿌려 놓고 왔다. 내가 세상에서 할 수 있는 가장 확실한 일은 그저 이런 조그만 일밖에 없다는 생각을 하면서.

낮에 나온 신문 한 장을 사서 보았더니 민주, 공화, 민정 세 당이 합당이 되었다고 노태우, 김영삼, 김종필 세 사람이 선언했단다. 더러운 정치꾼들! 그 세 사람 가운데 가장 가증스러운 놈이 김영삼이란 자다. 나는 이 사람 얼굴만 보면 구역질이 나왔는데, 내 감각과 감정은 사람을 알아보는 데 아주 정확하다.

그런 놈이 민주를 외치고, 그런 놈을 따르는 정객이 있고, 얼빠진 국민이 있으니! 사기꾼과 조금도 다름없는 놈이다.

그러나저러나 이제 장사꾼과 사기꾼들은, 그 본색을 아주 드러내어 한패가 되었으니, 국회의원들의 속알을 이 판에 다 들여다보게 되고, 따라서 정치도 좀 선명하게 하게 되겠지만, 속아 넘어간 것은 국민이다. 그런데 속아 넘어가고도 안 넘어간 것처럼 또 속일 것이 아닌가. 정말 이게 개판 정치 아니고 무엇인가.

1990년 1월 23일 화요일 맑음

오후 4시 반쯤에 이현주 선생이 정우하고 같이 왔다. 이 선생은 다음 달 옛이야기 분과에서 주최하는 연수회 걱정을 하면서, 옛이야기 문제는 말을 어떻게 하여 살려서 쓰나 하는 문제와 그 말 속에 담긴 얼이나 삶 같은 것을 어떻게 이어받나 하는 두 가지 문제로 나눠 생각할 수 있는데, 자기는 정신을 이어받는 쪽에서 발표할 터이니 말을 살리는 문제를 내가 발표해 주었으면 좋겠다고 했다. 그래서 그렇게 하겠다고 말했다. 내 생각도 우리 문학의 전통을 살리는 일은 말과 정신 두 가지로 살펴 생각해야겠다고 보았다.

그리고, 정우가 말하는데 오피스텔은 한 평에 7백만 원이라고 했다. 어처구니가 없다. 이 선생은, 그렇게 비싼 사무실 필요가 없고, 민들레교회가 들어 있는 방 한쪽을 빌려 쓰면 좋지 않겠나 했다. 그리고 "본부는 아무래도 무너미가 좋겠어요. 상징적인 뜻으로도 농촌에 본부를 두어야 합니다"고 했다.

1990년 1월 25일 목요일 맑음

오전에 동광에 가서 박선욱 씨에게 원고를 주었다. 여러 번 독촉을 받아서 미안했는데, 원고 들어온 것 보니 아직 반도 안 되었다. 모두 다 들어왔다고 한 것은 거짓말이었던 것이다. 이제는 이런 출판사나 잡지사의 원고 독촉을 말 그대로 믿지 말아야겠구나 싶었다.

그다음은 지식산업사에 가서 김 사장과 김우정 씨와 같이 점심을 먹으면서, 여러 날 전에 김 사장이 말하던 독자가 만드는 잡지를 만들어 보자고 이야기했다. 김우정 씨도 맨 처음 그런 생각을 말했다고 들었는데, 오늘 얘기에는 일본의 생활 작문 얘기를 하면서 그런 글쓰기 운동을 잡지를 통해 하자고 하는 것이었다. 김우정 씨는 일본의 생활 작문 운동이 일본의 문학과 문화 전반에 막대한 영향을 끼쳤다고 말했지만, 그 교육의 내용에 대해서는 그저 상식 정도로 알고 있었다. 우선 계간으로 내다가 월간으로 발전시키는 것이 좋겠다고 의논했고, 나는 책 이름을 '글쓰기'로 하든지 '글쓰기 문화'로 하면 좋겠다고 말했다.

지식산업사에서 나와 종로 2가 태을당에 가서 민주언론운동
협의회 총무 간사 김인철 씨를 만나 오는 2월 8일 연세대에서
할 강의 준비 자료를 받았다. 그것은 〈연세춘추〉 신문과 그 대
학에서 낸 몇 권의 책들이었다.

그리고 한길사에 가서 《이오덕 교육일기》 다섯 질을 사 가지
고 왔다. 김 사장은 또 《이오덕 교육일기》 속편을 써 달라고 독
촉했다. 쓴다고 할 수밖에 없었다.

1990년 2월 7일 수요일 맑음

오후 2시에 마포 공덕에서 있었던 한겨레신문사 기공식, 그
리고 회보 인쇄 맡기러 을지로 3가 옥천인쇄소에, 마지막으로
한길사 이렇게 세 군데 다녀오느라 꼭 차를 13번 탔다. 7시가
지나 오는데 아플 지경이었다.

한겨레신문사는 서울 서부역에서 만리동 고개를 넘어 공덕
동 사무소 있는 근방인데, 서울 중앙 지대에 용하게도 땅을 잘
구했다 싶었다. 회보는 5백 부(4쪽 한 장) 인쇄에 만 2천 원 주
기로 하고 내일까지 해 놓겠다는 약속을 받았다. 한길사에는
부길만 씨가 《우리 글 바로 쓰기》 교정 잘못 본 것, 문장 잘못
된 것을 독자들이 지적해 온 것이 많다고 하면서 내가 찾아낸
것과 같이 살펴 바로잡자고 해서 갔는데, 잘못된 곳이 많아서
약 두 시간 동안 고쳤다. 사실 나는 책으로 되어 나온 것을 한

번도 다 읽어 보지 못하고, 주로 박종호 씨가 지적한 것을 그대로 가져갔던 것이다. 한길사 편집부에는 전화로 지적해 온 것이 많았던 모양이다. 교정 못 본 것도 있지만 내가 잘못 쓴 것이 많아서, 이건 독자들한테서 배우는구나 싶었고, 이게 또 아주 바람직한 일이란 생각이 들었다. 다만 구미 계통의 바깥 말을 우리 말로 바꾸어 놓은 것을 두고 그렇게 바꿔 놓은 우리 말이 알맞지 않다는 의견이 더러 들어온 모양인데, 그것은 독자들의 잘못이라고 생각되었다. 문장을 그렇게 바로잡은 것이 쉽고 자연스럽게 읽히면 되는 것이지, 어떤 서양 말에 꼭 맞는 말을 거기 바꿔 놓을 수는 없는 것 아닌가? 그것은 서양 말을 먼저 써 놓고 그 서양 말을 바탕으로 삼아 생각하는 엄청나게 잘못된 태도라고 본다.

한길사에서 올 때, 《우리 글 바로 쓰기》 다섯 권을 또 사 왔다.

1990년 2월 10일 토요일 비

새벽에 창을 보니 바깥 외등 불빛 속에 눈송이가 마구 내리고 있었다. 창문을 열어 보니 과연 눈이 쏟아져 내렸다. 간밤에 그렇게 기온이 내려서 그렇게 여러 날 쌓인 눈이 어제 다 녹겠다 싶더니 또 내리는 것이다.

그런데 10시경에 우체국에 가는데, 갈 때는 진눈깨비가 내리고 있더니, 우체국, 상가, 은행 들 볼일을 보고 올 때는 비가 되어 내렸다. 눈은 비에 녹고, 여러 날 땅바닥에 얼어붙었던 얼음도 녹아 질퍽거렸다.

오후 1시에 우산을 들고 나갔다. 마포에 가서 산하 출판사에 들러 김목 씨 동화 원고를 주고, 작가회의 사무실에 갔더니 벌써 이사들이 모두 모여 있었다. 이사회 사회는 고은 회장이 해서 인사를 차례로 모두 하는데, 내가 앞에 앉아서 맨 먼저 하게 되었다. "제가 고문이 된 모양인데, 고문이라면 그만한 자격이 있어야 할 건데, 그럴 자격도 없는 사람이…… 뭔가 잘못된 것 같아요. 제가 무슨 도움이 될 만한 일을 해야겠는데, 잘 생각해 보겠습니다." 이런 말을 했다.

작가회의 고문은 박두진, 문익환, 박연희, 장용학, 김병걸, 김규동, 이기형, 박경리 이런 쟁쟁한 사람들인데, 나 같은 사람이 끼어 잘못되었다는 느낌이다. 그런데 고은 씨가 나를 소개하면서 아동문학 쪽에 할 일이 너무 많고 앞으로 아동문학위원회를 만들도록 하기 위해 고문으로 한 것같이 얘기했다. 그래서 나는 사실은 지난 10월 말에 아동 문인들 뜻을 물어보니 작가회의에 들어가는 것보다 따로 단체를 만드는 것이 좋겠다고 해서 이미 단체를 결성했다고 말했다. 그러나 앞으로 따로 하더라도 작가회의와 긴밀한 연대 관계를 맺어서 일을 할 것이고, 또 회원들이 모두 희망하면 작가회의 산하에 들어올 수도 있지 않겠나 생각한다고 말했다.

회의 마치고 여성 분과에서 〈여성운동과 문학〉 2집 출판기념회를 열어 술과 안주, 떡을 먹으면서 얘기를 나누다가, 아무래도 아주 오래 될 듯해서 먼저 나왔다. 아파트에 오니 8시가 가까웠다.

1990년 3월 5일 월요일 맑음

오늘 오후에 박득배란 사람이 초대한 난초 전시회에 가기 위해 경복궁으로 지하철을 타고 갔다. 경복궁 들어가는 데서 경비 서 있는 사람에게 초청장을 보였더니 "오늘은 여기 쉬는 날인데" 하면서 초청장을 보더니 "여기가 아니네요. 창경궁 대온실이라면 시청 쪽으로 가야지요" 했다. 참 그랬던가. 나는 오늘 지식산업사 사장을 만나고, 종로 3가에서 바로 옆인 경복궁으로 가면 되겠구나 하고 착각했던 것을 깨닫고, 곧 시청으로 또 지하철을 한 번 바꿔 타고 갔다. 그런데 시청역에서 나가는 곳을 안내판을 들여다보고 찾았더니, 거기는 창경궁이 아니고 덕수궁이다. 참 여기가 덕수궁이었지. 그럼 창경궁은 맨 처음 윤 선생하고 다방에 들었던 글쓰기회 사무실 바로 옆이 아닌가! 그걸 어째서 깜박 잊어 먹고 경복궁에 갔다가, 또 덕수궁 쪽으로 왔다가 했는가! 나도 정신이 없지만 박물관 옆에 서 있던 그 젊은 경비원도 어지간히 모르는구나. 그런데 그때는 벌써 5시라 늦었다. 전시회는 오늘이 마지막이다. 나는 그만 피곤해서 그대로 와 버렸다. 박득배란 분이 일부러 편지를 보내고 전화까지 했는데 참 너무 미안하다. 나는 난초고 뭐고 그런 것 관심 없지만 내 책을 읽었다고 하고 그렇게 고마운 정을 보인 분(나이가 좀 많은 분 같았다)이라 책 한 권을 드리려고 일부러 가져가기도 했는데, 그만 못 만나고 와 버려서 아주 서운했다.

현우 시켜 돈 만 원을 주어 학교에서 파는 공책을 돈대로 사오라고 했더니 저녁에 공책 서른 권을 사 왔다. 8천 원 넘게 들었다 했다. 이 공책으로 금명년은 마음껏 쓰게 되었다.

오늘은 어쩐지 외로운 마음이 들어 《다쿠보쿠 가집(歌集)》을 아침에도 보고 밤에도 읽었다. 다쿠보쿠는 시대를 뛰어넘은 시인(오타 요코, 《잊을 수 없는 책(忘れえぬ書物)》)이라고 했지만, 민족을 뛰어넘은 세계적 민중 시인이란 생각이 들었다. 또 하나 다쿠보쿠의 하이쿠(俳句)에 "노(の)" 자가 한 수에 석 자넉 자 든 것이 많고, 더러는 다섯 자가 든 것도 있었다. 우리 시와 재미있는 대조가 되겠다는 생각이 들었다.

1990년 3월 7일 수요일 맑음

오늘 오전에 〈말〉 3월 호를 읽었는데, 그중 '국방군 문경 양민 대학살'이란 제목의 글을 읽고 놀랐다. 내가 20년 전에 있었던 문경 김룡학교 학구인 석봉리 이야기다. 지금 생각해도 그때 석봉리에 그런 일이 있었다는 얘기를 들은 기억이 없는데,

그토록 사람들에게 알려지지 않고 묻혀 있었던 일이라서 기가 막힌다. 석봉리는 내가 여러 번 갔던 곳인데, 그 마을 사람들도 모두 입을 다물었던 모양이다. 1949년 12월 24일, 군인들이 한 부대나 와서 석달 부락 사람들을 모조리 쏘아 죽이고 집을 불태웠는데, 뒤에 학교에서 돌아오는 아이들도 모두 쏘아 죽였다고 한다. 그런데 그 끔찍한 살육의 현장에서 구사일생으로 살아남은 사람이 몇이나 있어, 그들이 그때 일을 증언하고 있다는 것이다. 그런데 이 사실을 아직까지 밝히지 못했고, 지난날 민주당 정권 때와 박정희가 몰락한 직후에도 거론했다가 그만 군인들이 집권하자 도리어 그렇게 말을 낸 사람들이 반정부 분자로 몰려 잡혀가고 했다니, 이놈의 나라가 도대체 어찌 된 나라인가? 남은 유족들 가운데 하도 이 사실이 억울하여 어느 분은 그 이야기를 수기로 써서 몇몇 출판사에 보냈지만 모두 책으로 내기를 꺼려 해서 할 수 없이 미국에라도 가서 이 사실을 밝히고 호소해 보겠다고 한다니 참 이거 말을 할 수도 없는 기막힌 일이다.

그런데 내가 그때 김룡학교 있을 때 듣기로는 석봉리가 아니라 우곡리던가, 다른 곳에 또 한 부락이 모조리 국군한테 총살 당해, 그날은 온 마을이 제사를 지낸다고 들었다. 그곳은 분명히 석봉리 석달은 아니다. 그렇다면 그 김룡 학구에는 두 곳이나 학살 사건이 일어났던 것이다. 아! 우리 역사가 언제 바로 설까? 이것이 모두 미국 놈들 때문이고, 일본 놈들 때문이다.

그리고 이승만이와 군인들 때문이다.

내가 김룡학교에 두 해 반이나 있으면서 그런 일을 모르고 지냈으니 내가 사람으로 살았다고 할 수 없다.

종일 우울했다.

그래도 〈우리교육〉 원고를 쓰려고 했는데, 밤까지 걸려서 전에 쓴 원고를 고쳐 옮기는 것도 잘 안 되어 억지로 했다.

현우는 대구 갔다. 병무청에다 방위병에 빨리 보내 달라는 신청서를 낸다고 했다.

1990년 3월 9일 금요일 맑음

오후 한길사에 가서 《삶을 가꾸는 글쓰기 교육》인지 5백 장을 주고 인세 21만 원을 받았다. 그리고 저녁 6시부터 기독교백주년기념관에서 있는 문익환 선생 북한 방문록 《걸어서라도 갈 테야》 출판기념회에 참석하기 위해 시간을 기다려 기독교회관 다방에서 한 시간쯤 신문이나 본다고 들어갔더니 더러 본 기억이 나는 어느 분이 인사를 해서 같이 앉았다. 그 사람은 얼굴이 좀 병색인 젊은이인데, 안 무엇이라고 했던가, 감옥에 있는 분들을 열심히 찾아보는 사람이었다. 오늘도 안양교도소에 가서 어느 분을 만나고, 또 문익환 목사님도 만나고 오는데 "마침 까치 우는 소리가 들리잖아요. 오늘 반가운 일이 있겠구나 싶었더니 선생님을 만나게 되네요" 했다. 내가 말할 틈도 없이 혼자 자꾸 얘기하는데, 어릴 때 뇌성마비를 앓았다는 것, 그래서 간질병으로 오랫동안 고생하다가 지금은 거의 다 나았지만 약을 많이 먹어서 그런지 가끔 어지럽고 힘이 빠져 아무 일도 못 한다고 했다. 직업도 구할 수 없이 이렇게 다니는데, 모두가 어디 병원에 가서 종합 진단을 받아 보라고 해서 부산에 있는 가톨릭병원에 갈 요량으로 돈 16만 원을 장만하느라고 지금 애쓰고 있다고 했다. 얘기를 들으니 딱해서 지갑에 있는 돈 5만 원을 주었다. 여비에 보태라고. 그는, 감옥에 갇혀 있던 분들한테서 뜻밖에 편지를 많이 받는다면서 임수경 양의 편지를 보여 주기에 읽어 보았더니 임 양이 참 편지를 잘 썼다. 장기표던가 이부영 씨던가 편지도 있었다.

6시에 백주년회관에 가니 사람들이 많이 모여 있었다. 사회를 하는 김근태 씨가 참 잘했다. 장기표, 이부영, 고은, 지선, 박형규, 김병걸, 박순경 이런 분들이 나가서 좋은 얘기를 했고 기도도 했다. 문익환 선생을 한 번도 찾아가 뵙지 못한 내가 너무 부끄러웠다. 마지막에 김구 선생 따라 평양에 갔다던가 하는 사람이 나가서 결의문을 읽고 마쳤다.

그리고 떡, 다과, 음료수 같은 것이 준비되어 있어, 모두 얘기하며 음식을 나누었지만 나는 와 버렸다. 나는 그런 자리에 함께할 자격도 없다는 생각이 들었다. 그리고 무슨 음식을 나눠 먹는 자리에는 나가기 싫다. 이건 내가 아주 어릴 때부터 가진 습성이란 것을 깨달았다.

1990년 3월 13일 화요일 맑음

임길택 씨 시집 발문을 다시 고쳐 썼다.

오후, 권오삼 씨 앞으로 보내는 글을 쓰고, 6시에 아람유치원
에 갔다. 박문희 선생을 만났더니, 아이들 얘기, 유치원에 온갖
형식의 서류 갖춰야 하는 얘기(유치원에 그런 사무가 많은 줄
몰랐다), 동화 이야기, 글쓰기 이야기 등을 한없이 늘어놓으면
서, 정작 오늘 만나서 회보에 실을 연수 발표 자료 이야기는 하
지 않았다. 그래 그 얘기를 하려니 도무지 틈을 주지 않고 끊임
없이 이야기를 했다. 그러더니 저녁을 같이 먹으면서 얘기하
자고 해서 음식점에 갔더니 비싼 갈비를(내가 먹기 싫다고 했
는데도) 시켰다. 거기서 두 시간도 넘게 또 이야기를 쉴 새 없
이 했다. 그래 참다못해 내가 "회보에 실을 자료를 얻으려고
해서 왔는데요" 했더니, "오늘 이렇게 얘기해서 이런 것 쓰면
되는지 알아보고 쓸라고 했어요" 했다. 나는 그렇게 쓰면 참
좋겠다고 말하고 모레까지 꼭 되도록 해 달라고 하고 왔다.

오늘 저녁에 박 선생 얘기를 몇 시간 좀 참을성을 발휘해서
들었지만, 한편 참 좋은 얘기도 있어서 여러 시간을 결코 헛되
게 보낸 것이 아니라 생각했다. 내가 참 좋은 이야기라 한 것은
아이들이 쓴 이야기가 그대로 좋은 동화가 된다는 것이다. 박
선생은 실제로 유치원에 찾아오는 국민학생들(아람유치원 졸
업생들)이 쓴 글을 모아 동화로 이용했다고 말했다. 그래서 내

258

가 여기서 생각한 것은, 오늘날은 민간 이야기가 아주 없어지다시피 되어 있고, 어른들이 쓴다는 동화도 삶을 떠나고 인간을 떠난 것으로 되어 있는 사정에서 아이들이 쓰는 이야기 글이야 말로 아이들 스스로 만들어 가는 현대판 '동화'가 될 수밖에 없구나, 되어야 하겠구나 하는 생각이다. 나는 지금까지 아이들이 쓴 글을 아동문학에서는 단지 소재로 이용할 수 있고, 하면 좋겠다는 생각을 가졌는데, 다시 한 걸음 나아가서 이 아이들의 글이 바로 아이들이 창조해 가는 살아 있는 이야기가 되어야겠다는 생각을 하게 되었다. 이것은 매우 중요한 깨달음이다. 이 생각을 더욱 발전시켜 나가야겠다고 생각한다.

1990년 3월 17일 토요일 비

오전에 임길택 씨 시집 발문을 고치고, 뒤쪽에 더 보태 썼다.
오후에는 〈수레바퀴〉 원고를 썼다.
밤 7시가 지나 거창에서 임길택 선생이 와서, 시집 원고를 같이 읽어 가면서 고쳐야 할 곳을 고쳤다. 그리고 이야기하다가 12시가 지나 잤다.
임길택 씨가 이번 3월에 옮겨 가 있는 학교는 거창군 신원면인데, 바로 그 신원면에서 있었던 집단 학살 사건의 자리가 그 학교 학구 안에 있다고 한다. 거기 가 보니 아주 조그만 골짜기였는데, 아주 갈 곳이 틔어 있지도 않는 그런 곳에 사람들을 가

라고 했을 때 어째서 수백 명이나 순순히 갔는지 알 수 없다고
했다. 그러나 어디 가라고 쫓아낸 것이 아니라 어느 곳에 가서
기다리고 있으라든지 했겠지. 총으로 위협해서 거기 가서 있
으라고 몰아내는데 어찌하겠는가?

또 임 선생은 학교 이야기를 하는데, 전교생이 모두 60명이
고, 자기가 맡은 6학년이 12명이라 했다. 그런데 그 아이들이
글을 읽지 못하고, 기초 셈도 못하는 아이들이 대부분인데, 머
리가 그리 둔하고 지능이 낮은 아이들도 아니라고 한다. 그런
곳에 근무한 교사들이 무엇을 하면서 지냈을까? "민주 생활이
고 뭐고 아무 필요도 없어요. 다섯하고 일곱하고 더하는 셈도
모르는 아이들에게 민주주의가 무슨 소용 있습니까" 했다. 그
리고 "그동안 글자 가르치고 셈하기를 지도했더니, 몇몇 아이
들이 놀랍게 잘하는데, 그 아이들도 학교 오는 것을 그렇게 좋
아합니다" 했다.

나도 그 신원면에 있는 임 선생 학교에 한번 가 보고 싶었다.

민주주의도 필요 없는 아이들! 이건 아주 큰 발견이다.

1990년 4월 5일 목요일 맑음

오늘은 구름 한 점 없는 날, 날씨가 너무너무 좋았다. 그런데
오후에 잠시 밖에(책방, 복사집) 나갔을 뿐, 종일 방에 있었다.

아침에 김민기 씨가 전화를 해서, 〈한겨레신문〉에서 광고를

한 노래 중 동요를 심사해 달라고 해서, 할 수 없이 그러겠다 했더니, 저녁때 한 아가씨가 책과 악보가 든 꾸러미를 한 아름 갖다 놓았다. 김민기 씨 부탁은, 한겨레에 응모한 것도 보고, 연변 지방에서 부르는 노래들 중에서도 뽑고, 그리고 이곳 남한에서 부르는 것도 뽑고 해서 모두 50곡쯤 선정해 달라는 것인데, 연변에서 가져온 책은 몇십 권이 되고, 여기 남한의 것은 겨우 한 권을 책방에서 사 왔다. 이래 가지고야 어찌하겠는가! 그래 저녁 먹고 연변의 책들을 보았더니, 그곳의 노래는 대부분 여기서는 부를 수도 없고 맞지 않는 것이었다. 사회체제가 아주 다르니 그럴 수밖에 없지. 해방 직후의 자료나 일제시대 것이 없는 것이 가장 큰 문제다.

그러나저러나 이걸 괜히 맡았다 싶다. 더구나 이번에 응모한 작품은 이걸 풍금으로 쳐 봐야 하는데 풍금이 없으니! 조그마한 걸 하나 사야지 어떻게 하나?

내일모레 대전 가는 일도 아주 못 간다고 최종순 씨한테 말했지만, 이걸 해낼 일을 생각하니 걱정이 태산이다.

1990년 4월 6일 금요일 맑음

9시에 시내에 갔다. 글쓰기회 사무실에 가서 최종순 선생에게 연수 자료를 주어 회보에 싣든지 해서 회원들이 모두 연구를 해서 글을 써내도록 하면 회보에 실을 수도 있고, 책으로 만들 수도 있을 것이라 말했다. 그리고, 5월 회보 우송 준비해 놓은 것 풀어서 주소 바뀐 사람 것 모두 고쳐서 쓰고, 3층의 공병우 박사를 만나러 갔다. 공 박사는 반갑게 맞아 주면서, 내가 지난번 보낸 《우리 글 바로 쓰기》를 잘 봤다 하시면서 "이것 보세요" 하고 내놓는데, 신문이나 잡지에 서양 말 이름의 책 광고 난 것 오린 것을 보이면서 "이걸 이렇게 해서 모아서 좀 비판할라 했는데, 이제 이 선생이 하시니 안 해도 좋겠어요" 했다. 나는 "선생님도 해 주셔야 합니다" 하고 신문, 잡지에 나오는 글이 얼마나 엉망인가를 말하면서 "한글문화원에서 우리 글 바로 쓰도록 경종을 울리는 정기간행물을 내셔야 합니다" 고 했더니, 공 박사는 여전히 기계화 문제를 끄집어내면서 한참 동안 아주 열변을 토했다. 그러면서 나한테 "타자기는 무얼 씁니까?" 했다. 아직 안 배웠다고 했더니 그래서 안 된다면서 다시 또 한참 열변을 이었다. 공 박사 말이 끝날 것 같지 않아 내가 참다못해 한마디 했다.

"박사님 말씀 모두 옳습니다. 그런데 제가 타자기 안 쓰는 이유가 있습니다. 박사님 기계화 자꾸 말씀하시지만, 기계화만 된다고 사회가 구제되는 것 아니라요. 책방에 가면 책이 산으로 쌓였는데, 저는 이제 글 쓰는 사람들 제발 글 좀 조심해서 적게 썼으면 싶어요. 원고지 한 달에 천 장 쓰던 사람은 백 장쯤 줄였으면 싶어요. 활자 공해, 인쇄물 공해가 이만저만 아닙니다. 저 자신도 이제 글을 될 수 있는 대로 적게 써야겠다고 결심했습니다."

이렇게 말했더니 그만 공 박사는 아무 말을 안 했다. 그래 이
기회다 싶어 "다음 또 뵙고 말씀 듣고 싶습니다" 하고 나오는
데 너무 친절하게 문 앞까지 나와 주셨다.

한글문화원에서 나와 종로 2가 우체국에서 회보를 부치고 바
로 과천에 왔다. 오후에는 건너편 상가에 가서 풍금을 사려고
했더니 전자 제품으로 오르간 소리, 피아노 소리 등이 나는 아
주 간편한 악기가 있어 8만 9천 원 주고 사 왔다. 그걸 가지고
밤 11시 반까지 한겨레에서 공모한 동요 작품을 쳐서 쓸 만한
것을 뽑았다. 악기 쳐 보는 것이 몇십 년 만인 것 같다.

1990년 4월 7일 토요일 비

아침에 우체국에 가서 등기 우편물을 찾으니, 주중식 선생이
보낸 것인데, 창원대 박홍규 선생이 쓴 교과서에 관한 원고가
들어 있었다. 어디 발표해 달라고 보낸 것이다. 첫머리에 주중
식 선생한테 보낸 편지를 보니, 오월에는 유럽에 초청이 있어
나간다고 하면서, 외국에 나갈 것이 아니라 감옥에 들어가야
옳은 일이라고 써 놓았다. 참 대단한 양심을 가진 분이란 생각
이 들었다.

하루 종일, 밤 11시 반까지 걸려 '동요 5백 곡집'을 대강 훑어
볼 수 있었다. 우리 나라 아이들이 부르게 되어 있는 동요의 대

강을 이번에 알 수 있어서 여기에 관해 논문을 써야겠다고 생각했다.

우리 나라 분단 40여 년 동안 남한의 아이들이 부른 동요는 가사로는 윤석중, 김영일, 장수철, 박경종, 강소천 이런 사람들이고, 곡은 홍난파, 윤극영 들이다. 그리고 가사를 보면 참 어처구니없는 내용들이 많은 데 놀라지 않을 수 없다. 아이들의 삶이란 전혀 없는 것뿐이다.

이런 동요 곡을 어떻게 뽑겠나?

1990년 4월 8일 일요일 맑음

오늘은 연변에서 가져온 음악책들을 살펴보고 대강 가려 뽑는 일을 하였다. 저녁때는 내가 복사를 해 두어야 되겠다 싶어 건너편 상가에 가서 복사를 해서 밤에 그것을 오려 붙이고 정리하다 보니, 밤 12시가 되었다. 이번에 내가 이 일을 힘들여 한 보람이 있는 것 같다. 그것은 지금까지 생각을 별로 깊이 해 보지 않았던, 아이들이 부르는 동요를 좀 더 자세히 파악할 수 있게 되었다는 것이다. 더구나 중국 연변의 자료와 우리 나라 것을 비교해 보니 이곳의 동요의 실상이 잘 드러남을 알게 되었다.

내일부터는, 한 차례 뽑아 놓은 것을 다시 살펴서 확정하고, 또 해방 전후와 일본 교포들의 것도 얻을 수 있으면 얻어서 살펴봐야 되겠는데, 시간이 허락할는지 모르겠다.

1990년 4월 11일 수요일 맑음

오후에 시내에 나가는데 더워서 버스 안에서 넥타이를 풀어 버렸다.

인사동 토담 집에서 4시부터 겨레노래선정위원들 모임이 있어서 갔더니 김민기 씨 말고는 대개 모르는 이들이라 인사를 했다. 황문평, 이건용, 김용만, 김창남 그리고 조금 뒤에 온 분은 이종구란 사람이었던 것 같다. 겨레 노래란 어떤 노래를 말하는가 하는 문제를 두고 한참 각자 생각을 말하고 선정 방법 등을 얘기하다 보니 8시가 다 되어서야 마치고, 저녁을 같이 먹고 헤어졌다. 오늘 모임에서 일제시대나 해방 직후의 동요 자료를 얻을 수 있을까 했더니 아무도 그런 것 가진 이들이 없었다. 다음 월요일에 다시 모여, 선정한 것을 두고 협의 결정하기로 하고 헤어졌다.

오늘 모인 사람들 중에서 이건용 씨가 참 좋은 얘기를 했던 것 같다.

1990년 4월 12일 목요일 비

오전에 악보 복사를 해 놓고, 오후에 책방에 가서 '동요 1200곡집'을 사서, 종로서적에 맡겨 두었던 책(어제, 한길사에서 산책)을 가지고 왔다.

밤에, 복사해 온 악보를 정리하고, 50곡 선정하는 것 대강 뽑아 적는데 어찌나 시간이 걸리는지, 허리가 아픈 것도 참고 하다 보니 12시 40분에 겨우 마쳤다. 이걸 다시 한 차례 검토해서 차례를 정해 놓으면 된다.

1990년 4월 14일 토요일 비

오후 2시에 작가회의 월례 이사회에 갔더니, 무슨 도예전을 위한 일을 하러 간다던 것은 연락도 그동안 없었는데 뒷날로 미룬 모양이고, 그냥 이사회만 했다. 각 위원회에서 모두 참 일을 많이 하고 있는 데 놀랐다. 이래서 우리 문학이 살아나겠구나 싶었다. 오늘 아동문학 작가 여덟 사람을 입회하도록 했다.

마치고 KBS 농성장에 가 보자고 해서 모두 갔다. 농성장에서 잠시 인사하고 나왔는데, 시인 김남주 씨가 즉석에서 아주 열변을 토해 인사를 해서 뜨거운 박수를 받았다.

KBS 사장에 취임했다는 그 서기원이란 사람이 알고 보니 소설가 서기원이었다. 고은 씨고 신경림 씨고 모두 잘 아는 친구 사이여서 두 사람 다 농성장에 가기 거북스러워하더니, 결국 고은 씨는 차를 타고 가다가 병원에 갈 시간이 늦었다고 해서 내려 버렸고, 신경림 씨는 방송국에 가서 들머리에서 잠시 인사하고는 농성장에도 안 가고 나가 버렸다. 서로 아는 사이라 이렇게 되는 것도 어느 정도는 이해하겠는데, 그 뻔뻔스럽기 말할 수 없는 서기원이가 앞으로 장관 자리가 탐이 나서 노태우한테 잘 보이기 위해 그 짓을 한다고 신경림 씨도 고은 씨도 말하던데, 그런 짐승의 가죽을 덮어쓴 사람을 친구라 해서 농성 격려도 제대로 못 한다는 것은 도무지 이해할 수 없다.

저녁에는, 옛날 내가 배워서 기억하고 있는 노래를 악보에 옮기는 계획을 세웠다. 사라진 악보를 찾기는 단념해야 되었기에 이제는 내가 알고 있는 것이라도 기록을 해 두는 수밖에 없다. 오늘 아침에 박용구 선생 집 전화번호를 물어봤더니, 자기도 그런 악보는 가지고 있는 것이 없다고 했다. 겨우 40년 전의 것이 이렇게 알뜰히 사라졌는데, 백제고 고구려고 그때 기록이 어찌 남아 있겠는가!

1990년 5월 4일 금요일

11시쯤에 지하철 동대역 부근에 있는 한국브리태니커에 찾아가서 김사라 씨를 찾았더니 직원들이 그분을 "사장님"이라 했다.

편집개발실장 천재석 씨, 그 밖에 시카고 본사에서 왔다는 장호상 씨와 직원 몇 분 모두 한자리에 앉아서 이야기를 나누었다. 나는 지금 우리 말과 글이 얼마나 심하게 병들었나 하는 이야기를 했다. 실장 천 씨는 앞으로 일주에 한 번씩 와서 지도를 좀 해 달라고 해서, 그런 정도면 도와 드릴 수 있다고 했더니,

김사라 사장은 그만 아동문학 쪽은 당분간 쉬고 원고를 아주 한 차례 다 봐 달라고 했다. 나는 도저히 그럴 시간이 없다고 했다. 그리고 나 혼자 그렇게 하는 것보다 모두 같이 공부하는 마음으로 연구하고 의논하고, 그래서 실제 일하는 분들이 모두 이 일을 잘해 나가는 것이 가장 바람직하다고 말했다.

그런데 이야기하는 가운데 내가 좀 놀란 것이 있다. 시카고 본사에서 왔다는 장호상 씨가 내 책《우리 글 바로 쓰기》를 앞에 놓고(내 얘기를 한참 들은 다음) "선생님, 이 책을 쓰신 학문적인 근거가 어디에 있는지 알고 싶습니다" 했다. 그래 참 너무 한심하다는 생각이 들어 "뭐, 학문이라고요? 그 학문이란 게 뭡니까? 나는 우리가 글을 쓸 때 일반 민중들이 말하는 그 말을 따르고 그 말을 살려서 써야 한다는 신념뿐입니다. 학문이 하늘에서 내려오는 것이라고 생각하지 않아요. 내 생각의 바탕과 뿌리는 민중의 삶이고 민중의 말입니다." 그랬더니 더 아무 말을 하지 않았지만 내 말을 이해했는지 알 수 없었다. 그 젊은이는 자기가 가진 그 책《우리 글 바로 쓰기》에 사인을 해 달라 해서 써 주었는데, 오늘만 여기 있고 내일은 또 미국에 간다고 했다.

점심을 모두 같이 먹고, 두어 주일 뒤부터 화요일마다 오후에 나오기로 하고 왔다.

그다음 실천문학사에 가서 임길택 시집을 얻고, 고료를 받았다. 그리고 작가회의 사무실에 갔더니 고은 씨가 도자기에 글

268

씨를 쓰고 있었는데, 나도 할 수 없이 두 개를 써 놓고 왔다. 그
도자기에 쓰는 글씨는 도무지 쓰이지 않아 참 애먹었다.

1990년 5월 5일 토요일 맑음

선경 작품 심사하는 데 온종일, 밤 11시 반까지 걸렸다. 그래
도 다 못 했다. 내일 최종 결정을 하고 심사평을 써야 한다.
아침에 권정생 선생한테 전화를 걸어 풍금을 좀 탈 수 있는가
물어보았다. 악보 보고 가락만 탈 줄 안다고 하면 내가 샀던 것
과 같은 악기를 사 줘야겠다고 생각했다. 전에 언젠가 일직교
회 갔을 때 풍금 타는 것을 보았기 때문이다. 가락을 대강 탄다
면서 그렇잖아도 풍금을 하나 샀으면 하는 생각을 했다고 했
다. 이번 한겨레신문사에서 책이 나오면 내가 가진 것과 같은
것을 하나 사 줘야겠구나 싶었다. 그렇게 혼자 있는 사람은 악
기라도 탈 수 있도록 해야 덜 외롭겠다는 생각이 든다.

1990년 5월 11일 금요일 흐림

낮에 주순중 선생이 와서, 지금 가 있는 학교 이야기를 하는
데, 아침 자습 시간에 아이들을 꼼짝도 못 하게 하고, 중간 체
육이라 해서 아이들을 걸상에 앉혀 놓고 맨손체조를 하게 하고
(그것이 일본에서 들어온 것인데, 일본에서는 공장에서 일하는

어른들이 그런 체조를 한다고 했다) 매주 시험문제를 넉 장씩 인쇄해서 주도록 하고, 또 전교 아이들에게 어른들이 연구 논문 쓰는 형식으로 글을 써내게 해서 아이들이 모두 집에서 어른들이 대신해 써 주는 것을 가져온다는 것이다. 그 학교 교장이 교위에서 오랫동안 장학사를 한 사람이라 아이들 잡는 것뿐 아니고 선생들과 어머니들 잡고 숨도 못 쉬게 한다고 했다.

그것도 모르고 주 선생은 거기 가서 어머니들에게 아이들 바른 사람으로 키워야 한다고 하면서 돈 봉투도 안 받는다고 선언을 했더니 어머니들 대부분은 크게 반가워했지만 몇몇 어머니들이 반발을 해서 교장에게 고자질하고, 온갖 중상모략을 해서 견디기 어렵다고 했다. 교장이 그런 어머니들 뒤에서 조종하고 있는 것이 확실했다. 무엇보다도 아이들이 가엾어서 견딜 수 없다고 했다. 지금 같아서는 그만 퇴직하고 싶다고도 했다.

그래서 나는, 그 정도라면 참고 아이들 지키라고 했다. 처음부터 사정을 잘 살펴 조심스럽게 하지 못한 잘못도 있으니, 지금부터 너무 욕심내지 말고 꾹 참고 일하면 차츰 나아질 것이라 했다. 일기를 쓰고 있는가 물었더니 쓰고 있다 했다. "꼭 써야 합니다. 글 쓰는 사람은 글로 갚아야 합니다" 했다.

점심을 같이 먹고, 보냈다.

주 선생하고 책방에 나간 김에 무크지에 실을 자료를 복사해 와서 그걸 정리하느라고 밤늦게까지 걸렸다.

1990년 5월 22일 화요일 맑음

아침에 책상에서 앉아 있는데 뻐꾸기 소리가 지나가는 차 소리 사이사이 연달아 자꾸 들려와서 너무 반가웠다. 어디 이 근방으로 날아온 것일까? 아침 8시. 그러나 조금 있으니 어디로 날아간 듯 아주 들을 수 없었다.

10시쯤 시청 예산계장이 와서 원고를 가져갔다.

점심을 일찍이 먹고 나갔다. 한글문화원 사무실에 가서 무크지〈우리 어린이문학〉원고를 두고(오후 이재복 씨가 와서 보도록) 곧 동대역 부근 브리태니커 회사에 가서 2시부터 5시까지, 두 시간으로 나누어 그곳 직원들 모인 자리에서 번역한 글을 가지고 바로잡아야 할 곳을 말해 주고 같이 의논하기도 했다.

5시에 나와서 다시 문화원 사무실에 가서 이재복, 노경실 두 사람과 무크지 원고를 가지고 논의를 했다. 창작 원고, 문화 평론 원고 다 볼 만한 것이 별로 없어서 마음에 차지 않은 것을 싣자니 의논을 자꾸 하게 되었다. 마치고 오니 9시가 되었다.

밤에는 그 원고를 다시 정리하니 12시가 훨씬 넘었다.

밤 9시 반쯤 수원에서 이계옥 씨가 전화를 걸어 왔는데, 자기 딸아이가 1학년에 다니는데 학교서 올 때 흔히 얼굴에 시퍼런 도장을 찍혀 온다고 하면서 분개했다. 공부를 못하거나 좀 떠들고 하면 그런 도장을 찍어 보낸다는 것인데, 아이는 부끄러워 얼굴을 들지 못하고 땅을 보며 온다고 한다. 그래 그 선생을 만나 항의를 할까 하는데 아이가 "엄마, 선생님한테 말하지 말아요" 해서 못 하고 있단다. 그렇게 당하고 있는 아이들의 어머니들이 모두 속으로만 끙끙 앓고 있다는 것이다. 그래 내가 "전화를 걸어서 교육장한테 얘기하고, 학교장한테도 얘기해요. 그렇게 당해도 아무 말도 못 하고 있다니 부모들이 뭣 하는 겁니까. 부모들이 아이들 안 지키고 누가 지켜요. 참 답답합니다" 해 주었다.

참 기막힌 일이다. 문교부가 하는 짓 보니 선생들이 그런 짓 꼭 하게 됐구나 싶다.

브리태니커에서 올 때, 매주 한 번씩 나가는데 한 달에 40만원 주겠다면서, 지난번 10만 원 받은 것을 제한 30만 원을 주는 것을 보았다. 그런 돈을 안 받아도 할 만한 일은 해야겠지만, 40만 원이 많다 적다 할 수는 없었다.

1990년 6월 23일 토요일 흐림

오후 종로서적에 가서 어제 꾼 돈 5만 원을 갚아 주었다. 이 돈은 어제저녁에 강사료로 받은 것이다.

글쓰기회 사무실에 갔더니 사무국 선생들이 모두 모여 있었다. 윤구병 선생이 "충북 제천·단양 사건하고 광명시 사건을 아십니까?" 했다. "제천 사건은 들었는데 광명에 무슨 일이 있었습니까?" 했더니 이주영 씨가 얘기하는데, 광명글쓰기회에서 회원 연수 모임을 갖기 위해 3일간을 계획해서 첫날에 이주영 선생이 강사로 갔는데, 교장들과 장학사들이 몰려와서 회원들이 들어올 수 없게 하고, 온갖 방해를 다 해서 약 30분 동안 애기를 하고 마쳤다고 했다. 그다음 날 김익승 선생이 갔을 때는 워낙 각 학교에서 못 가도록 단속을 해서 여남은 사람밖에 안 왔는데 교장, 교감, 장학사 들이 수십 명 들어와서 고함을 지르고 단상 가까이까지 밀고 들어와 깡패 같은 짓을 하더라 했고, 사흘째 갔던 최종순 선생은 아예 그 자리에서 모이지도 못하고 어느 아파트에 가서 얘기했는데 교장, 장학사 들이 선생들을 하나하나 따라다니면서 윽박지르고 했다고 한다.

이 사건을 어떻게 하나 의논을 했다. 고소를 하자는 말이 나왔지만, 고소를 해서 그 감당을 할 사람이 있어야 하는데 모두 바쁘니 곤란하다는 말을 윤 회장이 했다. 그래 내가 이 사건의 경과를 자세히 적어서 회보를 만들어 회원들과 각 기관에 보내는 것이 좋겠다고 했다. 우리가 이런 어려움을 이겨 내는 방법은 역시 글쓰기의 방법으로 하는 것이 가장 좋겠다고 말했다. 모두 내 말에 찬성을 했다.

여름 연수회 계획을 의논하고 아직 회의를 하고 있는데 먼저 나왔다.

집에 오니 정우 내외가 왔다 간 모양으로 냉장고를 고쳐 갖다 놓았다.

1990년 6월 28일 목요일 흐림

〈한길문학〉에 낼 원고를 오전에 마쳐 놓고, 오후 2시에 서울 YWCA 어린이부에 가서 어린이 책 추천위원들(약 열 명쯤)에게 어린이 책에 관한 얘기를 한 시간 반쯤 해 주었다. 여러 가지 의견이 나왔는데, 그중에서 "좋은 책을 추천해 주어도 읽지 않으니 어찌해야 하나" 하는 말이 나왔다. 그래서 좋은 책을 추천할 뿐 아니라 나쁜 책 가운데 많이 사 보는 책을 모두 같이 읽어 보고 그것을 합평을 해서 YWCA 회보에 공표하든지 해 보라고 했다. 그래서 악서를 비판해서 추방하는 일을 어머니들이 할 수 있도록 하면 어떤가 했더니 모두 그게 좋다고 해서 베스트셀러에 올라 있는 《오싹오싹 공포 체험》이란 책을 한번 검토하도록 권했다.

나올 때 박영숙 선생이 강사료로 돈 5만 원을 주었고, 나는 민들레교회에 보내는 돈 10만 원이 든 봉투를 《참교육으로 가는 길》 책 속에 끼워 주었다.

5시에 종각 태을당에서 〈문학신문〉 기자를 만나 원고를 주고, 창간호를 받았다.

6시 40분부터 한글문화원 지하 강당에서 그림 분과 발표회가 있어 정승각 씨와 류재수 씨, 두 분이 발표를 했는데, 슬라이드를 보여 주며 하는 이야기가 참 좋았다. 오늘 아침 다행히 우리 모임 광고가 〈한겨레신문〉에 나와서 모인 사람이 40명 가까이 되기는 했지만, 그래도 사람이 너무 적다는 생각이 들었다. 우리만 듣기에는 아까운 발표 내용이었다. 우리 회원 가운데 서울시와 시 근방에 있는 학교 교원들이 상당히 있는데, 이런 얘기도 들으러 안 오니 참 한심하다. 그래 가지고 무슨 교육자인가. 마치고 오니 11시가 지났다.

1990년 7월 19일 목요일 흐림

오후 2시부터 4시 좀 지나기까지 한길 문예 창작반 강의를 하고, 5시부터 혜화역 부근에 있는 한마당에서 문학 예술인 시국 선언 대회가 있다고 해서 갔더니 작은 극장인데 자리가 좀 비좁았지만 노래와 구호를 불러 가며 진행하고 있었다. 그러다가 사회하는 사람이 "여기 오늘은 원로 되시는 분들이 여럿 오셨으니 소개를 하겠습니다"면서 이름을 불러 인사를 하게 하는데 백기완, 이기형, 그다음에 나, 남정현, 신경림, 민영…… 이렇게 불러 세워서 무척 부끄러웠다. 아무것도 안 하는 내가 무슨 원로인가. 그리고 이철 의원이 최근 일어난 시국의 사건 이야기와 앞으로 할 일을 이야기한 다음 문화, 방송, 출판, 예술계 탄압 사례를 몇 분이 나가서 얘기하고, 백기완 씨도 나가서 한마디 얘기한 다음 시국 선언문을 신경림 씨가 읽고는 밖으로 가두 행진하러 나갔다.

그런데 문밖에 나가자마자 전경들이 기다린 듯 달려와 에워싸고 못 나가게 해서 한참 서로 부딪쳐 밀고 싸우고 하다가 할수 없이 거리 시위를 포기하고 그 자리에서 구호를 외치고 노래 부르고 하다가 만세 삼창한 다음 헤어졌다.

몸싸움할 때 백기완, 김규동 씨들이 맨 앞에서 마구 밀고 부딪쳐 나가려 했는데, 몸을 다치지 않았나, 염려했더니 무사했다. 나도 맨 앞에 있었지만 그냥 서 있기만 했다. 그랬더니 전경들도 내 앞에 가만히 서 있었다. 내가 밀고 나간들 길을 열어줄 리가 없고, 또 내가 그들을 밀어제치고 나갈 힘도 전혀 갖지 못했기 때문이다.

모두 저녁 식사 같이 하러 가자고 하는 것을 이기형 선생하고 같이 나와 전철 타고 왔다. 오늘 신문에 야권이 김대중 씨 중심으로 단결하기로 의논이 된 모양이다. 참 오랜만에 좀 빛이 보이는 소식을 듣게 되었다. 그런데 앞으로 단단히 싸울 각오를 해야 하는데 내가 할 일을 어찌하나?

1990년 8월 15일 수요일 맑음

오늘이 해방 45주년이다. 그때 그 해방의 날에 어찌 이렇게 45년 동안을 보낼 것을 꿈엔들 상상했으랴. 지금은 이놈의 나라가 온통 폭력과 살인강도와 사기꾼들이 제멋대로 하는 나라가 되었다. 정치도 경제도 교육도 문화도 엉망진창이 됐다. 국토는 쓰레기 강산으로 됐다. 아무리 생각해도 절망이다. 어찌

면 이제 나는 내 남은 인생이나마 고이 보낼 일이나 해야겠다
는 생각조차 든다. 무엇 하나 세상 위해 할 수 있는 것이 없다.
우리의 생명인 말과 글조차 이제는 돌이킬 수 없도록 오염되
고 병들어 버렸으니!

1990년 10월 23일 화요일 맑음

KBS 출연 계획을 했다.

낮에 한길사 김 사장이 문장 작법 원고에 대해 전화로 물어왔
다. 쓰기 시작했다고 대답했다. 김 사장은 연말까지는 다 될 것
을 바라는 것 같았다.

오후 3시에 나갔다. 4시부터 브리태니커에서 주로 아이들이
쓴 시를 가지고 시 이야기를 했다. 역시 그곳 젊은이들은 글을
잘 보고 시도 잘 이해했다. 그런데 《일하는 아이들》에 나오는
농촌 아이들의 삶을 잘 이해하지 못했다. 그걸 보고 새삼 시대
가 변했다는 것을 깨달았다.

글쓰기에서 문학작품이든지 생활 글이든지 사실을 쓰는 말
의 체계와 책으로 이뤄진 생각과 개념의 말의 체계가 있겠구
나 하고 생각해 보았다. 이것이 어쩌면 오늘날의 글 세계를 분
석하고 이해하는 가장 큰 열쇠가 될 것 같기도 하다. 1차 언어,
2차 언어, 3차 언어, 4차 언어, 언젠가 생각했던 이런 언어 질
서에 대해서도 다시 한번 생각해 봐야겠다.

브리태니커에서 올 때 김 사장이 돈을 40만 원 주었다. 하루 나가는데 10만 원 계산해서 준다고 해서 너무 미안했다. 전에는 5만 원이었다고 기억되는데, 그것도 한 달 치를 미리 이렇게 주니 너무 미안하다.

1990년 10월 24일 수요일 맑음

오늘은 종일 방을 치웠다.

헌 신문을 모두 묶어 바깥에 갖다 놓고, 〈한겨레신문〉들은 철해 놓았다. 우편물 쌓아 둔 것—책, 광고물, 회보 종류, 편지들을 모두 정리해서 책으로 매어 둘 것은 그렇게 하고, 버릴 것은 버렸다. 편지를 모두 정리해서 철했다. 그리고 나니 어느덧 밤이 되었다! 세월이 이렇게 빠르다.

저녁때 언젠가 읽어야 한다고 따로 둔 〈동아일보〉에 난 이우정 선생 이야기를 읽었더니, 그분은 아침 9시에 나가서 밤 11시가 지나 집으로 돌아올 때까지 각처의 모임에 참여한다고 했다. 그리고 글은 새벽에 쓴다고 했다. 나는 그런 운동은 전혀 안 하면서 글도 제대로 못 쓰고 있다. 이러다가 내 생애가 다가 버릴 것 같아 애가 탄다. 그토록 유순하고 연약해 보이는 여자분이 나보다 얼마나 힘드는 일을 해내면서 살아가고 있는가! 내 삶이 그저 부끄러울 뿐이다.

1990년 11월 8일 목요일 흐림

오전에 〈말〉지 원고를 썼다.

오후 4시부터 6시까지 브리태니커에서 문장 이야기를 했다.

브리태니커에 갔을 때 한 젊은이가 "선생님, 브리태니커 사전에 올렸어요" 했다. 나 같은 사람이 어째서 그런 사전에 올라 있어야 하는지 모르겠다. 그리고 올라 있다고 하는데도 아무것도 기쁠 것이 없다. 이게 모두 내가 너무 나이 먹은 탓이다. 내 인생이 이제 황혼기에 든 것이다. 서글프다.

밤에는 '문장론'을 썼다.

1990년 11월 14일 수요일 맑음

'문장론'을 쓰고 오후 3시에 나갔다.

4시부터 6시까지 브리태니커에서, 오늘은 신문 사설을 가지고 이야기했다. 그런데 번역하는 사람이 몇 사람 참가했는데 (오늘 처음으로), 내가 얘기를 마친 다음 그중의 한 사람이 좀 이상한 말을 했다. 순 한글로 쓴 〈한겨레신문〉보다 한문을 섞어 쓴 〈동아일보〉가 뜻이 분명하고 이론이 정연하다는 것이다. 그러면서 "발본색원이란 말을 어떻게 순수한 우리 말로 바꿀 수 있을까요" 했다. 그래서 "그건 '뿌리 뽑는다'고 하면 되지요" 했더니, 뿌리 뽑는다고 해서는 그 뜻을 잘 전할 수 없다고 했다. 내가 또 "내 생각으로는 발본색원보다 뿌리 뽑는다고 하는 것이 훨씬 더 알기 쉽고 정확하게 느껴지는데" 했더니 예를 잘못 들었다면서 "척결"이란 말을 또 들었다. 그거야 "도려낸다"고 하면 되지요, 했더니 그렇게 해서는 그 뜻이 제대로 나타나지 않는다면서, 척결이란 짐승의 뼈와 살을 발라낸다는 말에서 나왔는데, 도려낸다고 해서는 안 된다고 했다. 참 세상에 어처구니없는 말을 다 하는 젊은이가 있구나 싶어 놀랐다. 나는 그래 적당히 대답하고 나왔지만, 이제 브리태니커에도 그만 가야겠다는 생각이 들었다. 젊은이들이고 나이 많은 사람들이고 이렇게 말과 글에 대해서 병든 생각을 가졌는가 싶으니 맥이 탁 풀린다. 어제도 오늘도 놀랄 일만 생긴다.

저녁에 처제가 왔다. 내 생일이라면서 선물로 무엇을 가지고 왔는데, 내복이라고 했다. 떡하고 약밥도 가지고 왔다. 저녁밥을 지어서 같이 먹고 보냈다.

1990년 11월 23일 금요일 맑음

'문장론'을 쓰다가 저녁때 종로 3가 사무실에 갔더니, 그때가 6시 반인데 아무도 오지 않았다. 오늘 7시에 월례 발표회가 있는데 미리 와 있는 사람이 한 사람도 없으니!

조금 있으니 안양서 정승각 씨가 와서 고맙게 문간에 안내 말을 써 붙이고 했다.

7시가 지나서 지하 강당에 가니 오늘 발표를 하는 조영효 교수가 와 있었다. 7시 반쯤, 할 수 없이 시작했는데 모두 열 사람이었다. 한 시간쯤 걸려 조 교수는 독일의 청소년 문학 이야기를 아주 잘 간추려 이야기해 주었다. 마치고 잠시 협의를 했는데, 독일의 청소년 문학이 어쩌면 독일 문화의 바탕이 되고 그것이 또 통일을 이룬 힘이 되었을 것 같다는 생각이 들었다. 그런데 독일의 미하엘 엔데 같은 사람이 아무리 훌륭한 작품을 썼다고 하더라도 그것은 독일 사회에 맞는 문학이지 우리에게는 거리가 멀다는 생각도 들었다. 독일의 문학은 그곳의 자본주의 산업사회가 안고 있는 기본 문제만 해결하면 되는 문학이었지만, 우리는 자본주의란 것도 아주 저질이고, 그것보다도 어처구니없는 폭력을 휘두르는 독재 권력이 아이들을 잡는 교육을 하고 있는데, 여기에 맞는 문학을 창조해야 하는 것이다. 그런 생각을 이야기해 주었다.

마치고 모두 저녁을 같이 먹으면서, 겨울 연수회 날짜를 1월 19일로 정하고 헤어졌다.

1990년 12월 14일 금요일 맑음

《울면서 하는 숙제》인지를 어제 밤늦게 천 장을 찍고, 오늘 아침 일찍 일어나 천 장을 찍어 오전까지 2천 장, 오후에 2,500장, 그리고 밤에 1,500장, 이래서 모두 7천 장 찍었다. 산하에 6천

장 주면 천 장이 남는 셈이다.

오늘 인지를 찍으면서 생각한 것이 있다. 글 쓰는 사람들이 이런 것 귀찮은 일이라 생각할 것이 아니라 농사짓는 사람 밭 일 하듯이, 직공들이 공장에서 일하듯이 하면 좋겠다는 것이다. 도장을 찍으면서 무슨 구상을 하든지, 노래를 부르면 즐거운 일이 될 수 있겠다는 생각이 들었다. 도장 만드는 일, 인주 가리는 일, 그리고 종이를 재단하는 일, 찍을 때 인주를 어느 자리에 놓고 종이 밑에 무엇을 받치고, 그걸 어디쯤 놓는 것이 가장 좋은가. 도장을 인주에 누를 때는 어떻게 해야 되나…….이런 것도 하면서 이랬다가 저랬다가 바꾸어 보니 아주 요령이 생기고 지루한 줄 모르겠다. 농사일이고 무슨 일이고 이렇게 했겠구나 하는 생각이 들었다.

오후에 2천 장 찍어 놓고, 〈굴렁쇠〉에 가서 김남석 씨에게 아이들 작품과 뽑은 원고 마지막 것을 주고(송현 씨도 이번 달로 그만둔다 해서 나도 이 달만 쓰기로 했다) 글쓰기회 사무실에 가서 최종순 선생이 없어서 겨울 연수회 자료 원고를 책상 위에 두고 나와서 종각 옆 이발소에 가서 이발을 하고 왔다. 오늘은 좀 늦어서 그런지 기다리는 손님이 없어서 곧 이발을 할 수 있었다. 들어가자마자 이발사들이 "선생님, 신문에 내신 글도 읽고, 텔레비에서도 봤어요. 고생하시다가 늦게서야 빛을 보셨어요" 했다. 텔레비전에 나온 것을 '빛을 봤다'고 생각하는 모양이었다.

1991년 1월 1일 화요일 흐림

또 한 해가 시작되었다. 올해도 여전히 일에 쫓기면서 살아갈 것 같다. 이제 앞으로는 교육이고 문학이고 모든 단체에서 벗어나 오직 내가 할 일만 하려고 했는데, 아무래도 그게 뜻대로 안 될 것 같다. 우선 글쓰기회 일이 가장 큰 걱정이다.

간밤에는 잠이 잘 안 왔고, 새벽에도 일찍 깨어나 이것저것 걱정을 했다. 글쓰기회 젊은이들은 앞으로 또 2년 동안 회장을 나한테 맡기려고 한다. 맡을 만한 젊은이는 사양해서 안 맡고 맡아서는 좀 문제가 있는 사람은 맡으려고 한다. 하필 글쓰기회뿐 아니라 다른 단체도 그렇고 정치판도 그렇다. 그래서 이 사회는 언제나 수단 잘 부리는 사람, 악한 사람이 세력을 얻어 역사를 움직인다. 글쓰기회만은 그렇지 않도록 해야겠는데, 그렇게 하려니 내가 또 짐을 져야 한다.

송아지나 강아지가 젖을 뗄 즈음에는 그 어미가 아주 매정스럽게 제 새끼를 돌보지 않는다. 아무리 젖을 먹으려고 해도 주지 않는다. 그래야 스스로 먹이를 찾아 살아간다는 것을 잘 알기 때문이다. 나도 이 젊은이들에게 그렇게 해야 할 것 아닌가? 그런데 어제 이성인 씨는 "선생님, 아무래도 한 번만 더 맡아 주셔야 합니다. 그래야 저희들이 제대로 꾸려 나갈 수가 있습니다"고 했다. 그렇다면 아주 홀로 서 갈 힘이 없다는 말인가? 내가 회장이 안 되어 있어도 걱정은 해야 한다. 류인성 씨쯤 대표나 회장을 맡아 준다면 얼마나 좋겠나.

이 문제는 며칠 동안 더 생각해 봐야겠다. 또 글쓰기회에 매이면 정작 내가 해야 할 일을 못 한다. 글쓰기회도 해야겠지만, 이제 나는 이런 운동에 회의가 가는 것을 어찌할 수 없다.

오전에 '어린이 소리, 하늘 소리' 보충 원고 한 편 다시 고쳐 쓰고, 오후에는《쓰기》교과서 2-1, 2-2를 검토했는데, 밤까지 걸렸다.

오후에 차숙이가 두 아이를 데리고 와서 놀다가 갔다.

1991년 1월 9일 수요일 맑음

오전, 분임 토의 정리(초등)와 주제 발표(중등)가 끝난 다음 다시 강당에 모여 집행부 간사로 뽑은 사람들 인준을 받고 인사를 한 다음 내가 다음과 같은 내용의 이야기를 했다.

첫째, 글쓰기 교육이 인간 교육의 가장 좋은 수단이지만, 민주주의 지키는 일은 글쓰기 교육보다 더 중요하다. 지역 모임 운영도 민주적으로 운영해 달라.

둘째, 우리 회는 어디까지나 집단지도체제다. 이 집단지도체제가 제대로 운영되려면 서로 비판하는 풍토가 이뤄져야 한다. 교육 이론, 실천 방법에서는 물론이고 개인적인 관계에 이르기까지 솔직하게 비판하고 충고하면서 이 회를 발전시켜야 한다. 모여서나 만나서는 말 못 하고 돌아서서 비난하고 속으로만 욕하고 해서는 회가 제대로 안 된다.

셋째, 글쓰기 교육은 실천하고, 이론을 세우고, 다시 실천하고 이래서 창조해 나가는 운동이다. 이것이 전교조나 다른 어느 단체와도 다른 성격이다. 그러니 우리 회원들은 공부하고 연구하지 않으면 안 된다. 공부하는 글쓰기회, 실천하는 글쓰기회가 되게 해야 한다.

넷째, 그래서 연구위원 제도를 둔 것이다. 몇 해 전에 연구분과 조직안을 만들고, 각 분야마다 연구 주제를 설정해서 보인 다음 회원 여러분들이 그것을 보고 자유로 선택해서 연구하도록 권장한 일이 있었는데, 그 결과 연구한 사람이 거의 없었다. 지난해에 또다시 그 연구 주제 일람표를 만들어 보인 일이 있다. 그래도 안 되었다. 이번에는 연구 주제와 연구 기간, 발표 방법까지 각자 계획안을 간단히 적어 내도록 하려 한다. 물론 강요가 아니고 뜻이 있는 분들에만 그렇다. 그래서 적어 낸 사람을 연구위원으로 위촉하고 싶다. 만약 대부분의 회원들이 연구하겠다고 써내면 연구위원이라고 달리 위촉할 필요도 없겠지. 또 한 사람도 연구하겠다는 사람이 없으면 연구 사무는 그만둘 작정이다. 이래서 생각대로 되어서 연구물이나 기록물이 많이 나오면, 그것을 연수 자료집으로 책을 만들고, 그중 더 널리 알릴 만한 것은 일반 잡지에 발표하고 싶다. 이래서 우리는 이론을 세워 나가야 되겠다.

다섯째, 올해는 회보를 달마다 낼 작정이다. 회원 여러분은 현장에서 일어나는 여러 가지 일들, 아이들을 가르치면서 느끼거나 생각한 것, 아이들의 이야기, 아이들을 위해서 쓴 교사의 여러 가지 글들을 언제든지 보내 달라. 회보에 싣겠다.

여섯째, 회보를 월간으로 내면 경비가 어떻게 드나? 지난해 쓴 것 들으니 한 번 내는 데 30만 원이라 했으니 1년이면 360만 원이다. 현재 돈이 없는 게 아니라 모자란 상태라고 한다. 그럼 어떻게 해야 하나? 기금이 좀 있으니 우선 그것이라도 써야겠지. 아무튼 회비를 모두 잘 내주기 바란다. 우리 모임은 회비로 운영할 수밖에 없는 성격을 가지고 있다.

일곱째, 이래서 앞으로 여섯 달까지 일해 보고 회원 여러분들이 제대로 호응해 주지 않으면 나는 틀림없이 사표를 내겠다.

대강 이런 말을 했다. 정말 사표를 내고 그만두어야겠다는 생각을 아주 단단히 했다.

12시 반부터 30분 동안 반성회란 것을 가졌다. 조용명 선생이 나가서 사회를 했는데, 좀처럼 나오는 사람이 없다가 맨 처음에 나온 사람은 전남에서 온 어느 섬에 근무하는 교사인데, 우연히 여기 왔다가 이 연수회에 참가하게 된 경위와 느낌을 말해서 모두 재미있게 들었다. 그다음 나온 사람은 경남 남해든가 어느 곳에서 고등학교 교사로 있는 분인데, 나이가 50대쯤 되어 보였다. 어느 지상에서 광고를 보고 찾아왔다고 하면서 느낀 것을 얘기해 주었는데 많은 참고가 되었다. 그다음 노미화 선생이 나가더니, 이 회가 처음에는 유익하고 재미있더니 갈수록 재미가 없고 실망할 뿐이라고 하면서 너무 제멋대로 이야기해서 내가 "어제 오전만 해도 교과서 내용 발표하는 것 모두 좋은 말이라 중등 선생님들도 함께 들었더라면 하고 생각했는데, 노 선생은 여기까지 무엇하러 왔는지, 그 시간에 방에서 두어 선생님하고 앉아 이야기하고 있었지요. 그래 놓고 갈수록 시원찮다는 말이 어떻게 나오는지 모르겠다"고 나무랐다. 그런데 그다음에는 이재삼 씨가 나가더니 아주 건방지게 큰 소리로 "회를 운영하는 데 좀 더 조직적으로 질서 있게 계획해서 해 달라", "이런 연수회에는 유명 인사를 초청해서 좋은 이야기를 듣도록 하지 않고 어째 이 모양인가? 전에도 이런 말을 했는데 반영이 도무지 안 된다. 지금 내가 말하는 것도 기록을 하고 있는가?" 이런 따위 말을 했다. 그래도 아무도 여기에 대한 말을 하는 사람이 없어 또 내가 나갔다.

"지금 이재삼 선생이 '유명 인사를 초청'한다 했는데, 어떤 사람을 유명 인사라 하는지 한 사람만 말해 보라"고 했더니 "주중식 선생 같은 사람"이라 했다. 주 선생이 유명 인사라 하더라도 그 사람 우리 회원인데 무슨 초청을 하는가? 회원이면 모두 이 자리에 오게 되어 있는데. 그리고 자기가 "말하고 있는 것 적고 있습니까?" 하는 따위 너무 오만한 말로 들려 참 딱하다고 했더니 윤구병 씨가 나와 도리어 이재삼 씨를 옹호하는 말을 해서 놀랐다. 사회를 보는 조용명 씨도 이재삼 씨 말을 강조하는 것 같아, 이것 참 모두 어떤 생각을 가지고 있는지 정이 뚝 떨어졌다.

점심을 먹고, 오후 2시쯤 봉고 차로 송정역으로 가서, 거기서 3시 반 기차를 탔다.

기차 안에서 노미화 씨가 내 옆에 와서, 앞으로 열심히 공부하겠다는 말을 했다. 노미화 씨는 말과 행동이 어린애같이 순진한 데가 있다. 더구나 그 말이 글에 오염되어 있지 않은 점이 좋다. 내가 "노 선생 말이 참 깨끗하다"고 했더니, 자기 남편도 그런 말을 한다면서 좋아했다. 내가 다시 "그렇다면 조 선생 안목이 보통 아니래요" 해 주었다.

또 한참 오다가 경기도 가평군 어느 시골 학교에 있다는 한 여선생이 내 앞에 와 앉았다. 나를 "무섭다"고 했다. 그러더니 이런 얘기를 했다.

"지난해 6학년 25명을 담임했는데, 그중에 다섯 아이가 어머니를 잃은 아이였어요. 아이들을 버리고 달아난 어머니가 다섯이나 되었지요. 그중 한 아이는 동생이 넷인데 아버지는 날마다 술을 먹고 들어와 아이들을 때리는 겁니다. 그러다가 그만 6학년에 다니던 큰아이가 달아났어요. 어디로 갔는지 모르지요. 그래 그 동생들은 밥을 굶기가 예사고, 그러자니 마을을 돌아다니면서 물건이고 돈이고 훔치는 일을 예사로 하게 됐지요. 제가 더러 밥도 먹여 주고 하지만 옷이고 신발이고 머리털이고 아주 형편없이 해서 어떤 때는 밤중에 제 방에 와서 좀 재워 달라 문을 두드립니다. 아버지한테 매를 맞고 쫓겨난 거지요. 한번은 큰아이한테서 편지가 왔는데, 어느 공장에서 취직을 해서 일을 한다고 해요. 월급은 한 달에 6만 원이라나요. 그러면서 그 월급을 조금씩 모아서 나중에 제 동생들 데리고 와서 키우겠다고까지 했어요. 그러더니 얼마 전 편지에는 사장님이 월급을 올려 줘서 12만 원이 됐다면서, 이제 저금이 18만 원이라고 했어요. 글쎄 그 아이가 학교 다닐 때 하도 목욕을 안 해서 한번은 그 애를 데리고 가서 목욕을 시키는데 옷을 벗겨 봤더니 등에 커다란 상처가 나 있지요. 왜 이런가 물었더니 아버지가 때려서 그렇다고 하잖아요."

참 기막힌 얘기다. 그 어머니는 술만 먹고 들어와 아이들을 때리고 자기를 못살게 하는 남편의 학대에 견딜 수 없어 달아난 모양이다. 나는 그 아이가 부디 잘 자라나 어머니 대신 동생들을 돌볼 날이 왔으면 싶었다. 대공이가 꺾여 커다란 꽃송이가 떨어져 나간 해바라기는 그 밑에서 자그만 꽃송이가 갑자기 생겨나 씨앗을 만든다. 그 아이가 바로 이 해바라기 옆구리에 생겨난 꽃송이 같구나 하는 생각이 들었다.

나는 서울역에 내리면서 여선생한테 "부디 그 얘기를 글로 써 달라"고 몇 번이나 부탁했다.

과천에 오니 10시가 되었다.

1991년 1월 17일 목요일 맑음

오전에 《개구리 울던 마을》 읽고 글 다듬는 일을 12시가 지나
서 겨우 마쳤다.

오후 대학로 샘터 건물 1층 다방에서 중국 연변에서 온 김덕
균 씨를 김민기 씨와 같이 만나게 되었다. 일전에 김민기 씨의
전화로 만날 것을 약속했던 것이다. 김덕균 씨는 연변예술대
학 예술연구소 부소장이고, 음악 평론과 작곡을 하는 분으로
《겨레의 노래》 책에 나온 '송아지'를 작곡한 분이다. 오늘 만나
자고 한 것은 여기 동요 작가들의 동요를 좀 모아 주면 연변의
작곡가들이 곡을 지어 그곳과 이곳 아이들이 두루 부를 수 있
게 하겠다는 것이다. 김민기 씨는 또 연변의 동요곡을 테이프
로 만들어 보급하는 일을 하고 있는 모양이었다. 나는 그것 참
좋은 일이라 찬성하고, 내일 모임에서 의논도 할 것이고, 할 수
있는 방법을 생각해서 추진하겠다고 했다. 김덕균 씨에게 《우
리 글 바로 쓰기》와 《울면서 하는 숙제》 두 권을 주었다. 그리
고 바로 와서 신문 자료 정리하고, 저녁에는 내일 행사 계획을
했다.

저녁에 권오삼 씨에게 어린이문학협의회 그대로 이어 간다

면 회장을 맡도록 하라고 했더니, 김녹촌 선생을 회장으로 하는 것이 좋겠다고 말했다.

중동에 전쟁이 기어코 터졌다는 소식이다. 미국 놈들이 어째서 그곳까지 가서 전쟁을 하나? 참으로 용서 못 할 일이다. 그런데 노태우 정권은 전쟁을 일으킨 것을 축하하면서 군대를 보낸다고 한다. 기가 막힐 일이다.

1991년 1월 22일 화요일 비

11시쯤에 부천에 있는 진영실업고등학교에서 송태선(연구과장), 유영근(교무과장) 두 사람이 찾아왔다. 지난달 전화로, 그 학교 교사들에게 교육에 관한 얘기를 좀 들려 달라면서, 한번 그 일로 의논하러 오겠다고 해서 그렇게 하라고 말해 두었던 것이다. 그런데 그때 기억으로는 우리 말 바로 쓰기에 관한 얘기를 들려 달라고 한 줄 알았는데, 오늘 들으니 교육을 어떤 목표와 방법으로 해야 하나 하는 것을 젊은 교사들에게 들려 달라고 했다. 들어 보니 그 학교는 학생들이 1,300명쯤 되는데, 거의 모두 공장에서 일하는 학생들이고, 주간과 야간으로 나누어 있다고 했다. 일하면서 살아가는 가난한 아이들. 선생들은 20대와 30대가 거의 전부이고, 모두 의욕에 넘쳐 있지만 교육을 잘 모르고 있다고 한다. 교장 선생이 참 훌륭한 분인데, 교사를 채용할 경우에도 절대로 돈을 받고 채용하는 일은 없

고, 인간 교육을 하려고 애쓴다고 한다. 들어 보니 참 그 학교
가 마음에 들고, 가서 내 생각을 얘기해 주고 싶었다. 그 학교
가 옛날에 새마을 고등공민학교같이 하고 있던 학교인데, 그
것을 양성화하는 정부 방침에 따라 이런 학교가 전국에 약 50
학교 있지만, 대개 경영자가 영리 수단으로 학교를 운영하고
있는 형편이고, 이 진영실업고등학교같이 참교육을 하려고 하
는 데는 아주 드물다고 했다.

2월 26일, 산정호수호텔이라는 데서 그 학교 직원 약 40명이
연수를(28일까지) 하는데, 맨 첫날 내가 가서 이야기를 하게
되었다. 앞 상가에 가서 점심을 같이 먹고, 갈 때 책 세 권을 주
었다. 찾아온 두 사람에게는《우리 글 바로 쓰기》를, 교장 선생
한테는《참교육으로 가는 길》을 전해 달라고 주었다.

오늘 어머니 글쓰기 강좌는 두어 사람이 더 와서 열세 사람이
었다. 강의는 류인성 선생이 했다.

밤까지 써서, 〈한길문학〉 계간 원고 '우리 소설은 어떤 말로
써 왔는가' 105장을 겨우 끝냈다. 이것은 물론 전에 써 두었던
것을 다시 조금씩 고쳐 쓴 것이다.

1991년 1월 24일 목요일 눈

오전에 대학 신문기자 모임의 청탁 원고 50장을 마쳐 놓고
오후에 나갔다.

나갈 때 지하철에서 〈중앙일보〉를 보는데, 내전이 일어났던 소말리아에서 우리 나라 남북 공관원이 합동 탈출을 한 기사를 읽고 눈물이 났다. 만약 그때 합동으로 탈출 작전을 하지 않았더라면 남이고 북이고 모두 어떤 변을 당했을지 알 수 없었을 것이다. 남쪽은 북쪽 사람들을 같이 가도록 나섰고, 북쪽 공관원 한 사람은 가슴에 총탄을 맞고도 안전한 곳까지 운전해 놓고는 죽었다. 참으로 감동하지 않을 수 없는 일이다.

글쓰기회 사무실에 가니 어린이문학협의회에서 모이기로 한 모양으로 권오삼 씨가 와 있었고, 이재복 씨도 오고, 이현주 씨도 왔다. 그래 의논을 같이 하자고 해서 한참 의논했다. 여러 가지 분과 조직을 한 것, 실제로 활동하지 않으면 이름만 그렇게 둘 필요가 없다고 했더니 이현주 씨도 권오삼 씨도 송현 씨도 그냥 두자고 했다. 이현주 씨가 그렇게 형식을 차리고 싶어하는 데 좀 놀랐고, 권오삼 씨는 지난해 그런 것 싫어서 나오지도 않던 사람이 그냥 두자고 하니 참 뜻밖이었다. 모두 그렇게 하자고 하면 하는 대로 두는 수밖에 없지. 이제 내가 더 무슨 말을 하겠는가? 이사회 소집하는 것도 권오삼 씨는 작년에 반대하더니 올해는 하자고 했다. 알 수 없는 일이다. 이사회 때 나는 아무 말도 않아야지 하는 생각이 들었다.

회의 끝나고 나만 먼저 왔다.

저녁에, 아무리 생각해도 우리 말 바로 쓰기 운동 모임을 다음 주초에는 주선해야 할 것 같아 부산의 김정섭 씨한테 전화를 걸었다. 월요일 낮에 서울 도착하도록 오겠다고 했다. 그리고 남기범 선생한테도 걸었다. 그 밖에는 연락이 안 되어 못 걸었다. 전에 더러 연락이 온 사람 주소를 적어 두었는데, 아무리 찾아도 안 나와 그만 포기했다. 그걸 찾느라고 11시 반이 되었으니!

1991년 1월 28일 월요일 맑음

오늘, 글쓰기회 사무실에서 낮 12시에 우리 말 글 바로 쓰기 운동을 하자고 하는 사람들이 모이기로 하였는데 모인 사람은 다음과 같다(온 차례대로). 이오덕, 이성인, 남기범, 송현, 이대로, 김정섭, 전승묵, 김용삼, 숨결새벌.

처음 만난 사람이 많아서 인사를 나누면서 한참 이야기하다가 점심을 먹고 다시 얘기를 했다. 그러다가 이대로 선생이 국어연구원국립국어원에 가서 원장님을 만나 우리가 하는 일을 알리고 좀 할 말을 해 두는 것이 좋겠다고 해서 거기 가서 여러 가지 얘기를 하고 나와서, 그길로 한길사에 가서 김언호 사장을 만났다. 김 사장이 오늘 우리 모임이 있으면 좀 만나게 해달라고 했던 것이다. 김 사장은 우리 말 글 운동에 대해 몇 가지 묻고는 우리가 하는 얘기만 듣더니, 여기 사무실도 있고 지하에 강당도 있으니 언제든지 모일 때는 써도 좋다고 했다. 그리고 우리 말 글에 관한 무크지는 종합지로 만들 예정을 하고 있다고만 말해서 다시 다른 부탁은 안 하고 나왔다.

한길사에서 나와 어느 음식점에 가서 저녁을 먹으면서 취지문 쓰기, 모임 이름, 원고(회보에 낼) 마감 들 얘기를 하다가 7시 반에 헤어졌다.

오면서 서울역에서 김정섭 씨를 부산으로 보내고, 숨결새벌 선생(이분 집이 과천이었다)하고 과천까지 같이 오면서 여러 가지 얘기를 했다. 숨결 선생은 너무 지나치리만큼 순수한 우리 말을 고집해서 전차는 번개차, 버스는 한수레, 택시는 작은 수레라고 하지만 참으로 마음이 깨끗하고 순수해 보였다.

이번에 우리가 하려고 한 우리 말 운동 모임의 이름은 '우리 말글 한 모임'으로 하고, 사무실은 글쓰기회 사무실로 쓰고, 우선 취지문을 써서 돌려 발기인을 더 모아 시작하는데, 앞으로 큰 시민운동으로 전개해 나가자고 했다. 그래서 실제 일은 남기범 선생과 내가 의논해서 하고, 회보 편집 제작은 이성인 씨가 하도록 했다. 모두 아주 열성을 보여서 잘되어 나갈 듯하다.

1991년 2월 12일 화요일 맑음

오전에 건너편 상가에 가서 사진관을 겨우 찾아서 증명사진을 찍어 놓고 왔다. 내일 오후 3시면 사진이 된다고 하는데, 이걸 가지고 동사무소에 가지고 가서 경로우대증인가를 만들어 달라고 할 예정이다. 이 증명서가 있으면 전철도 그냥 타고, 버스표도 공짜로 얻을 수 있다고 하는데, 지난 12월 1일부터 그걸 낼 수 있었는데 사진이 없어 못 갔던 것이다.

내가 경로우대증을 받는다고 생각하니 참 이상한 느낌이 든다. 이제 나도 이렇게 늙어서 아무 일도 못 할 때가 곧 닥쳐오는가, 하는 생각이 드는가 하면, 이 나이까지 죽지 않고 살아온 것이 참 다행이란 생각도 든다. 어쨌든 앞으로 내가 할 일이 많은데, 건강을 유지해서 할 수 있는 데까지 일을 해야겠다고 생각한다.

낮부터 저녁까지, 아이들 줄 잡지에 연재한 것(복사해서 종이에 오려 붙여 놓은 것)을 주제별로 나누어 대강 엮는 일을 했다. 겨우 반밖에 못 했다. 이걸 다 해 놓아도 각 주제마다 해설을 써서 엮어야 하는데, 그걸 다 마치려면 아직도 여러 날이 걸릴 것 같다.

1991년 2월 15일 금요일 가랑비

아침부터 11시까지 우편물과 책 정리를 했다. 11시가 좀 지나 정우네 식구와 손님이 왔다. 또 조금 있으니 평택에서 이동진 선생과 황미 선생이 왔다. 이, 황 두 분하고 한참 얘기하다가 떡국을 같이 먹었다. 두 분은 오늘이 설날이라 인사하러 온 것이다. 이동진 선생은 대원사에서 동화집을 내주겠다고 했다면서(이 얘기는 대원사 편집부 백 씨한테서도 직접 들었다) 잘 봐 달라고 했다. 잘 봐 달라고 한 것은, 작품(짧은 동화들) 70

편을 주었더니 그중에서 약 30편을 골라내고 나머지는 책에 넣기 곤란하다고 하더라면서, 못 넣겠다고 하는 그 40편을 받아 올 테니 다시 좀 봐 달라고 하는 것이다. 또 대원사에서 내는 동화는 내가 추천하게도 되어 있는 것이다. 나는, 그 40편을 보내 주면 내가 다시 쓸 만한 작품을 골라 볼 것이고, 웬만한 작품으로 좀 다듬고 고치고 할 수 있는 것이 있으면 그런 것도 의논하겠다고 말했다.

두 손님이 가고 난 다음 정우네도 오늘은 비가 오는데 저녁에는 땅이 얼는지 모르니 밝을 때 가야 된다면서 4시쯤 갔다. 누님도 며칠 계시다가 가시라니까 가야 된다면서 가셨다.

저녁에 김유정의 소설을 읽었다. 내가 지금까지 읽은 소설에서 한자 말과 일본 말의 해독을 가장 적게 받은 소설 문장이 김유정의 소설임을 다시 확인했다. 오늘 저녁에 읽은 작품은 〈금따는 콩밭〉, 〈산골〉이다.

1991년 2월 27일 수요일 비

오후 3시에 한길사에 가서 《삶을 가꾸는 글쓰기 교육》인지 5백 장을 주고 인세 20만 7,750원을 받았다. 10판으로 나온 책한 권도 받고.

그리고 종각 근처에 가서 5시 반부터 강의할 자료를 복사해서 약 한 시간쯤 다방에 가 앉았다가 기독교방송국에 갔다.

5시 30분부터 7시까지, 방송국 아나운서 일고여덟 명 앞에서 '살아 있는 방송 말'이란 주제로 이야기를 했다. 그런데 벌써 내가 쓴 책을 모두 다 읽은 듯 잘 알고 있었다. 잘 알고 있으면서도 말은 그대로 안 나오는 것 같았다. 마치고 강사료(7만 원)를 받아 왔다.

생각해 보니 참 세상에 이상한 일도 다 있다. 도무지 말이라고는 할 줄 모르는 사람이 말하기를 전문 직업으로 삼고 있는 사람들에게 말하기를 가르쳤으니 말이다. 세상에 이보다 더 모순된 일이 어디 있는가. 그러나 이게 바로 우리 사회의 진실이란 생각이 든다. 전문가가 모든 일을 망치니, 전문이 아닌 상식을 가진 사람의 눈으로 본 그 전문가의 일을 비판할 필요가 있는 것이다. 정치도 경제도 교육도 문학도 예술도 모두 그렇고 모든 것이 상식 이하로 되어 있다. 상식의 수준으로 끌어올리기 위한 모든 것이 목표가 되어야 한다.

저녁에는 신문 자료 같은 것 정리하다 보니 12시가 되었다.

오늘은 오전에 방에 있는 동안 이곳저곳에서 글을 써 달라는 곳이 다섯 군데나 되었는데 모두 사절했다. 거의 모두 무슨 기업체의 사보 편집부였다.

1991년 3월 19일 화요일 맑음

아침에 목욕을 하고 빨래를 했다.

오늘은 21일 한길문학에 가서 강의할 준비로 소설 문장 보기 글을 고르고 그것을 옮겨 쓰느라고 온종일 걸렸다.

저녁에 헌책방 앞에 가서 신문을 사고, 오는 길에 찰떡을 2천 원어치 사서, 그중 천 원어치를 먹었더니 배가 불러서 애를 먹었다.

밤에는《백석 시집》을 읽었다. 이 시가 좋은 줄을 이제 새삼 알겠다. 이런 시를 지금의 청소년들도 좀 읽을 수 있어야겠는데, 참 이런 우리 정서가 아주 끊어졌으니 답답하다. 그래도 몇 편쯤 골라서 아이들이 읽을 수 있도록 하고 싶다.

1991년 4월 11일 목요일 맑음

아침에 우체국에 가서 속달 등기우편물을 두 통 찾아와서, 오전에 원고 쓴 것 다시 보고, 또 임길택 씨《우리 동네 아이들》을 두어 편 보았다.

오후에 종각 부근에 가서 복사를 하고, 개마서원에 가니 윤혜경 씨가 없어서, 권정생 선생한테 번역 원고와 원서를 우송해 주라고 편지를 써 놓고 나와 민화랑에 가서 이현주 선생을 만나 다방에 들어가 한참 얘기를 했다. 그리고 나서 3시부터 민화랑에서 있는 통일을 위한 범민족예술인 심포지엄 준비 모임에 참석했다.

오늘 심포지엄은 오는 6월에 있는 모임을 준비하는 것인데,

문학, 미술, 음악, 연주, 영화, 춤, 건축 들 각 영역에서 '무엇으로 만날 것인가' 하는 제목으로 발표를 한 다음 다시 의견을 한 차례씩 말하고, 듣는 사람도 한마디 해 달라고 해서 이기형 선생이 얘기하고, 나도 의견을 좀 말했다. 여러 가지 힘든 문제를 두고 좋은 얘기도 나오고 절망스런 얘기도 나왔는데, 무엇보다도 집권자들이 이런 민간 교류를 막으려고 하고 있어, 그저 하는 데까지 해야 한다는 심정인 듯했다. 3시부터 8시까지 다섯 시간이나 걸렸다.

마치고 저녁을 같이 먹고 이기형 씨와 임헌영 씨와 같이 먼저 나왔다. 과천 오니 10시가 지났다.

1991년 4월 17일 수요일 흐린 뒤 비

종일 문장론을 썼다.

저녁때 헌책방에 갔더니 《이 아이들을 어찌할 것인가》가 한 권 꽂혀 있기에 7백 원을 주고 사 왔다. 내 책이 그런 데 꽂혀 있는 것이 어쩐지 버림받고 있는 듯해서 사 온 것이다.

그런데 지금 생각하니, 누가 사 가서 보도록 할 것을 잘못했구나 하는 생각도 든다. 언젠가 《이오덕 교육일기》가 한 권 꽂혀 있어서 저걸 어쩌나 하고 마음에 걸리더니 그 뒤 가 보니 없어졌다. 누가 사 갔던 것이다. 마음이 놓였던 기억이 난다.

1991년 5월 2일 목요일 맑음

오후에 산하에 줄 인지(《울면서 하는 숙제》) 3천 장을 찍어 놓고 연세대학교 농성장*에 갔다. 농성장에는 많은 재야인사들이 있었는데, 권종대 농민회장하고 한참 얘기를 하는데 8시경 장기수로 복역하고 나온 사람들이 여럿 찾아와 그분들의 얘기를 들었다. 모두 30년 전후로(그러니까 평생을, 청춘을 감옥 속에서 보낸 것이지) 옥살이를 하고 나온 사람들로 나이가 모두 나보다 많았다.

그런데 얘기를 들으니 참 기가 막혔다. 장기수로 나온 사람들은 밖에 나와도 자유롭게 다니지도 못하고 늘 감시가 따르고, 어디 멀리 가도 신고해야 하고, 거주의 자유가 없고, 또 그보다 가족들이 함께 살기 싫어서 받아 주지 않아 집단 수용소 같은 데 갈 수밖에 없다. 양로원 같은 데 가면 아주 소외되어 감옥 안에 있는 것보다 더 외로움을 느낀다는 것이다. 그래서 지난번 어느 나이 많은 이가 자살을 한 것이겠지. 대구 어느 장기수는 옥중에서 죽게 되어 밖에 있는 자식을 불러 유언을 하려고 하여 간수를 시켜 오라고 했는데, 간수가 그 아들을 찾아가서 뜻을 전하니 "그런 아버지의 유언은 듣기 싫다"고 하여 거절하면서 가지도 않더라고 했다는 것이다. 참으로 어처구니없는

• 1991년 4월 26일 명지대 강경대 학생이 경찰에 맞아 죽었다. 그 일로 연세대에서 시민과 대학생이 모여 결의 대회를 했다.

일이다. 그런데 그렇게 말한 그 아들이란 사람이 대구 시내 어느 중학교던가 고등학교 교사라고 한다. 인간이 이쯤 되면 짐승보다 얼마나 형편없이 못하고 악한 존재인가.

나는 그분들 얘기 듣고, 창동에 마련해 둔 오피스텔을 그분들 위해 쓰라고 주고 싶은 생각이 문득 났는데, 얘기를 들으니 남들이 주는 집에도 마음대로 이사해 가서 살지 못하고, 그렇게 하려면 무슨 장관의 허가를 받아야 하는데, 그 허가받기가 예삿일이 아니라고 해서 그만 포기하는 수밖에 없었다.

농성장에는 그 뒤 민중당에서 많이 와서, 각 지방의 사태를 보고했고, 민주교수협의회민주화를 위한 전국교수협의회에서도 여러 교수들이 와서 얘기를 나누었고, 언론 측에서도 와서 정부가 언론이 사태 보도를 제대로 못 하게 하고 있어, 내일 아침에도 전국의 시위 항의 투쟁 상황을 제대로 보도할 수 없을 것 같다고 했다. 민주 무슨 연합인가 하는 데서도 각 지방 대표가 왔고, 그 밖에도 여러 단체들 대표가 다녀갔는데, 그때마다 인사 소개와 구호, 노래 들을 함께 불렀다.

작가회의에서는 10여 명이 와 있었는데 나중에 민족문학교실(오늘이 마지막 강의 날이었다)에서 강의를 마친 임헌영 선생이 그곳 수강생 10여 명을 데리고 와서 함께 앉아 있다가 12시가 지나서 모두 갔다.

나도 오늘은 밤을 여기서 새워야지 하고, 미리 추울 것을 예상해 내복을 껴입고 갔는데, 12시가 지나 많이 나가고 해서(작가회의 사무국 젊은이들도 자꾸 가라 하고) 내일은 또 하루 종일 일이 있고 오전에 방송국에도 가야 하겠기에 그만 나왔다.

택시를 타고 임헌영 선생과 오다가 임 선생은 고속 터미널에서 내리고 나는 사당까지 와서 마침 기다리고 있던 마지막 좌석 버스(1시가 가까웠는데 버스가 있다니 참 반가웠다)를 타고 과천에 올 수 있었다.

오늘 농성장에서 사회자가 나를 소개해 일어서서 얘기 좀 해달라고 했는데, 할 말이 없어 어물어물 작은 소리로 적당히 넘긴 것이 부끄러워 견딜 수 없었다. 남들은 모두 그렇게 말도 잘하고 당당한데, 나는 왜 이런가?

이번 사태는 드디어 노태우 정권 타도라는 목표로 모든 운동세력이 힘을 합해 싸우는 판국으로 변했다. 분신한 안동대학생이 7시 40분에 숨을 거두었다는 급보가 농성장에 알려졌을 때는 장내가 또 한번 술렁거렸고, 절대로 이대로 이 폭력 정권을 두어서는 안 된다는 결의가 꽉 찼던 것이다.

1991년 5월 3일 금요일 맑음

간밤에는 세 시간쯤 잤던 것 같다.

10시 반부터 12시까지 기독교방송국에서 '어린이와 교육' 특집 프로를 손동인 선생과 마주 앉아 이야기하는 형식으로 녹음했다. 이것은 6일부터 1주간, 아침 6시경에 약 15분간씩 나

가는 것인데, 그러니까 15분짜리를 여섯 번 보내는 것이다. 그
것을 다음과 같은 내용으로 이야기하자고 어제 전화로 손 선
생하고 나는 의논해 두었던 것이다.

1. 학교교육
2. 가정교육
3. 사회 교육 환경
4. 독서 교육
5. 말과 글, 표현 교육
6. 아동문학을 살리는 길

손 선생은 말을 침착하게, 천천히, 메모해 둔 것을 보면서 얘
기했지만 나는 거의 메모한 것을 보지 않고, 손 선생이 묻는 말
에 대답하거나 손 선생 말을 받아 얘기하는 식으로 말했다. 그
런데, 워낙 15분 동안 두 사람이 얘기하는 것이라, 어떤 때는
중요한 얘기가 나오다가 그만 시간에 쫓겨 다 못 하고 급히 끝
맺기도 했지만 대강 잘했다고 본다.

마치고 점심을 같이 먹고, 차도 마시면서 한참 얘기하다가 헤
어졌다.

방송국에서 출연 사례금을 한 사람 앞 17만 8,070원을 주
었다.

오후에는 청량리역에서 이현주 선생과 같이 2시 40분에 안동
서 온 권정생, 전우익 두 분을 맞아, 역전 어느 집 방에서 한참
쉬면서 얘기하다가, 5시에는 종로서적 사장실에서 또 앉아 쉬

고, 7시부터 YMCA 대강당에서 있는 권정생 선생 강연회에 나갔다. 오늘 행사는 각 신문에 광고가 안 나가 사람들이 얼마 안 모일 줄 알았는데, 종로서적에서 광고를 가게에 붙여서 그런지 1층 좌석을 대체로 거의 꽉 채웠다. 130명쯤 되었을 것이다.

권 선생이 불안해할지 모른다 해서 내가 연단에 같이 나란히 앉아 소개도 하고, 얘기 마친 다음에는 청중들의 질문을 모아 간추려 묻고, 내 생각도 말하고 했다. 사회는 송현 씨. 이현주 씨는 회장으로서 인사말을 하도록 했다.

권 선생은 30분쯤 얘기할 줄 알았더니 70분쯤 했다. 질문은 질문지를 나눠 주어서 거두었는데, 종로서적에 책 사러 온 젊은이들 쪽에서만 몇 가지 질문이 나왔고, 그 질문이 별로 깊이 있는 것이 아니어서 내가 두어 가지 물었다.

1. 권 선생님이 만약 건강하시다면 어떤 일을 하고 싶은가요?

2. 지금 밖에는 데모를 하고 있습니다. 작가회의 회원들도 지금 파고다공원에 모여 있다고 듣고 있습니다. 우리 아동문학인들은 아이들만 상대해서 동화나 동시만 쓰면 된다고 보십니까? 아니면 우리도 데모에 참가하는 것이 사람다운 삶이라고 보십니까?

이 두 가지 질문을 했는데, 첫째 질문에는 "내가 어렸을 때는 어른이 되면 결혼을 해서 남들과 같이 가정을 이뤄 살아야지 하고 생각했습니다. 그리고 내가 건강하다면 지금이라도 농사지을 땅을 몇 백 평이라도 구해서 농사를 짓고 살겠습니다"고 했고, 두 번째 물음에는 물론 내가 예상한 대로 "데모에 참가해야지요"라고 대답해서 "나도 동감입니다" 하고 내려갔던 것이다.

그리고 박문희 유치원장이 1학년 아이를 하나 데리고 와서 권정생 선생 동화 〈강아지똥〉을 연단에 올라가 구연하게 하였는데, 그 애가 동화를 그렇게도 잘 외워서 잘해 주었지만 마이크가 잘 안 들려서 안타까웠다. 그리고 이것은 박문희 선생 제의에 내가 승낙한 것이기는 하나, 어린애한테 이런 이야기를 들려주지는 않고 이야기를 외우고 구연하는 훈련을 시키는 잘못된 교육 풍조를 우리들 행사에까지 보여 주는가 싶어 많이 반성되었다. 그런데 아무도 이 일을 나같이 생각하는 사람은 없었던 것 같다.

또 한 가지 순서는 참석한 청중들에게 번호표를 미리 나누어 주어서 추첨을 해 당선된 사람들에게 권 선생이 서명한《오물 덩이처럼 뒹굴면서》와《몽실언니》두 권 중 한 권을 나누어 주는 일을 했는데, 책은 모두 백여 권이었으니, 참석한 사람들 3분의 2 이상이 책을 한 권씩 받아가게 되었다.

맨 끝에는 권오삼 선생이 올라가서 결의문을 낭독했다.

모두 끝나고 헤어진 다음 약 열 명쯤 이철지 사장의 초대를 받아 이 사장 집으로 가서 저녁을 먹고 밤늦게까지 얘기를 하고 놀았다.

권오삼 선생하고 가지 않고 이철지 사장 집에서 잤다.

1991년 5월 5일 일요일 맑음

 어젯밤에 현우가 와서, 오늘은 오전에 같이 교보문고에 가서 (현우가 동생 책 사러 왔다고 해서) 연우딸가 볼 만한 유아교육에 관한 책 대여섯 권(3만 2천 원어치)을 사서 현우한테는 돈 8만 원(3만 원은 연우 주라고 해서)을 주어서 보내고(현우는 친구 만나 오후에 간다고 했다) 동부터미널에 가서 11시 40분 버스로 금왕에 갔다. 금왕서 전화로 며느리를 불러 차를 타고 무너미로 가는데, 신록에 덮인 산이 그렇게 아름다울 수가 없었다.

 무너미서는 손님 세 사람이 있었는데 한 분은 손 선생이라고 해서 무주중학교에서 상준이를 가르친 일도 있고, 지금은 지선손녀이도 국어 시간에 가르친다는데, 가족은 청주에 두고 여기 무너미 마을에 와서 통근한다는 것이다. 전교조에 들어 있다가 탈퇴한 모양인데, 그 일을 몹시 괴로워한다고 했고, 무너미 와서는 골짜기에 버려지고 걸려 있는 비닐이고 깡통을 여러 날 걸려 주워 내는 것을 보고 마을 사람들이 감동했다는 것이다. 이 얘기는 모두 정우하고 정우댁이 말해 주었다. 또 한 사람은 목사인데, 시골에서 교인이 겨우 두세 사람밖에 없는 곳에서 농사를 지으면서 살고 있다고 한다. 이현주 선생이 잘 아는 사람이라고. 또 한 사람은 더 젊은 사람인데, 전북대학교 사범대학을 나왔고 아버지는 대학교수인데, 부모들이 하는 행동을 보고 그만 교사 노릇을 포기하고는 혼자 노동자가 되어 일하다가 몸을 다쳐서 이제는 힘든 일은 못 하게 되었는데, 앞으로 외딴섬 같은 데 가서 짐승이라도 기르면서 살고 싶어 한다고 했다.

참 모두 훌륭한 젊은이들인데, 살아가기가 그렇게 어려워 어떻게 하겠는가?

저녁때 논에도 가 보고, 도롯가에 짓고 있는 창고 건물도 둘러보고 하였다. 정우는 트랙터로 논을 갈다가 구덩이에 빠져서, 그만 오늘은 일을 못 했다. 남의 논을 갈아 주고, 그 품값은 돈을 받는 대신 집(창고 건물) 짓는 데 와서 일을 해 주도록 하는 모양이다. 그렇게라도 안 하면 이곳에서는 도무지 일꾼을 구하지 못한다고 한다.

그런데 서울 사람이 와서 무너미 들어가는 산기슭과 골짜기의 논밭, 집 들을 모조리 사고 있는 모양이다. 여기도 골프장인가 무슨 오락 시설을 하는 모양인데, 정우네가 사 놓고 있는 길가 언덕 밭도 팔라고 하는 모양이다. 그 언덕을 사야 길을 낼 모양인데, 안 판다고 하니 온갖 나쁜 말을 다 한다고 한다. 이 강산이 온통 더러운 놈들의 향락장으로 바뀔 모양이다.

오늘 아침에 동부터미널에서 산 몇 가지 신문 중에 〈조선일보〉가 있었는데, 거기 김지하 씨가 쓴 글이 있어 읽어 보고 놀랐다. 데모하는 학생들과 운동권 사람들이 분신자살 학생들을 영웅으로 떠받들어 자살행위를 선동한다면서, 아주 흥분해서 감정으로 마구 비난해 놓았다. 논리도 없이 마구잡이로 쏟아 놓은 말들이었다. 나는 일주일에 한 번씩 〈동아일보〉에 나오는 그의 자서전을 읽고 매우 실망해 왔지만, 이번에 나온 글은 참 어처구니가 없다는 생각이 들었다. 꼭 무슨 정보기관의 앞잡이들이나 쓸 글이란 생각을 지울 수 없었다.

나 역시 분신자살을 하는 학생들에 대해서는 달갑게 생각하지 않는다. 그렇게 죽을 용기가 있으면 그만한 용기로 살아서 싸워야 할 것 아닌가. 그러니 살아서 싸우지 않고 죽는 것은 목숨을 가볍게 여기는 풍조 때문이다. 남의 목숨을 귀하게 여기는 것과 마찬가지로 자기 목숨도 귀하게 아껴야 옳다. 그러나 그렇게 제 몸을 불태워 죽을 결심을 하게 된 것은 얼마나 억울하고 기막히고, 도저히 살아서 평생을 일해도 자기 힘으로서는 어찌해 볼 수 없다고 생각하여 그렇게 죽은 것일까. 아무리 외쳐도 불러도 전혀 반응이 없어 너무나 자기 힘이 보잘것없다고 생각할 때 마지막 수단으로 죽음을 택한 것이다. 그것은 잘못이지만 우리가 스스로 그 귀한 목숨을 버린 사람 앞에 무슨 논리고 도리를 말할 수가 없다. 그리고 사실은 그 젊은이들의 자살은 포악한 정치권력이 죽인 것이다. 젊은이들이 죽은 까닭이 운동권 사람들이 죽음을 부추겼기에 죽었는가, 정치권력의 포악에 항거하고 항의한 행동으로 죽었는가. 어느 쪽인가는 너무나 명백하다. 그 억울하고 기막힌 분신자살 학생을, 남의 선동으로 죽은 어리석은 사람으로 매장하다니, 도무지 있을 수 없는 일이다.

〈조선일보〉는, 이 김지하 씨의 글 옆에 또 운동권 학생과 인사들을 비판하는 사설과 글을 실어 놓았다. 더러운 신문이다.

김지하란 사람은 이제 그 본질이 드러났다. 이 사람은 본래 노동을 하면서 자라난 사람이 아니다. 어린 시절 이야기를 읽어도 그렇다. 이상한 신비주의와 영웅 심리 같은 것이 뒤섞인 성장 경력을 가지고 있다. 그런 사람이 한때 그처럼 영웅이 된 것은 재주 때문이다. 그가 쓴 시는 삶의 바탕이 없고, 그저 막연한 영웅적 울분과 감정의 배설뿐이다. 그의 산문은 관념과 추상의 신기루다. 그런 심리들 속에 영웅으로 떠받들어진 자신이 괴로워(그렇게 살아갈 도리가 없기에) 이제 고백이니 참회니 하는 것이다. 그러나 아무리 제자리로 돌아간다 하더라도 노동자와 농민과 학생들을 그처럼 악의에 넘친 말로 욕할 것은 뭔가? 역사 속에 매장되어야 할 사람이다.

1991년 5월 6일 월요일 흐림

아침에 며느리가 운전하는 차에 지선이와 손 선생과 나 셋이 타고 금왕에 나왔다. 지선이와 손 선생은 늘 이렇게 해서 다니는 모양이다.

금왕서 7시 40분 차를 타고 서울 오니 9시가 좀 덜 되었다.

차를 타고 오면서도 어제 신문에 났던 김지하 씨의 글을 잊을 수가 없어 작가회의는 도대체 뭘 하는가, 이런 사람을 회원으로 두었을 뿐 아니라 지난번에는 이사로까지 모셔야 한다는 말이 나고 했으니, 이래서는 꼴이 아니란 생각이 들었다. 김지하 씨뿐 아니다. 작가회의 회원 가운데는 별의별 사람이 다 들어 있다. 무슨 농성이니 데모니 하는 데 나서는 것도 좋지만 그것보다 더 앞서 할 일은 문학으로, 글로 우리가 갈 길을 열어 보이고 열어 가는 일이다. 그래 기회 있으면 작가회의에서 이런 문제, 김지하 씨 문제를 두고 명백한 태도를 보여야 한다고 말해 줘야겠다는 생각이 들었다. 김지하를 비판하는 글을 나도 쓰고 싶지만, 나보다도 백 선생이나 고은 씨나 그 밖에 평론하는 사람들이 좀 더 솔직하고, 그리고 단호하게 써야 할 것이다.

오늘은 방에서 〈한기〉 연재 원고를 겨우 썼을 뿐이다.

저녁때 〈주간 조선〉에 전화를 걸어 한창기 씨에게 그만 연재를 다른 분에게 부탁해 보라고 말했다. 핑계는 원고와 다르게 자꾸 틀린 글자가 나온 때문이라 했지만, 사실은 〈조선일보〉가 싫었던 것이다. 한창기 씨는 앞으로 절대로 그런 실수가 안 나오도록 하겠다고 몇 번이나 말해서 결국 끊지 못했다. 이걸 어떻게 끊나. 괴롭다.

1991년 5월 9일 목요일 맑음

오전에 원고를 쓰고, 오후에 마포로 갔다. 〈말〉지 천 선생을 만나 원고를 주고, 작가회의에 가서 이사회에 참석했다. 김지하 씨가 〈조선일보〉에 발표한 글 얘기가 나와, 김 씨 제명 문제가 논의되었다. 맨 처음에 김병걸 씨가 도무지 용서할 수 없는 일이라고 했다. 그다음에 고은 회장이, 그동안 작가회의나 그밖에 김지하 씨와 가까운 사람들 집으로 항의 전화가 얼마나 왔는가를 물었다. 그래서 내가 "그런 항의가 얼마나 들어왔는가 물어볼 필요도 없다고 생각합니다. 저는 김병걸 선생 의견에 전적으로 동감인데, 사실은 우리 작가회의에서 시위에 참가하는 일도 해야 되겠지만 이런 문제에 대처해서 조치를 하는 것이 더 중요하다고 봅니다. 이것은 하나의 문학적 사건이니 문학인으로서 대처해야지요. 김지하 문학 전반을 비판할 필요가 있습니다" 이랬더니 고은 씨는, 사실은 자기가 그렇게 물은 것이 김지하 씨를 좋게 보았다거나 감싸 주려 한 것이 아니었다면서, 오래전부터 김 씨에 대해 부정적으로 생각하고 있던 점을 얘기했다. 그러면서 이 시대에 가장 저급한 문인이고 인간이라면서, 아까 그런 여론을 물은 것은 자기가 회장이고 해서 혼자 생각으로 무슨 결단을 내리기에는 신중을 기해야겠다 싶어서 그랬다고 말했다. 이어서 두세 사람이 의견을 말했고, 결국 제명을 결의하고 민주 운동을 하는 단체에도 통보를 하기로 했다. 그리고 작품 비판은 하루 이틀에 할 수 있는 것이 아니고, 또 개인이 할 문제라는 결론을 내렸다.

마치고 오늘 저녁때 하게 되어 있는 범국민대회에 모두 나가기로 했는데, 고은, 김남주, 나 세 사람은 인병선 여사가 운전하는 차로 먼저 연세대로 가서 그곳 강경대 열사 빈소에 들러 인사하고, 또 그 옆에 있는 김기설 열사 빈소에도 인사를 하고, 각각 부조도 2만 원씩 냈다.

음식점에서 나와 그 옆에 있는 민예총한국민족예술인총연합 사무실에 갔더니 거기 모두 기다리고 있었다. 밖에서 회원들이 백여 명 또 있다고 했다. 6시쯤 되어 나섰다. 종각으로 해서 롯데 백화점 쪽으로 돌아 시청을 향해 간다는 목표였다. 종각을 지나 길을 돌아 조금 가니 벌써 거기는 전경들이 꽉 막아서서 돌아가라고 했다. 저쪽에서는 전경들이 새까맣게 한길을 막고, 최루탄 터지는 소리가 연달아 나고, 그 저쪽에 구호 외치는 소리가 들렸다.

우리는 그냥 서 있을 수가 없어 신호등이 파랗게 켜질 때 길을 건너갔다. 그런데 웬일인지 돌아보니 작가회의 회원들이 한 사람도 없었다. 적어도 내가 아는 사람은 없었다. 같이 온 고은 씨도, 민영 씨도, 김규동 씨도, 이기형 씨도 안 보였다. 다른 길로 갔는가? 앞서 가 버렸는가? 어쨌든 나라도 다른 젊은 이들 따라 자꾸 가는 수밖에 없다고 가는데, 한길엔 차도 없고 시위하는 젊은이들만 왔다 갔다 하면서 구호를 외치고 있었다. 그러다가 최루탄이 터져서 쫓기어 좁은 골목으로 들어가고, 또 나오고, 눈물을 한없이 흘리고도 그렇게 돌아다니는데, 더러 젊은이들이 인사하는 것을 들으니 전교조 회원이라고도 하고, 경기도 어디서 온 교사라고도 했다. 그러다가 또 한 젊은 이가 인사하면서 "우리 회원들은 명동 쪽에 모여 있는데, 거기 지금 깃발도 흔들고 있을 겁니다" 했다. 작가회의 회원이란 말인지, 민예총 회원이란 말인지 모르지만, "지금 청량리 쪽은 아주 길을 다 점령하고 있어요" 했다. 그래 명동 쪽으로 갔다. 명동성당 앞길을 젊은이들이 구호를 외치면서 한없이 가고 있었다. 충무로 쪽으로 가는 것이었는데, 작가회의 회원은 보이지 않고 나도 그들을 따라갔다. 그 행렬은 을지로 쪽으로 돌아가고 있었다. 을지로 지하도 있는 데까지 와서 보니 종로 쪽에도 펑펑 하고 최루탄 터지는 소리가 나고, 거기는 사람들이 아주 많이 들끓고 있었다. 이래서 두어 시간 최루탄 가스를 마시다가, 혼자 돌아다니는 것도 그렇고, 젊은이들 따라 소리 지를 용기도 안 나고 해서 그만 지하철 타고 와 버렸다. 젊은이들은 그렇게 싸우는데, 참 미안했다.

　오면서, 아까 한길 가운데 서서 구호를 외치고 서 있던 이부영 씨 모습이 자꾸 떠올랐다. 이부영 씨가 훌륭해 보였다. 그 사람이 민중당인가 무슨 당인가 모르지만, 아무튼 그렇게 앞장서서 싸우고 있는 사람의 태도가 참 훌륭하게 느껴졌다. 이 포악한 깡패 살인 정권과 맞서 용감하게 싸우는 사람의 모습보다 더 아름다운 모습이 어디 있겠는가? 그리고 그 악당들과 한통속이 되어 백성을 짓밟고 돈과 이름을 흥정하는 인간보다 더 추악한 동물이 이 우주에 어디 또 있겠는가?

1991년 5월 18일 토요일 맑음

오늘 강경대 열사 민주 국민장을 결행하는 날이다. 10시가 좀 지나서 미숫가루를 타 먹고 나갔다. 연세대학에는 사람들로 학교 안팎이 꽉 찼다. 작가회의 회원들은 지난번과 마찬가지로 20~30명 정도가 나왔다. 오늘은 임헌영 선생이 앞장서 있었다. 11시 반쯤 되었을까 교문 밖 길에서 출발을 기다리고 있는데 갑자기 굴다리 밑에 있던 사람들이 한곳으로 몰려가는데 무슨 일인가 했더니 바로 쳐다보이는 그 기차 굴다리 위에서 어느 여학생이 분신해서 뛰어내렸다는 것이다. 그래서 온통 사람들이 격앙해서 술렁거렸고, 눈물을 흘리는 사람들이 많았다. 나도 자꾸 눈물이 났다. 노태우를 타도하자는 구호를 여기저기서 외쳤다. 그런데 이 사실을 마이크로 알리는데, 오늘 아침에는 전남 어느 곳에서 고등학생이 또 몸을 태워 죽었다고 했다. 아! 이 극악무도한 정권은 사람을 얼마나 죽이려는가!

12시쯤 되었을까. 마이크로 상황 보고를 하는데, 아까 분신한 사람은 신분이 드러났는데 1952년생이고, 가톨릭 신자라고 했다. 나이 40이나 된 사람이 몸을 태워 죽다니. 이번에는 노정권이 무슨 말로 억지를 띨 것인가. 어쨌든 어처구니없는 일이다. 장례 행렬이 출발하여 우리가 신촌 로터리에 갔을 때는 또 그 앞장이 이대 들머리에서 막혔다. 전경들이 몇 겹이나 바리케이드를 치고, 최루탄을 한없이 쏴 대고 있다는 것이다. 그래 거기서 구호를 부르고, 노래를 하고, 노동자들, 운동 단체 대표들이 나와 연설을 하고, 여러 시간을, 오후 5시까지 그렇게 기다렸다. 그동안 이대 들머리에서는 계속 최루탄을 쏴 대지만 젊은이들이 바리케이드 한쪽 쇠사슬을 톱으로 끊어 돌파했다는 소식도 들렸고, 협상 대표가 경찰과 만나 의논한다는 소식도 들렸지만 결국 거의 하루 낮을 그렇게 해서 길바닥에서 다 보냈다. 또 그동안 들으니까 종로 2가, 3가는 학생들이 한길을 다 점령했고, 을지로도 학생과 시민이 차지했고, 명동 앞길도 젊은이들이 1만 5천 명쯤 모여 시청 앞으로 나가려 하고 있다는 말이 들렸다. 이 말은 단지 소문이 아니고 시내를 돌아다녀 보고 온 임헌영, 이기형 두 분의 말을 나중에 듣고 사실이었음을 확인했다. 오늘 신촌 로터리에 사람들이 14일보다 많지 못했던 것은 아침부터 신촌 쪽으로 가는 버스가 못 가도록 교통을 차단했기 때문이기도 하지만 학생들이 시내 각처에 흩어져서 시위를 하기 때문임을 알았다.

오후 5시가 지나서 대열이 앞으로 움직이기 시작했다. 마포 공덕동 로터리로 노제 장소를 옮기기로 했다는 것이다. 오늘은 시청 앞 노제를 포기하고 서울역에서 노제를 지내기로 했는데, 당초에 허락하겠다던 서울역 광장도 못 가게 하는 바람에 또 종일 맞서 있다가 결국 이렇게 마포 쪽으로 가게 된 것이다. 세상에 노제도 못 지내게 하는 놈들이 정치를 하고 있다.

시청 앞이고 서울역이고, 거기 노제 지내는 것이 뭣이 겁나는
가? 참으로 알 수 없는 일이다.

이대 앞 가까이 가는데 최루탄 가스 때문에 눈이 따갑고 눈물
이 나서 혼이 났다. 고춧가루가 눈에 들어가고 입에 코에 들어
간 느낌이다. 고춧가루 고문을 한다고 했는데, 그 고문은 얼마
나 끔찍한 고문일까 생각이 들었다. 마포 쪽으로 고개를 넘어
한참 오니까 괜찮았다.

오늘 오후에는 박정온, 이기형 두 분도 같이 있어서 이런저런
얘기를 하면서 지내니 한결 시간 보내기가 좋았다. 공덕동 로
터리까지 와서 정작 노제를 지낼 때는 하도 사람이 많아서 누
가 조사를 어떤 말로 했는지, 두어 시간이나 걸렸지만 고함 소
리와 가끔 구호 소리만 들렸을 뿐 알 수 없었다. 그래도 오늘은
낮에 신촌 로터리에서 더워 자꾸 땀이 나고 땅바닥에 앉아 있
으니 숨이 꽉 막힐 지경이었는데, 공덕동 로터리에서는 해가
지고 서늘한 밤기운이어서 두어 시간 뒤에서 앉아 있어도 편
했다.

8시가 지나서 겨우 노제가 끝나고, 운구 행렬 차는 광주로
떠났다. 그런데 나머지 사람들은 다시 모여 구호를 외치다가
용산 쪽 길로 나갔다. 물론 시위행진을 하게 된 것이다. 그때
가 8시 40분쯤 됐을까?

나는 오늘 아침부터 몸이 고단하고 무거웠는데, 저녁까지는
그럭저럭 있었지만 밤에는 도저히 젊은이들과 같이 다닐 수

없었다. 그래 이기형, 박정온 두 분한테, 그만 밤 시위는 젊은이들에게 맡기고 우리는 가자고 했더니, "잠시 이 행렬 떠나는 것만 보고 갈 테니 먼저 가시지요" 해서 혼자 왔다.

공덕동 로터리에서 아현 쪽을 보고 걸어가는데, 거기 보니 전경들이 그 로터리 근방에서 마포경찰서 앞까지 새까맣게 수십 겹으로 길바닥과 길가에 진을 치고 앉아 있고 서 있고 했다. 물론 닭장차도 있고, 최루탄 싣는 차도 보였다. 처음에는 그 길을 인도조차 못 다니게 완전히 봉쇄해 놓았는데, 어찌할까 하다가 그만 막아 놓은 철통을 뛰어넘는 한두 젊은이를 따라 나도 뛰어넘으니 굳이 전경이 막지 않았던 것이다. 이래서 아현 전철역에 갈 수 있었다.

집에 오니 10시 반이었다.

지금 12시 반이다. 아직도 시내에는 젊은이들이 최루탄에 쫓기면서 눈물을 흘리고 있을 것이다. 다치는 사람이 없어야 할 것인데…….

1991년 5월 20일 월요일 맑음

아침부터 어제저녁에 쓰기 시작한 논문을 쓰고 있는데 〈중앙일보〉에서 이경철 기자가 어제 그 신문에 김지하 씨를 작가회의에서 제명한 것이 잘못되었다는 지적을 한 글을 어느 작가회의 회원 한 사람이 발표했다면서, 여기에 대한 작가회의의 태도를 밝히는 글을 써 달라고 했다. 나는, 그런 글이라면 회장인 고은 씨가 쓰는 것이 좋지 않겠나 했더니, 고은 씨한테 부탁했더니 자기는 쓰기가 안됐다고 하더라 했다. 그러면서 어제 발표된 글을 전화로 읽어 주는데, 그 내용이 참 한심한 말이었다. 할 수 없이 쓰기로 했다. 그래 쓰던 것 두고 김지하 씨 문제를 쓰기 위해 우선 어제 신문에 난 것을 내가 잘 읽어야겠다 싶어 밖에 나가 신문을 사 왔다. 그걸 읽고 쓰는데, 두 번, 세 번 고쳐 쓰느라 밤까지 걸려 겨우 마쳤다. 이걸 내일 10시까지 갖다 주어야 한다.

작가회의 회원이란 사람이 이런 글을 썼다는 것은 오늘날 젊은이들이 얼마나 한심스런 태도로 살고 있는가를 말해 준다.

1991년 5월 21일 화요일 맑음

10시에 〈중앙일보〉 문화부에 가서 이경철 기자를 만나 쓴 것을 보여 주었더니 읽고 나서 아무 말이 없었다. 사진을 찍은 다음 이 기자 말이 "글을 사정에 따라 말을 좀 고친다든지 해도 괜찮겠지요?" 했다. "무슨 말을 고쳐야 합니까. 그런 것이 있으면 지금 같이 보고 고쳤으면 좋겠는데……" 하니 "예를 들자면 '글쟁이'를 '문인'으로 한다든지 해서요" 했다. "내 생각은 문인보다 글쟁이라 하는 것이 좋겠다 싶어 그래 썼어요. 글 쓰는 사람 글쟁이 이상 갈 것 뭐 있습니까?" 하니까, "그럼 부장님 좀 만나 봅시다" 해서 문화부장을 만났더니 인사를 한 다음 "작가회의가 지향하는 바를 좀 남들이 알 수 있게 밝혀 놓는 글을 끼워 넣을 수 없을까요. 그러면 김지하 씨를 제명한 까닭도 저절로 밝혀지지요" 했다. 그러면서 "글이 앞머리에서 좀 감정적으로 쓰였는데, 아무래도 작가회의의 성격을 밝히는 것이 좋겠어요" 했다. 호의에서 나온 말이라 생각되었다. 나는 내가 쓰고 싶은 것을 썼지만 문화부에서는 만족스럽지 못한 모양이었다. 허락해 준다면 보충할 부분을 이경철 씨가 몇 줄 끼워 넣겠다고 하기에 그렇게 해 달라고 하고 나왔다.

〈중앙일보〉에 갔다 와서, 점심을 먹고 오후에는 〈주간 조선〉 연재 원고 1회분을 썼고, 밤에는 내일 강연 준비를 했다.

오늘 신문에는 분신한 김기설 씨의 유서 문제로 검찰과 전민련전국민족민주운동연합이 맞서서 다투고 있다는 보도가 나왔는데, 전민련이 불리하도록 보수 언론이 몰고 가는 것이 기가 막혔다.

그런데 생각해 보니 이 사건은 그 결과가 어느 쪽으로 되든 큰 문제가 될 수 없을 것 같다. 검찰이 조작했다면 그런 일쯤이야 권력 측에서 예사로 하는 일이 되어 버리겠고, 전민련 사무국장이란 사람이 유서를 조작한 것이라면 그게 중대한 도덕상의 흠이 되기는 하겠지만, 사람을 마구 때려잡고 고문해 죽이기를 밥 먹듯 하는 집권자들 하는 짓에 비교하면 정말 별것 아닌 것이다. 그러나 어쨌든 유서를 조작했다면 참 한심한 일이다.

1991년 6월 1일 토요일 맑음

오후 3시에 서울교대 학생을 YMCA 다방에서 만나기로 약속
해 놓아서 나갔다. 오는 11일 교대에 가서 강연을 하기로 되어
있는데 미리 좀 만나 보고 싶다고 해서 그러자고 한 것이다. 다
방에 가니 두 학생이 기다리고 있었다. 이런저런 얘기를 하다
가 오는 11일 내가 무슨 얘기를 해 주기를 바라는가 물었더니
문학 교육을 어떻게 해야 하는지 알고 싶다면서 아이들이 쓰
는 글 이야기를 했다. 내가 문학은 어른이 써서 아이들에게 주
는 것이고, 글쓰기는 아이들 자신이 자기 체험을 자기 말로 표
현하는 것이니 둘을 달리 봐야 한다고 했더니 그걸 몰라서 말
했다면서 그렇다면 글쓰기 교육을 어떻게 해야 하는지 가르쳐
달라고 했다. 그리고 미리 자료를 만들어 인쇄해 주는 의논을
하고 헤어져 왔다.

교대에서 국어교육과를 4년 동안 배웠다는 학생들이 문학 교
육과 글쓰기 교육을 분간하지 못하니 교육대학 교육이 어떻게
되고 있는지 알 만하다.

1991년 6월 4일 화요일 맑음

은행 돈을 내어 오피스텔 남은 돈 갚으러 창동에 갔더니 그
건물에 아직도 입주해 온 사람이 아무도 없고, 사무실에서도

잔금을 내라는 말이 없어 좀 뒤에 줄까 싶어 그대로 왔다.

오늘 신문에, 외국어대학에서 마지막 강의를 하러 갔던 정원식 국무총리 서리가 학생들의 달걀, 밀가루 세례를 받고 쫓겨났다면서, 온통 신문마다 학생들이 인륜을 짓밟았다고 떠들고, 민주주의니 인권이니 하고 외치던 것도 헛소리라 해 놨다. 〈중앙일보〉는 학생들을 불량배, 폭행범이라면서 '각계의 소리'를 기사로 냈는데, 내가 놀란 것은 거기 박완서 씨도 들어 있는 것이다.

온 나라 아이들을 병들게 하는 교육을 강제하던 그 철면피한 사람, 참된 교육을 해야 한다는 교사들을 모두 거리로 쫓아낸 사람, 이제 또 쇠몽둥이로 아이들을 때려잡던 정권의 앞장을 선 사람에게 달걀이고 밀가루 퍼부은 것이 그렇게도 악한 범죄 행위란 말인가?

학생들이 맞아 죽고, 노동자들이 어떻게 죽었는지도 모르게 죽어 가도 말 한마디 없던 사람이 총리가 밀가루 덮어쓰고 달걀로 얻어맞은 것이 그렇게 분한가?

글만 쓰면서 살아가는 작가가 어떤 길을 걸어가게 되는가를 박완서 씨의 경우로도 알 수 있구나 싶다.

1991년 6월 22일 토요일 맑음

글을 쓰려고 앉아 있으면 졸음이 와서 애먹는다. 아침은 안 먹고, 11시 반쯤 되어야 먹는데, 아침부터 그러니 알 수 없다. 이게 무슨 몸에 이상이 생긴 게 분명하다.

'문장론'을 오랜만에 다시 쓰려고 시작했지만 별로 나가지 못했다.

9시경에 우체국에 가서 등기우편물을 찾았더니 중앙일보사에서 보낸 원고료였다. 지난번 김지하 글 비판한 것인데, 세금 제하고 9만 몇천 원이니, 2백 자 한 장에 만 원이 되는 셈이다. 만 원이면 많은 고료다. 그런데 김지하는 한 장에 5만 원씩 요구했다고 하고, 3만 원씩 받았다 하니, 그런 사람의 정신이 정상으로 될 리가 만무하다.

저녁때 나가서 신문을 사서 보았더니, 선거에 실패한 신민당이 김대중 총재 퇴진을 거론한다고 했다. 그것은 분명히 노태우와 여당의 책략에 말리는 짓이다. 그래도 현재 야당에서 김대중만 한 정치인은 없다. 김대중 씨 제쳐 놓고 누구를 내세운단 말인가? 그런 말을 하는 사람들은 모두 제 욕심만 부리는 출세주의자들이라고 본다. 참으로 한심한 일이다.

김대중 씨도 지난번 대통령 선거 때 양보해서 국회를 잡아 놓는 것인데 잘못했다. 그만큼 역사를 내다보지 못한 것이다. 다시는 그런 기회가 오지 않을지 모른다. 그것은 김대중 씨가 잃어버린 기회인 동시에 우리 국민 모두가 잃어버린 기회였던 것이다.

1991년 7월 15일 월요일 비

　오피스텔 등기 비용하고 틀니값을 마련하기 위해 오후에 명동에 있는 대한증권에 예금해 둔 돈을 찾으러 갔다가 도장을 잘못 가져가서 할 수 없이 되돌아와서 다시 나갔다. 백만 원을 찾아 종각에 있는 한일은행에 가서 등기 비용 43만 8,100원을 은행 마감 시간 직전에 송금하였다.

　그리고 글쓰기회 사무실에 가서 몇 가지 의논을 하고, 이재복 씨 편으로 푸른나무에서 보내 준 동화책 여섯 권을 받아, 모두 함께 저녁을 먹으라고 말하고 나만 왔다. 어금니가 없어 밥을 먹을 수가 없는 것이다.

　이재복 씨 얘기 들으니, 며칠 전에 〈별나라〉 잡지가 이재철 씨한테 있다고 해서, 권오삼 씨가 미리 전화를 걸어 보여 주겠다는 대답을 듣고 같이 갔더니, 한참 얘기하고 난 다음 보자고 하니 잃어버렸다고 하더란다. 그러면서 "참 기분이 나빴어요. 보여 주겠다고 해서 갔는데" 했다. 그럴 것이다. 그런 사람은 아이들이고 문학이고 필경 자기 이름 내기 위한 수단으로 알고 있으니까.

　오늘 각 신문에, 교육부가 1995년도부터 국민학생들에게 영어를 정식 과목으로 넣어 가르치기 위해 교과서를 준비하고 있다고 했다. 망국 망족 교육이 드디어 이쯤 왔구나! 하는 생각이 들었다. 이제 나도 죽기 전에 감옥에 들어갈 준비라도 해야 할 것 같다. 이 더럽고 흉측한 권력 가진 무리들과 싸우는 것만이 내가 갈 길이다.

1991년 8월 21일 수요일 맑음

종일 '동시란 무엇인가?'란 논문 문장을 다듬었다. 내가 이런 글을 썼던가 놀라는 한편 책방에 나가 있는 책들을 모두 불태워 버리고 싶도록 부끄러워졌다. 온종일 고쳤는데도 겨우 반 조금 더 나갔다. 새로 쓰는 것만큼 힘이 든다.

밤 11시에 아람유치원 박문희 원장이 전화를 걸어 왔다. 오전에 전화를 해서 찾아온다더니 아무 소식이 없었는데, 전화를 걸어도 받지 않더라 했다. 내일 오후 내가 가기로 했다. 여기 오면 또 세월없이 이야기해서 견디지 못할 것이다. 밤에 한 전화도 온갖 얘기를 쉴 새 없이 해서 사람을 지치게 했다.

1991년 9월 2일 월요일 맑음

아침에 창문을 열어 놓고 책상 앞에 앉아 있는데 밖에서 시끄러운 소리가 들려와 책을 읽으려 해도 마음이 흐트러지고 글도 쓰이지 않는다. 비행기 소리가 요란하게 몇 번 지나가는 것이야 참는다 하더라도 뒤쪽 중학교에서 벌써 운동회 연습이 시작되었는지 확성기에서 어른들의 성난 고함 소리가 끊임없이 울려와서 도무지 참을 수 없다. 아, 또 괴로운 가을, 답답한 교육의 가을이 시작되었다. 아이들을 밖에 끌어내어서 또 괴롭히는, 사람 잡는 체육의 가을!

9시 반에 모두 나갔다. 권 회장은 11시에 회의가 있다고 해서 나가고, 나는 동부터미널까지 누님 짐을 가지고 전송하러 나갔다. 10시 50분 버스로 누님을 보내고, 곧 돌아와 점심을 먹었다.

오후에 사당역에 나가 〈역사산책〉 기자를 만나 원고를 주고, 고료 10만 원 받아서 1년분 잡지 대금 주고, 〈사회평론〉 한 권 사 왔다. 그리고는 신문 보고 오려 붙이고 하다 보니 밤이 되었다.

1991년 9월 6일 금요일 흐린 뒤 개임

아침에 우체국에 가서 어제 전신환으로 온 원고료를 찾았다.

오후에 정우가 일꾼 한 사람을 데리고 와서 방문 위에 금 간 콘크리트를 때웠다. 전기로 갈라진 틈을 파내고 거기를 때웠는데, 그것이 고무 종류라 했다.

저녁때 석도열 스님의 만다라 불화 전시회에 가 보았다. 그 만다라 그림이란 것은 잘 알 수 없고 그렇게 좋은 줄도 모르지만 이 스님이 작곡가 이건우 씨의 단 하나 아들이라고 해서, 이건우 씨가 작곡한 가곡 악보를 가지고 있는가 알아보고 싶었던 것이다. 그림은 전부 추상화고, 보라색이 주된 색깔이란 점에서 특이했다.

그런데 부친 이야기를 하면서 내가 '금잔디' 가곡을 좋아했다고 하면서 지난 5월 호 〈객석〉에 실은 글을 복사한 것을 주었더니 "세상에 이런 인연도 있구만요" 하고 좋아했다. 그러고 나서 부친이 작곡한 악보를 가지고 있는가 물었더니 자기는 아무것도 모르고 또 한 편도 가진 것이 없고 심지어 '금잔디'도 못 보고, 노래를 들어 본 적도 없다 해서 놀랐다. 그러니까 재작년 김순남, 이건우 가곡 발표회 때도 안 나갔고, 그 뒤 예술의전당인가 하는 데서 김순남, 이건우, 안기영 세 사람의 가곡 발표회 때도 안 나갔던 것이다. 그래서 내가 이다음 올 때 '금잔디' 복사본을 하나 가져다주겠다고 말하고 왔다.

저녁에 집에 오니 책방 아주머니가 길성이 할머니가 오늘 낮 1시경에 별세하셨다고 했다. 그래도 나는 안 가고 내일 가기로 했다. 사실은 어젯밤 배가 아파 혼이 나고, 잠을 거의 못 잤다. 음식을 잘못 먹고 새벽 3시가 되어서도 토하고 했다. 그래 오늘은 무슨 일이 있어도 일찍이 자야 된다. 만다라 그림 전시회에도 억지로 갔다 온 것이다.

만다라가 뭔가 싶어 사전에 찾아보았다. "우주 법계의 온갖 덕을 망라한 것이라는 뜻으로 부처가 증험한 것을 그림으로 나타낸 것"이라 되어 있다. 이런 풀이말을 읽어도 여전히 모르겠다.

1991년 9월 28일 토요일 맑음

오전에 원고 좀 다듬어 복사를 해 두었다.

오후에는 3시부터 작가회의 이사회가 있어 갔더니 2년 동안 옥살이를 하고 나온 김명식 시인이 와서 인사를 했다. 김 시인은 이사회 마치고 나서 좌담 자리에서 갇혀 있는 사람들의 얘기를 했는데, 40년 동안 0.7평짜리 독방에서 죽지 않고 살고 있는 '사상범' 얘기를 했다.

내가 "우리 작가회의에서 축제니 잔치니 하는 떠벌이기 행사할 것이 아니라 '실종 문인의 밤' 정도라도 열어서 남에서도 북에서도 쫓겨나 간 곳이 없는 사람들을 한 차례 생각하는 때를 가져서, 그 사람들을 민족 문학의 자리에 앉히도록 해야 한다. 그런 일을 우리가 안 하면 누가 하겠나" 했더니 김명식 시인이 아주 반가워하면서 "그것 참 꼭 해야 됩니다"고 했다.

오늘 낮에 신문 호외가 나왔는데, 미국의 부시 대통령이 핵무기를 모두 없애겠다고 했다. 그러나 공군 핵은 계속 보유할 것이라고 해서 여전히 미국은 핵으로 전 세계를 움직여 나갈 것 같다. 핵무기를 모두 한곳에 모아 두어서 손을 못 대게 하겠다는 것도 조그만 나라들이 자꾸 핵무기를 만들고 있으니 자기들이 가지고 있어 봤자 소용이 없기에 그런 소리를 하는 것이다.

그래도 그렇게 하겠다는 것만 해도 잘된 일이다.

1991년 10월 7일 월요일 맑음

오후 올림픽공원 안에 있는 제1체육관에서 열리는 도서 전시
회에 갔다. 이런 도서 전시는 서울에서 가운데가 되는 종로나
광화문 어디에서 해야 하는데, 워낙 한쪽 져서 공원에 놀러 온
아이들이 주로 찾아오는 것 같았다.

그런데 세계 각국의 어린이들이 쓰는 공책을 전시한 자리가
있어 한참 구경했다. 어느 나라 공책도 우리 나라 공책같이 고
급 용지를 쓰지는 않았고, 표지도 아주 깨끗한 공책이 많았다.
그러면서 공책 책장이 모두 우리 나라 공책보다 흔히 두 배나
많았다. 표지도 영어를 안 쓰고 자기 나라 글자를 쓴 나라가 많
았다.

제일 인상 깊었던 것은 프랑스 아이들의 공책인데, 집에서 버
린 종이를 학교에 가져가서 선생님과 같이 그것을 공책으로
만들어 쓰고 있는 것인데, 거기 종이도 오려 붙이고 그림도 그
리고 하여 참 좋은 교육을 하고 있구나 싶었다.

자이로콩고민주공화국의 옛 이름란 나라인데, 공책 표지에 어미
범이 아기 범을 안고 앉아 있는 것도 있고, 자기 나라 지도를
그려 놓은 것도 있어서, 그 나라가 좋은 교육을 하고 있구나 싶
었다. 그 지도를 보니 아프리카 가운데 있는 큰 나라였다.

그 공책을 구경하고 있는데, 전주제지에서 재생 용지로 공책
을 만든 것을 전시해 놓고, 나한테 공책을 본 감상이 어떤가 물

었다. 그러면서 마이크를 갖다 대면서 좀 얘기를 해 달라고 하기에 갑자기 그러는지라 좀 요령 없이 얘기를 해 주었다. 내 목소리뿐 아니고 사진까지 찍었다. 그리고 그 옆에 또 그림 동화 작가 강우현 씨가 지도한 '아버지가 그린 그림책'들이 전시되어 있어, 그걸 보고 있으니 아까 공책 전시에 관한 의견을 묻던 사람이 강우현 씨를 소개하면서 이 그림책과 공책 전시 일을 같이 협력해서 한다고 했다. 내가 강 씨가 하는 일이 매우 뜻있고 귀한 일이라면서 그림책 한 벌을 사겠다고 했더니, 그냥 가져가시라면서 아버지가 쓰고 그린 그림책 열 권과 지난해 낸 어머니가 그린 그림책 13권을 모두 주었다. 내가 그냥 받을 수 없으니 값을 내겠다 했더니 꼭 그러면 만 원을 찬조금으로 내라고 해서 2만 원을 내었다. 책값은 4만 6천 원이 되었다.

전시장을 한 바퀴 돌고 왔더니 7시가 지났다.

저녁에 울산 재우가 전화를 걸어 왔다. 회사에서 주선을 해 동남아시아 여행을 10일간 하게 되었다면서 일행이 있어 오지 못한다고 했다. 또 KBS 2텔레비전에서 어린이 책에 관한 토론회에 꼭 나와 달라는 부탁이 와서 고민을 하다가 할 수 없이 나가겠다고 해 버렸다.

1991년 10월 17일 목요일 맑음

오늘은 12시에 일본 도쿄대학 명예교수 오쓰키 다케시란 분을 만나게 되어 있어서 좀 일찍이 약속한 자리 종각 태을당에 갔더니 곧 젊은이들 몇 사람과 오쓰키가 왔다. 나이 71세라는데 그렇게 늙어 보이지 않았다. 다방에서 잠시 얘기하다가 인사동 어느 조용한 음식점에 가서 점심을 먹으면서 얘기하고, 다 먹고 얘기하고 해서 오후 3시까지 많은 얘기를 나누었다. 처음에는 같이 온 아가씨가 통역을 해 주었는데, 그만 내가 서툰 일본 말로 바로 얘기를 했다.

글쓰기 교육 운동에 대해 일본 교원 단체와 교류를 권해서, 내가 우리는 일본과 실정이 너무 다르고, 교육을 하는 것이 보잘것없어 보여 줄 것이 없고, 일본에서 하는 것을 알아도 별로 도움이 될 것 같지 않아 그렇게 마음이 내키지 않는다고 했더니, 그런 사정을 수긍하면서도 아무리 사정이 나쁘고 탄압이 심해도 거기서 바로 살아가려고 하는 사람이 언제든지 상당한 수가 나오게 되어 있다면서, 어려우면 어려울수록 서로 교류해서 힘이 되는 것이 좋겠다고 했다. 참 좋은 말이라 생각되었다. 그는 돌아가면 일본작문회(作文の會) 기관지에 내가 이곳 교육 운동을 소개하는 글을 쓸 수 있도록 주선해 보겠다고 했다.

그 밖에 우리는 여러 가지 얘기를 했다. 소련의 변화에서 일본의 학생운동이나 정치 운동이 어떤 영향을 받고 있는가 물었더니 거기도 많은 젊은이들이 큰 충격을 받았고, 마르크스의 책은 도무지 안 팔린다고 했다. 그러면서도 자기는 마르크스의 사상이 그릇된 것이 아니라 소련의 공산주의가 잘못되었다고 본다 했다. 북한에도 언젠가 갔다 왔다고 해서 이성인 씨가 북한이 어떻던가 물었더니, 교육이나 의료 제도는 아주 훌륭히 성공하고 있다면서, 자본주의 나라들이 북한을 비난하는데, 자기가 보기로는 분단이 되어 남북이 대립되어 있으니 그렇게 안 할 수 없을 것이라 했다. 그러나 나는 아무리 훌륭한 사상이라도 그것을 윗사람이 잡고는 무엇이든지 백성들에게 지시 명령하게 되면 반드시 잘못된 정치가 된다고 하고, 이북의 산이 벌거숭이가 된 일을 보기로 들었다. 그리고 소련도 그렇게 한 것이 아닌가 했더니 그도 그렇다고 동의를 했다. 여러 가지 얘기를 해 보니 내 생각과 아주 가깝다는 것을 느꼈다.

오쓰키 선생은 토요일 돌아간다고 했다.

헤어져서, 글쓰기회 사무실에 갔다가 회보를 가지고(오쓰키 선생이 책방으로 간다고 하기에 틀림없이 종로서적일 것이라 생각해서) 종로서적에 갔더니 없었다. 회보를 주고 싶었는데 못 준 것이다.

종로서적에서 나와 종각에 있는 보신각 종 이야기를 쓴 알림판 글을 베껴 쓰고, 다시 파고다공원에 가서 손병희 선생 동상 옆에 동판 글을 옮겨 적고, 서울역에 가서 역사 유래 적어 놓은 것을 베끼려 했더니 그 알림판이 있던 자리에 없었다. 지난번 텔레비전에서 그 글 잘못된 것을 장학 퀴즈 문제로 냈더니 당장 뜯어고치려 했는가 보다고 생각이 들었다.

그리고 돌아와 신문 보고, 저녁 먹고 신문 오려 붙이고 원고

332

좀 쓰고 나니 12시가 되었다.

　오쓰키 선생 얘기 가운데 적어 둘 것을 빠뜨린 것이 있다. 그 하나는 일본작문회를 이끌어 가던 원로들—이마이 다카지로 씨나 고쿠분 이치타로 씨 같은 분들은 모두 죽고, 이제는 그다음 세대들이 맡아서 해 나간다고 했다. 그리고 또 하나, 아이들 얘기하다가 나온 말인데, 일본의 소학교 아이들에게 유령이 있다고 믿는가를 물었더니 50몇 퍼센트나 있다고 답하더라 했다. 그런데 중학생들에게 같은 물음을 던졌더니 놀랍게도 60몇 퍼센트나 되었고, 고등학생은 70몇 퍼센트나 되었다는 것이다. 그런 현상을 오쓰키 선생은, 아이들에게 생활 속에서 살아가게 하면서 사람과 사람이 관계를 맺고 서로 손잡고 도와가도록 하면 이런 일이 없을 텐데, 서로 경쟁을 시켜 싸우게 하니 모두가 고립이 되어 자기 혼자 속에 갇혀 있게 되고, 그러자니 외로우니까 유령을 믿게 된다고 했다. 소학생보다 중학생이, 중학생보다 고교생이 많은 까닭도 그래서 그렇다고 했다. 참으로 기막힌 얘기다. 일본이 그러니 한국도 앞으로 비슷한 길을 가지 않겠나 하면서, 이런 가운데서도 우리가 어떻게 해서라도 사람답게 살아가는 길을 찾아야 한다고 했다. 내가 보기에 오쓰키 선생은 상당히 세상을 낙관하면서 살아가는 사람 같았다.

어제 오쓰키 선생하고 얘기한 것 중에 적어 두고 싶은 것이
또 있다. 오쓰키 선생은, 아무리 탄압을 받아도 일정한 대항 세
력은 나오게 되어 있다고 하면서, 일본 동경대학의 예를 들었
다. 동경제국대학이 일본의 군국주의를 세우기 위해 만들어
서, 그 출신이 일본 자민당 간부로 가장 많이 활동하고 있지만,
동경대학 출신이 자민당 다음으로 많은 것이 일본 공산당이라
고 말했다. 그런데, 일본은 아무리 교육 탄압이라지만 우리같
이 이렇지는 않다. 가령 일제시대만 해도 자유주의 사상을 가
진 실험학교가 더러 있을 수 있었고, 2차대전 이후로는 교원
노조가 크게 활동하면서 교육을 움직였고, 현재는 오쓰키 선
생도 말한 대로 달리 실험학교란 것이 없는데, 그 까닭은 제도
교육 안에서도 상당히 자유로운 교육을 할 수 있으니 굳이 밖
에 나와 별난 학교를 만들 필요가 없는 것이다. 그런 교육 풍
토, 그 정도의 교육을 하고 있으니까 동경대학 출신도 그렇게
되는 것이지, 우리 나라같이 국민학교·1학년부터 철저하게 거
짓 글쓰기나 가르치고 있는 데서 어떻게 희망을 걸 수 있겠는
가. 오쓰키 선생같이 생각이 앞서 가 있고, 이해심 깊은 사람도
역시 자기들 나라를 표준으로 바탕으로 생각하고 있으니 우리
사정을 이해하지 못한다. 실컷 좋은 얘기를 많이 했지만 여전
히 답답하다는 느낌은 이래서 오는 것이다.

또 내가 "지난날 나도 뭔가 서로 주고받는 교류를 했으면 싶었지만, 자칫하면 당국에서 오해를 해서 불편한 일이 일어나고 탄압을 받을까 염려되고, 그렇게 되면 안 하는 것이 더 낫겠다 싶어 못 하고 있었다"고 했더니 "선생님이야 이제 퇴직했으니 자유롭잖습니까? 나도 교직에 있을 때는 이것저것 염려했지만 이제는 아무것도 거리끼지 않고 말도 하고 글도 쓰지요" 했다. 참 답답했다. 내가 퇴직당하는 것을 걱정했다고 알고 있는 모양이다. 그까짓 퇴직이 무슨 문제랴. 우리가 하고 있는 일 자체가 모조리 무너져 버리고 말 것인데. 더구나 우리 나라 사람들은 교육이고 문학이고 정부에 밉게 보이는 일을 한 사람으로 일본인들과 만나거나 재일 교포와 만난 사실만 있으면 터무니없는 죄를 덮어씌워 무슨 짓도 할 수 있고, 해 온 것이 지금까지의 역사가 아닌가? 이런 것도 일본 사람들은 모른다. 그들이 모르는 것을 다 이야기할 수도 없다. 그래서 참 답답한 것이다.

오전에 민족문학큰잔치 포스터를 헌책방 앞에 붙이고 신문 보고 '우리 말 우리 글 강좌' 구상을 좀 하고 있으니 점심때가 되었다.

오후에 한길사에 가서 이소리 씨와 강좌에 대한 의논을 하고, 김 사장을 만나서 잠시 얘기를 나눈 다음 을지서적에 가서 창비아동문고 중 아이들 글 모음 다섯 권을 사서 6시에 신당 지하역에 가서 오쓰키 선생을 다시 만나 책을 주었다. 이 책은 어제 만났던 국민자치 모임의 젊은이들이 받아서 우편으로 다른 책과 함께 보내 드린다고 했다.

그길로 돌아와 저녁을 먹고 신문 스크랩을 하고 나니 11시 반이 되었다.

1991년 11월 22일 금요일 흐림

오전에 〈주간 조선〉 원고를 쓰고 오후에 시내에 나갔다.

먼저 을지서적에 가서 노동자들이 보는 월간지 창간호 〈길〉을 찾으니 안 보였다. 물어보니 다 나갔다고 했다. 신문에 하도 격려 광고가 많이 나와 있기에 호기심이 났는데, 역시 잘 나가는 모양으로, 아직 12월도 안 되었는데 벌써 다 팔렸단다. 책 구경을 하다가 〈몽양 여운형 전집 1〉이 나왔기에 샀다. 그리고 〈사회평론〉 12월 호도 샀다.

〈사회평론〉을 펴 보니 '이오덕 선생의 언어관을 비판한다'란 글이 실려 있는데, 맨 끝에 독자 투고도 들어 있었다. 잠깐 첫머리를 보니 좀 어린 생각을 써 놓은 것 같았다. 대학 4년생의 글이니 그럴 것이다. 이걸 가지고 신문에 낸 책 광고에 제목을 커다랗게 내놓았으니 좀 이해가 안 간다.

며칠 전 사회평론사에서 이러이러한 내용으로 선생님의 주장을 비판하는 글이 들어왔는데, 의논한 결과 독자 투고로 줄여서 실을까 싶으니 그리 아시고, 책이 나오면 보시고 그 글과 함께 〈사회평론〉에 실린 글이며 요즘 나오는 글들을 전반으로 비판하는 글을 좀 충분한 분량으로 써 달라는 부탁이 있었던 것이다. 그래서 다음 호에는 내가 요즘 바쁘니 쓰기 어렵고, 1월까지는 쓰겠다고 대답했던 것인데, 어떤 글이 나오는가 잔뜩 기대도 되고 두렵기도 하더니 뜻밖에 너무 시시한 내용인 것 같았다.

사실《우리 글 바로 쓰기》책이 나간 뒤 2년이 지났는데도 아무도 그 책에 대한 반박이나 비판의 글이 없어서 맥이 빠진 기분이었다. 그 책에는 엄청난 견해와 주장이 들어 있고 비판이 들어 있는데 말이다. 그래서 젊은이들이 아주 야무지게 비판하는 글이 나올 수도 있겠다는 생각에서 기대도 되고 두렵기도 했던 것이다.

을지서적에서 나와 서울역에 가서 월요일 부산 가는 차표를 사고, 서울역 구내에 있는 책방에 갔더니 〈길〉이 있었다. 그런데 책 표지가 꼭 〈말〉지 같아서 인상이 좋지 않았다. 이렇게도 창의성이 없이 이미 나오는 잡지 흉내를 내는가 싶으니 거기 담겨 있는 글들도 모두 남들의 흉내말같이 느껴졌다. 어쨌든 〈길〉을 샀다.

집에 와서 신문 보고, 우편물 보고, 〈주간 조선〉에 나온 '임화' 이야기 읽고 나니 11시가 되었다. 〈사회평론〉은 내일 보기로 했다.

1991년 11월 23일 토요일 맑음

오전에 〈사회평론〉에 실려 있는 고길섶이란 사람이 쓴 글을
읽어 보았다. 성균관대학 철학과 4학년 학생이다. 그 내용이
내 주장을 아주 오해하고 있다. 제멋대로 논리를 펴 나가면서
내가 아주 옛날 농경시대의 말만 고집하면서 역사의 변혁을
부정하는 사람이라고 해 놓았다. 물론 그 문장도 잘못된 한자
말 문장이요, 일본 말 번역체 문장이다. 웬만하면 그대로 버려
둘까 했는데, 좀 철저히 비판해야 되겠다는 생각이 들었다.
오후에 〈주간 조선〉 연재 원고 1회분을 다시 고쳐 썼다.
복사집에 두 번 가고, 신문사 오고.

1991년 11월 26일 화요일 맑음

〈사회비평〉에 나온 고 씨 글을 비판하는 글을 쓰는데 그 글을
읽을수록 너무 불쾌하고 화가 나서 도리어 글이 얼른 안 쓰였
다. 어려운 말로 써 놓은 글을 읽는 것도 귀찮았다. 세 가지 항
목 가운데 둘째 항목 것을 썼다. 이제 마지막 한 항목만 내일
쓰면, 이것을 다시 다듬어 정서해야 하니 아직도 이틀은 걸릴
판이다. 병든 지식인들과 싸우는 일이 이렇게 내 일로 맡겨졌
으니 어쩔 수 없다.
인간이 산다는 것, 생명을 불태운다는 것은 세상의 무지와 거

짓과 비뚤어진 것과 의롭지 못한 것과 사악한 것과 탐욕스러운 것, 그러니까 모든 악과 싸우는 것이다. 그런 것을 오늘 다시 깨닫는다. 내가 나머지 목숨을 불태우는 것도 결국 싸움이구나 싶다.

1991년 12월 23일 월요일 흐린 뒤 이슬비

오전에 원고 다듬어 한길사에 가져가려 했는데 그만 내일 가기로 했다. 아무래도 죄다 볼 수 없었기 때문이다.

오후 4시가 좀 지나 나갔다. 글쓰기회 월요 모임이 있어 나갔는데, 오늘은 학원을 하고 있는 두 아가씨가(글쓰기회에 들어오고 싶어 한다고 이성인 씨가 언젠가 말했다) 와서, 그 아가씨들이 가져온 문집에서 작품을 몇 편 복사해서 같이 의견을 나누기로 했다.

그런데 그 작품들이 아주 잘못 지도한 것이어서 잘못된 점을 말해 주었지만 자꾸 변명을 했다. 뭔가 교육을 잘해 보려는 마음은 있는데, 그것이 자기 멋대로 좀 굳어져 있는 상태 같았다. 지극히 상식인 정도의 지도조차 이상하게 어렵게 받아들여서 너무 답답했다. 6시부터 8시까지 얘기하다가, 이러다가는 안 되겠다 싶어 나만 먼저 나와 버렸다. 집에 와서 내 할 일을 해야 되기도 했지만 너무 답답해서 그런 자리에 앉아 있을 수가 없었던 것이다.

오면서 생각했다. 나무들이 자라고 있는데, 그걸 방해하기만 안 하면 다 된다. 그런데 그 가지를 모조리 비틀어 끈으로 매고, 잎을 쥐어뜯고 하니 그 나무가 제대로 자랄 리가 없고, 병신이 될밖에 없다. 그 아가씨들이 하고 있는 교육이 꼭 나무를 그렇게 못 견디게 쥐어틀고 꺾고 해서 묘한 예술품으로 만들어 놓은 것과 같다. 그 아가씨들뿐 아니라 교육부의 교육도 그렇고, 교과 모임의 '함께 쓰기' 교육도 그렇다. 그들 중에서 이 아가씨들만 좀 다른 것은, 그렇게 만들어 놓은 나무가 아무래도 좀 부자연하다는 것을 느끼고 있다는 것이다.

그런데, 그 아가씨들에게 "보라. 이렇게 자연 그대로 자라는 나무가 얼마나 아름다운가. 이렇게 길러야 한다"고 말해 주니, 그 아가씨들은 말하는 것이다. "아이구, 그렇게 자연스럽게 기르자면 얼마나 힘이 듭니까? 이 잎들을 모두 이렇게 뜯어서 여기저기 새로 붙여야 하네요. 이 가지는 다시 끊어서 접붙이기를 해야겠네요. 그렇게 자연스럽게 다듬자면 전지가위로 잘 잘라 줘야 하는데 그런 기술을 좀 배워야겠네요." 꼭 이런 꼴이다.

참으로 답답하고 화도 나고 해서 나는 그만 자리를 차고 나와 버린 것이다. 내가 낸 화는 어찌 그 아가씨들한테만 내는 화겠는가. 아이들을 모조리 병신으로, 정신이상자로 만들어 놓는 교육부와 정권 잡은 자들, 그들한테 붙어서 살고 있는 관리들과 온갖 종류의 장사꾼들에 대한 울화통인 것이다.

방에 와서 신문 보고 오려 붙이고 나니 11시 반이 되어 원고를 볼 시간이 없었다.

1991년 12월 31일 화요일 맑음

오전에 〈주간 조선〉 1회 치를 마저 써서 속달우편으로 부쳤다.

오후 4시에 글쓰기 사무국에서 일하는 세 분(이성인, 김익승, 이우영)이 왔다. 한참 얘기하고 앉았다가 어디 나가서 식사와 술이라도 대접해야겠다 싶어 나가려고 하는데, 박문희 선생이 전화로 방배동으로 와 달라 해서(박 선생도 오늘 저녁에 찾아오겠다고 했는데, 우리가 밖에 나간다니까 이렇게 말한 것이다) 사당역까지 가서 그 근처 음식점에 가서 불고기와 술, 그리고 밥을 먹으면서 8시까지 얘기하고 놀았다. 그리고 다시 다방에 가서 한 시간쯤 얘기하다가 헤어져 왔다.

오늘이 한 해가 다 가는 날이다. 또 나이 한 살 더한다. 올해는 내가 책을 새로 낸 것이 없다(《울면서 하는 숙제》는 많이 고쳤지만 새 책은 아니다).

우리 말 살리는 운동을 하려다가 안 됐고, 글쓰기 교육 일도 제대로 못 하고, 아동문학도 손을 못 댄 상태다. 겨우 〈말〉지와 〈주간 조선〉에 우리 말 바로 쓰기에 관한 글을 연재하고 있는 것뿐이다.

새해에는 어떻게 해서라도 우리 말에 관한 일을 벌여야 한

다. 창동 있는 사무실도 운영해야지. 그리고 몇 가지 책도 내
야겠다. 무엇보다도 건강에 조심해야 한다. 모든 것이 건강에
달렸다.

이오덕이 걸어온 길

1925년	11월 14일, 경북 청송군 현서면 덕계리(구석들) 574번지에서 독실한 기독교인 아버지 이규하와 어머니 정작선 사이에서 3녀 1남 가운데 막내로 태어났다.
1933년 8세	4월 1일, 화목공립심상소학교에 들어갔다. 어려서부터 대한예수교장로회 화목교회에 다니며 주일학교에서 '고향의 봄', '반달', '집 보는 아이의 노래' 같은 동요를 배우고, 유년 주일학교에서 동화를 들었다.
1935년 10세	소학교 3학년 때 담임선생님이 읽어 준 빅토르 위고의 《장발장(레미제라블)》에 감동받았다. 어린 시절 염소를 뜯기며 《15소년 표류기》, 《암굴왕(몽테크리스토 백작)》 같은 책을 어두워질 때까지 읽었다.
1939년 14세	3월 8일, 화목소학교를 졸업했다.
1941년 16세	4월 8일, 경북 영덕군 영덕공립농업실수학교에 들어갔다.
1943년 18세	3월 25일, 영덕공립농업실수학교를 졸업했다. 성적이 뛰어나 군청 직원으로 특채되었다. 군청 직원 일을 하면서 학교에서 뛰어노는 아이들을 보고 교사가 천직이라는 생각이 들어서 교사가 되기로 결심하고 독학했다.
1944년 19세	2월 11일, 구제 3종 교원 시험에 합격했다. 4월 7일부터 1945년 12월 30일까지 경북 청송군 부동면 부동공립국민학교에서 훈도를 했다.

	교사가 되고 보니 생각했던 것과 달리 일제 식민지 교육에 시달렸다. 강위생과 혼인했다.
1945년 20세	12월 31일부터 1947년 7월 30일까지 경북 청송군 화목공립국민학교에서 가르쳤다.
1946년 21세	화목교회에서 주일학교 교사도 했다. 8월 6일, 맏아들 정우가 태어났다.
1947년 22세	7월 31일부터 1948년 6월 30일까지 경북 청송군 수락공립국민학교에서 가르쳤다.
1948년 23세	7월 15일부터 1951년 8월 30일까지 부산 남부민공립국민학교에서 가르쳤다.
1949년 24세	8월 1일, 국민학교 2급 정교사 자격증을 받았다.
1951년 26세	8월 31일부터 1952년 3월 31일까지 부산 동신국민학교에서 가르쳤다. 4학년을 맡았을 때 처음으로 시를 가르쳤다.
1952년 27세	11월 27일부터 1957년 5월 30일까지 경남 함안군 군북중학교에서 국어와 여러 과목을 가르쳤다. 학생들 글을 모아 문집과 교지를 만들었다.
1954년 29세	1월, 한국아동문학가협회를 만드는 데 함께 했다. 이때 처음 이원수와 만났다.
1955년 30세	이원수가 펴내던 〈소년 세계〉에 동시 '진달래'를 발표하며 아동문학가로 첫발을 내딛었다.

1957년 32세	5월 1일, 군북중학교 교감이 되었는데 한 달 만에 사표를 냈다.	〈새교육〉에 '1학년의 시 지도'를 발표했다.
	6월 20일부터 1959년 3월 30일까지 경북 상주군 청리면 공검국민학교에서 가르쳤다.	
	이때부터 농촌 어린이에게 글짓기를 중심에 두고 가르치며 학급 문집을 두 권 펴냈다.	
1959년 34세	국민학교 1급 정교사 자격증을 받았다.	
	3월 31일부터 1961년 10월 9일까지 경북 상주군 상주국민학교에서 가르쳤다.	
	상주교육연구소에서 출판 보급 일도 맡았다.	
	강위생과 이혼했다.	
1961년 36세	10월 10일부터 1964년 9월 30일까지 경북 상주군 청리국민학교에서 가르쳤다.	주마다 한 장으로 된 문집 〈흙의 어린이〉를 펴냈다.
	2학년부터 4학년까지 같은 아이들을 담임하면서 삶을 가꾸는 글쓰기 교육을 연구하고 실천했다. 어린이 미술교육에 관심을 가지고 그림을 가르쳤다.	프린트판 어린이 시 모음 〈봄이 오면〉과 〈푸른 나무〉를 펴냈다.
	어린이 잡지와 〈새교실〉을 비롯한 교육 잡지에 글을 실었다.	
1963년 38세	8월, 경북아동문예연구협회를 만드는 데 함께했다.	
1964년 39세	1월, 국민학교 교감 자격증을 받았다.	2학년 어린이 시 모음 〈유리창〉을 펴냈다.
	10월 1일부터 1967년 2월 28일까지 경북 상주군 이안서부국민학교에서 교감으로 지냈다.	
1965년 40세	교육을 제대로 할 수 없고, 교감 업무도 마음에 들지 않아 교육청에 교사 강등 청원서를 냈다.	《글짓기 교육-이론과 실제》를 펴냈다.
	〈새교실〉에 처음으로 우리 말 관련 글, '우리 말에 대하여'를 썼다.	

1966년 41세		동시집 《별들의 합창》을 펴냈다.

1967년 42세	3월 1일부터 1968년 2월 28일까지 경북 경 주군 경주국민학교에서 가르쳤다. 한국문인협회 회원이 되었다. 이인자와 재혼했다.	

1968년 43세	3월 1일부터 1971년 2월 28일까지 경북 안 동군 임동 동부국민학교 대곡분교에서 가르 쳤다. 둘째 아들 현우가 태어났다.	1970년까지 학교 글쓰기 신문 〈산마을〉을 주마다 펴냈다. 전교생들 시를 모아 〈햇빛 과 바람과 땀〉을 펴냈다.

1969년 44세		동시집 《탱자나무 울타리》 를 펴냈다.

1971년 46세	3월 1일부터 31일까지, 대구시 비산국민학 교에서 가르쳤다. 도시 학교에서 지내는 것보다 교감으로라도 산골 학교에 가는 게 좋겠다고 생각해서 교 감 발령을 신청했다. 4월 1일부터 1973년 2월 28일까지 경북 문 경군 김룡국민학교에서 교감으로 지냈다. 〈동아일보〉 신춘문예에 동화 〈꿩〉과 〈한국일 보〉 신춘문예에 수필 〈포플러〉가 당선되었다. 한국아동문학가협회(회장 이원수)를 만드는 데 함께했다. 한국문인협회 안동지부를 만드는 데 함께 했다.

1972년 47세	교감 자격증을 받았다. 교지 〈김룡문화〉(2호까지)를 펴냈다. 경북수필동인회에 함께했다. 딸 연우가 태어났다.

1973년 48세	1월 18일, 〈조선일보〉 신춘문예 당선작 〈무명저고리와 엄마〉를 쓴 작가 권정생을 찾아가 만났다. 3월 1일부터 1976년 2월 28일까지 경북 봉화군 삼동국민학교에서 교장으로 지냈다. 한국아동문학가협회 이사가 되었다.	《아동시론》을 펴냈다.
1974년 49세		동시집 《까만 새》를 펴냈다.
1975년 50세	7월 20일, 한국아동문학가협회에서 펴낸 《동시, 그 시론과 문제성》에 실은 '표절 동시론'에서 송명호가 모방작을 썼다고 했다. 그 일로 송명호가 명예훼손으로 고소했다. 이 사건은 〈조선일보〉, 〈한국일보〉에 보도되고, 9월 20일에 회장 이원수가 해명서를 신문에 내고, 이오덕이 사과하여 마무리되었다. 12월 5일, 여름방학 때 염무웅한테 월북 작가 오장환이 번역한 《에세느 시집》과 이용악 시집을 빌려 주었는데, 그것을 복사해 신경림과 백낙청한테 돌린 것이 걸려서 12월 2일 중앙정보부에 끌려가서 이틀 동안 조사받고 나왔다.	
1976년 51세	3월 1일부터 1979년 2월 28일까지 안동군 길산국민학교에서 교장으로 지냈다. 어린이문학 평론 '부정의 동시'로 한국아동문학가협회에서 주는 제2회 한국아동문학상을 받았다. 창작과비평사에서 펴내는 〈창비아동문고〉 기획 및 선정 위원으로 일했다. 자유실천문인협회(지금의 한국작가회의)에 함께했다. 환경보호연구회에 함께했다. 경북아동문예연구협회 부회장을 지냈다.	

1977년 52세		아동문학평론집 《시정신 과 유희정신》과 교육 수필 집 《이 아이들을 어찌할 것 인가》를 펴냈다.
1978년 53세		교육 수필집 《삶과 믿음의 교실》과 어린이 시 모음 《일하는 아이들》을 펴냈다.
1979년 54세	3월 1일부터 1982년 2월 28일까지 안동군 대성국민학교에서 교장으로 지냈다. 1985년 8월까지 경북글짓기교육연구회 회 장을 지냈다. 마리스타수도회 안동실기교육원 교육 협의 에 함께했다. 안동 장자연구모임에 함께했다.	학교 문집 〈칡기 덩굴〉과 학교 신문 〈대성〉을 펴냈다. 어린이 시 모음 《우리도 크면 농부가 되겠지》를 펴 냈다. 동시집 《꽃 속에 묻힌 집》 을 엮었다.
1980년 55세	한국문인협회 안동지부 지부장과 어린이도 서연구회 지도위원, 한국아동문학가협회 부 회장을 맡았다.	
1981년 56세	10월 16일, 처음으로 '글짓기'라는 말을 '글 쓰기'로 바꿔 쓰기로 했다. 안동 마리스타수도회에서 만난 사람들과 함 께 아동문학연구회와 성서연구회를 만들어 공부했다. 지체부자유아동복지회를 만드는 데 함께하 고 이사가 되었다.	동시집 《개구리 울던 마 을》을 펴냈다.
1982년 57세	3월 1일부터 1986년 2월 28일까지 경북 성 주군 대서국민학교에서 교장으로 지냈다. 합동기획출판사에서 어린이책 기획위원으 로 일했다.	동화집 《황소 아저씨》를 엮었다.
1983년	8월 20일, 국민학교 교사 46명과 한국글쓰	어린이에게 보내는 편지

58세	기교육연구회를 만들고 대표를 맡았다. 도서출판 인간사 어린이책 기획위원으로 일했다.	《울면서 하는 숙제》와 수필집 《거꾸로 사는 재미》를 펴냈다. 동화집 《까마귀 아저씨》를 엮었다.
1984년 59세	〈이원수 아동문학 전집〉을 기획하고 편집했다. 경북아동문학연구회를 만들었다.	아동문학 평론집 《어린이를 지키는 문학》, 어린이 시 모음 《참꽃 피는 마을》, 어린이 글 모음 《우리 반 순덕이》, 《이사 가던 날》, 《나도 쓸모 있을걸》, 《웃음이 터지는 교실》, 글쓰기 교육 이론서 《삶을 가꾸는 글쓰기 교육》을 펴냈다. 수필집 《산 넘고 물 건너》를 엮었다. 일본 어린이 시 지도 책 《어린이 시 지도》를 번역했다. 어린이문학 부정기간행물 〈살아 있는 아동문학〉을 만들었다.
1985년 60세	7~8월, 《민중교육》 사건과 '창작과 표현의 자유에 대한 문학인 401인 선언'에 참가한 것으로 경찰서 정보계에서 감시당하고, 교육청 학교 사무 감사를 받았다. 11월, 가까운 이들이 안동에서 이오덕 회갑 모임을 마련했는데 교육청에서 가지 못하게 막았다. 12월 16일, 명예퇴직을 신청하는 서류를 냈다. 12월 26일, 문공부 산하 도서잡지주간신문 윤리위원회에서 이오덕이 쓴 모든 책을 판매 금지시켰다.	동화집 《구구단과 까치밥》을 엮었다. 어린이문학 부정기간행물 〈지붕 없는 가게〉를 만들었다.

어린이를 지키는 문학인 모임을 만들었다.

햇빛출판사에서 어린이책을 기획했다.

1986년 61세	1월 11일, 《개구리 울던 마을》, 《꽃 속에 묻힌 집》 같은 책들을 도서잡지주간신문윤리위원회에서 불건전 아동 도서로 분류했다. 2월 28일, 42년 동안 몸담았던 학교에서 떠났다. 3월, 경기도 과천시 주공아파트 1단지 206호로 이사했다. 한국글쓰기교육연구회 대표로 연임되었다. 민주교육실천협의회를 만드는 데 함께하고, 공동대표를 맡았다. 《어린이와 책》과 이호철 학급 문집, 신현복 일기 《저 하늘에도 슬픔이》를 기획했다.	수필집 《이 땅에 살아갈 아이들 위해》와 글쓰기 지도서 《글쓰기, 이 좋은 공부》를 펴내고, 교육 수필집 《우리 언제쯤 참선생 노릇 한번 해 볼까》를 엮었다. 어린이 글 모음 《봉지 넣는 아이들》(대서초등학교 180명 모두가 쓴 글)과 《산으로 가는 고양이》를 엮었다. 어린이문학 부정기간행물 〈겨레와 어린이〉와 〈우리 모두 손잡고〉를 만들었다. 중고생 백일장 작품집 〈성주의 가을〉을 펴냈다.
1987년 62세	전국초등민주교육협의회를 만드는 데 함께하고, 자문위원을 맡았다. 학급 문집 《꿈이 있는 교실》(유인성), 《들꽃》(주중식), 《해 뜨는 교실》(백영현)을 기획했다.	교육 수필집 《삶, 문학, 교육》, 동화집 《종달새 우는 아침》, 동시집 《언젠가 한 번은》을 펴냈다.
1988년 63세	4월, 제3회 단재상을 받았다. 한겨레신문 창간 발기인회 공동 부위원장과 창간위원을 맡았다. 공해반대시민운동협의회 이사, 탁아소연합회 이사장, 공해추방운동연합 지도위원을 맡았다. 일하는 사람들의 글쓰기가 중요하다 여겨 1, 7, 8, 9회 전태일문학상 심사위원을 맡았다.	어린이 글쓰기 지도서 《어린이는 모두 시인이다》를 펴냈다. 《어린이를 하늘처럼 섬기는 교실》을 엮었다.
1989년 64세	아동문학인들과 함께 한국어린이문학협의회를 만들고, 회장을 맡았다.	《우리 글 바로 쓰기》와 《이오덕 교육일기》(1, 2)를 펴

	새국민정치연구회 고문, 생명사랑실천모임 대표를 맡았다.	
2001년 76세		아동문학 평론집 《권태응 동요 이야기―농사꾼 아이들의 노래》를 펴냈다. 일본 초·중·고등학교 학생 시를 번역해 《한 사람의 목숨》으로 엮었다.
2002년 77세	오늘의 정국을 우려하는 지식인 선언에 함께 했다.	아동문학 비평집 《어린이책 이야기》와 문학과 교육 수필집 《문학의 길 교육의 길》, 수필집 《나무처럼 산처럼》을 펴냈다.
2003년 78세	8월 25일 새벽 6시 50분쯤에 돌아가시고, 8월 27일 11시에 충북 충주시 무너미 마을 고든박골에 묻혔다.	

이오덕 일기3 불같은 노래를 부르고 싶다

1판 1쇄 | 2013년 6월 24일   1판 4쇄 | 2019년 8월 14일

지은이 | 이오덕   펴낸이 | 조재은
편집부 | 박선주 김명옥 육수정
영업관리부 | 조희정 정영주

펴낸곳 | (주)양철북출판사
등록 | 2001년 11월 21일 제25100-2002-380호
주소 | 서울시 마포구 양화로8길 17-9
전화 | 02-335-6407   팩스 | 0505-335-6408
전자우편 | tindrum@tindrum.co.kr
ISBN | 978-89-6372-088-3 04810   값 | 14,000원

편집 | 이송희 이혜숙   디자인 | 오필민